消防設備士 第4類 総目次【下巻】

◎本書の上巻では、巻頭に次の内容をまとめています。従って本書の下巻では、下記の内容を省略しています。

[はじめに]　　[本書に適用する章]
[一部免除]　　[法令の基礎知識]

◎「第7章　実技　鑑別等」に使われている写真は、弊社が実物を撮影したものを除き、次の自動火災報知設備メーカー各社からご提供いただいたものです。本文で表記している略称と会社名は、次のとおりです。

◇能美防災…能美防災株式会社　　◇ホーチキ…ホーチキ株式会社
◇ニッタン…ニッタン株式会社　　◇パナソニック…パナソニック株式会社
◇アツミ電氣…アツミ電氣株式会社

第6章　設備等の規格に関する省令

第
6
章

1. 受信機の種類

◎受信機に係る技術上の規格を定める省令は、火災報知設備又はガス漏れ火災警報設備に使用する受信機の技術上の規格を定めるものとする（受信機規格第1条）。

◎この省令において、次の各号に掲げる用語の意義は、当該各号に定めるところによる（受信機規格第2条）。

---

7. **受信機** … 火災信号、火災表示信号、火災情報信号、ガス漏れ信号又は設備作動信号を受信し、火災の発生若しくはガス漏れの発生又は消火設備等の作動を防火対象物の関係者又は消防機関に報知するものをいう。

8. **P型受信機** … 火災信号若しくは火災表示信号を共通の信号として又は設備作動信号を共通若しくは固有の信号として受信し、火災の発生を防火対象物の関係者に報知するものをいう。

9. **R型受信機** … 火災信号、火災表示信号若しくは火災情報信号を固有の信号として又は設備作動信号を共通若しくは固有の信号として受信し、火災の発生を防火対象物の関係者に報知するものをいう。

9の2. **アナログ式受信機** … 火災情報信号を受信し、火災の発生を防火対象物の関係者に報知するものをいう。なお、火災情報信号には、当該火災情報信号の程度に応じて、火災表示及び注意表示を行う温度又は濃度を設定する装置により処理される火災表示及び注意表示をする程度に達した旨の信号を含むものとする。

10. **M型受信機** … M型発信機から発せられた火災信号を受信し、火災の発生を消防機関に報知するものをいう。

11. **G型受信機** … ガス漏れ信号を受信し、ガス漏れの発生を防火対象物の関係者に報知するものをいう。

12. **GP型受信機** … P型受信機の機能とG型受信機の機能とを併せもつものをいう。

13. **GR型受信機** … R型受信機の機能とG型受信機の機能とを併せもつものをいう。

14. **2信号式受信機** … 同一の警戒区域からの異なる2の火災信号を受信したときに火災表示を行うことができる機能を有するものをいう。

15. **無線式受信機** … 無線によって火災信号、火災表示信号、火災情報信号又は設備作動信号を受信した場合に火災の発生を報知するものをいう。

【1】 次の文中の（ ）に当てはまる受信機の名称として、規格省令上、正しいものはどれか。

「火災信号若しくは火災表示信号を共通の信号として又は設備作動信号を共通若しくは固有の信号として受信し、火災の発生を防火対象物の関係者に報知するものを（ ）という。」

☐ 　1．Ｐ型受信機
　　2．Ｒ型受信機
　　3．Ｍ型受信機
　　4．Ｇ型受信機

▶▶正解＆解説……………………………………………………………………………

【1】 正解1
　1．火災信号若しくは火災表示信号を共通の信号として受信…Ｐ型受信機
　2．火災信号、火災表示信号若しくは火災情報信号を固有の信号として受信…Ｒ型受信機
　3．Ｍ型発信機から発せられた火災信号を受信…Ｍ型受信機
　4．ガス漏れ信号を受信…Ｇ型受信機

第6章

2．受信機の構造

◎受信機の構造及び機能は、次に定めるところによらなければならない（受信機規格第3条）。

1．確実に作動し、かつ、取扱い、保守点検及び附属部品の取替えが容易にできること。
2．耐久性を有すること。
3．水滴が浸入しにくいこと。
4．ほこり又は湿気により機能に異常を生じないこと。
5．腐食により機能に異常を生ずるおそれのある部分には、防食のための措置を講ずること。
6．不燃性又は難燃性の外箱で覆うこと。
13．**予備電源**を設けること。ただし、Ｐ型2級受信機（1回線）及びＰ型3級受信機にあっては、この限りでない。
14．主電源を監視する装置を受信機の前面に設けること。
16．復旧スイッチ又は音響装置の鳴動を停止するスイッチを設けるものにあっては、当該スイッチは専用のものとすること。
17．定位置に自動的に復旧しないスイッチを設けるものにあっては、当該スイッチが定位置にないとき、音響装置又は点滅する注意灯が作動すること。
18．地区音響停止スイッチが地区音響装置の鳴動を停止する状態（停止状態）にある間に、受信機が火災信号、火災表示信号又は火災情報信号のうち火災表示をする程度に達したものを受信したときは、当該スイッチが一定時間以内に自動的に地区音響装置を鳴動させる状態に移行すること。
19．蓄積時間を調整する装置を設けるものにあっては、当該装置を受信機の**内部**に設けること。

〔解説〕14号の「主電源を監視する装置」とは、電源表示灯などが該当する。

【1】火災報知設備又はガス漏れ火災警報設備の受信機の構造として、規格省令上、誤っているものは次のうちどれか。

☐　1．水滴が浸入しにくいこと。

　　2．ほこり又は湿気により機能に異常を生じないこと。

　　3．不燃性又は難燃性の外箱で覆うこと。

　　4．蓄積時間を調整する装置を設けるものにあっては、これを受信機の前面の見やすい箇所に設けること。

【2】火災報知設備又はガス漏れ火災警報設備の受信機の構造について、規格省令上、誤っているものは次のうちどれか。[★]

☐　1．水滴が浸入しにくいこと。

　　2．主電源を監視する装置を受信機の前面に設けること。

　　3．復旧スイッチを設けるものにあっては、これを専用のものとすること。

　　4．主音響停止スイッチは、定位置に自動的に復旧するものであること。

▶▶正解＆解説……………………………………………………………………………

【1】正解4

　　4．蓄積時間を調整する装置を設けるものにあっては、これを受信機の内部に設けること。外部に設けると、蓄積時間の調整が容易になってしまう。

【2】正解4

　　4．規格省令では、地区音響停止スイッチが停止状態にあるときに火災信号等を受信した場合、自動的に定位置に戻って地区音響装置を鳴動させるよう規定している。この他のスイッチについては、「定位置に自動的に復旧する」機能を備えるよう定めてはいない。なお、一般に火災復旧スイッチと予備電源試験スイッチは、「定位置に自動的に復旧する」機能が備えられている。

第6章

■1．Ｐ型１級受信機

◎Ｐ型１級受信機の機能は、次に定めるところによらなければならない（受信機規格第８条１項）。

1．火災表示の作動を容易に確認することができる装置（**火災表示試験装置**）及び終端器に至る信号回路の導通を回線ごとに容易に確認することができる装置（**導通試験装置**）による試験機能を有し、かつ、これらの装置の操作中に他の警戒区域からの火災信号又は火災表示信号を受信したとき、火災表示をすることができること。

3．火災信号又は火災表示信号の受信開始から火災表示（地区音響装置の鳴動を除く）までの所要時間は、**5秒以内**であること。

4．2回線から火災信号又は火災表示信号を同時に受信したとき、火災表示をすることができること。

5．Ｐ型１級発信機を接続する受信機にあっては、発信機からの火災信号を受信した旨の信号を当該発信機に送ることができ、かつ、火災信号の伝達に支障なく発信機との間で電話連絡をすることができること。

6．Ｔ型発信機を接続する受信機にあっては、2回線以上が同時に作動したとき、通話すべき発信機を任意に選択することができ、かつ、遮断された回線におけるＴ型発信機に話中音が流れるものであること。

7．蓄積式受信機にあっては、蓄積時間は5秒を超え60秒以内とし、発信機からの火災信号を検出したときは蓄積機能を自動的に解除すること。

8．2信号式受信機にあっては、2信号式の機能を有する警戒区域の回線に蓄積機能を有しないこと。

〔注意〕　1号については、回線の数が一のものは導通試験装置による試験機能を有しないことができる。
　　　　　5号については、回線の数が一のものである受信機を除く。

〔参考〕　6号の「話中音」は、「ツーツーツー」という音である。

〔解説〕　Ｔ型発信機は、テレホン式発信機である。発信機自体は電話器と同様の形状をしており、「非常電話」とも呼ばれている。送受話器を取り上げると、その時点で火災信号を受信機に送る。その後、受信機側と通話することもできる。

■2．P型2級受信機

◎P型2級受信機の機能は、次に定めるところによらなければならない（受信機規格第8条2項）。

> 1．接続することができる回線の数は5以下であること。
> 2．**火災表示試験装置**による試験機能を有し、かつ、この装置の操作中に他の回線からの火災信号又は火災表示信号を受信したとき、火災表示をすることができること。
> 3．火災信号又は火災表示信号の受信開始から火災表示（地区音響装置の鳴動を除く）までの所要時間は、**5秒以内**であること。
> 4．2回線から火災信号又は火災表示信号を同時に受信したとき、火災表示をすることができること。
> 5．蓄積式受信機にあっては、蓄積時間は5秒を超え60秒以内とし、発信機からの火災信号を検出したときは蓄積機能を自動的に解除すること。
> 6．2信号式受信機にあっては、2信号式の機能を有する警戒区域の回線に蓄積機能を有しないこと。

■3．P型3級受信機

◎P型3級受信機の機能は、次に定めるところによらなければならない（受信機規格第8条3項）。

> 1．接続することができる回線の数は一であること。
> 2．火災表示試験装置による試験機能を有すること。
> 3．火災信号又は火災表示信号の受信開始から火災表示（地区音響装置の鳴動を除く）までの所要時間は、**5秒以内**であること。
> 4．蓄積式受信機にあっては、蓄積時間は5秒を超え60秒以内とし、発信機からの火災信号を検出したときは蓄積機能を自動的に解除すること。

■4．P型受信機の機能の比較

	P型1級受信機（多回線）	P型2級受信機（多回線）	P型3級受信機（1回線）
火災表示試験装置	○	○	○
信号回路の導通試験装置	○	×	×
火災表示の所要時間	5秒以内	5秒以内	5秒以内
2回線同時受信時の火災表示	○	○	×
電話連絡機能	○	×	×

【1】自動火災報知設備の受信機の機能について、規格省令上、誤っているものは次のうちどれか。

☐ 1．R型受信機（アナログ式を除く。）は、2回線から火災信号又は火災表示信号を同時に受信したとき、火災表示をすることができること。

2．P型2級受信機の火災信号又は火災表示信号の受信開始から火災表示（地区音響装置の鳴動を除く。）までの所要時間は、2秒以内であること。

3．P型1級発信機を接続するP型1級受信機（接続することができる回線の数が1のものを除く。）にあっては、火災信号の伝達に支障なく発信機との間で電話連絡をすることができること。

4．T型発信機を接続するP型1級受信機にあっては、2回線以上が同時に作動したとき、通話すべき発信機を任意に選択でき、かつ、遮断された回線におけるT型発信機に話中音が流れるものであること。

【2】P型1級受信機の機能について、規格省令上、誤っているものは次のうちどれか。

☐ 1．火災表示試験装置及び導通試験装置による試験機能を有すること。

2．2回線から火災信号又は火災表示信号を同時に受信したとき、火災表示をすることができること。

3．火災信号又は火災表示信号の受信開始から火災表示までの所要時間は、2秒以内であること。

4．P型1級発信機を接続する受信機（接続することができる回線の数が一のものを除く。）にあっては、発信機からの火災信号を受信した旨の信号をその発信機に送ることができるものであること。

【3】P型1級受信機に必要な機能として、規格省令上、正しいものは次のうちどれか。[★]

☐ 1．差動式分布型感知器（空気管式）の検出部の機能を試験できること。

2．差動式分布型感知器（空気管式を除く。）の回路合成抵抗試験ができること。

3．受信機に接続された感知器の感度の良否を試験することができること。

4．接続することができる回線の数が2以上のものにあっては、回線導通試験ができること。

【4】 P型1級受信機とP型2級受信機について、規格省令に定められた機能を比較したものとして、正しいものは次のうちどれか。

		P型1級受信機	P型2級受信機
☐ 1.	回線数	制限がない	10回線以下
2.	発信機からの信号を受信した旨を応答する回路	有	無
3.	火災表示試験装置	有	無
4.	導通試験装置	有	有

【5】 非蓄積式のP型1級受信機における、火災信号又は火災表示信号の受信開始から火災表示（地区音響装置の鳴動を除く。）までの所要時間として、規格省令に定められているものは、次のうちどれか。

☐　1．2秒以内
　　2．3秒以内
　　3．4秒以内
　　4．5秒以内

▶▶正解＆解説···

【1】 正解2
　1．「4．R型受信機の機能」12P参照。
　2．受信開始から火災表示までの所要時間は、P型1級・2級・3級とも5秒以内であること。

【2】 正解3
　3．受信開始から火災表示までの所要時間は、P型1級・2級・3級とも5秒以内であること。

【3】 正解4
　1～3．これらの試験は人が行うもので、受信機にこれらの試験機能は備わっていない。
　4．P型1級受信機は、導通試験装置による試験機能を有していること。ただし、1回線のものにあっては、この機能を有しないことができる。

【4】 正解2
　1．P型2級受信機の回線数は、5回線以下。
　3．火災表示試験装置は、P型1級・2級・3級受信機に備わっている。
　4．導通試験装置は、P型1級受信機に備わっているが、P型2級受信機には備わっていない。

【5】 正解4

4．R型受信機の機能

◎R型受信機（アナログ式受信機を除く。）の機能は、次に定めるところによらなければならない（受信機規格第9条1項）。

1．**火災表示試験装置**並びに終端器に至る**外部配線の断線**及び受信機から中継器（感知器からの火災信号を直接受信するものにあっては、感知器）に至る**外部配線の短絡**を検出することができる装置による試験機能を有し、かつ、これらの装置の操作中に他の警戒区域からの火災信号又は火災表示信号を受信したとき、火災表示をすることができること。

2．火災信号又は火災表示信号の受信開始から火災表示（地区音響装置の鳴動を除く）までの所要時間は、5秒以内であること。

3．2回線から火災信号又は火災表示信号を同時に受信したとき、火災表示をすることができること。

4．P型1級発信機を接続する受信機にあっては、発信機からの火災信号を受信した旨の信号を当該発信機に送ることができ、かつ、火災信号の伝達に支障なく発信機との間で電話連絡をすることができること。

5．T型発信機を接続する受信機にあっては、2回線以上が同時に作動したとき、通話すべき発信機を任意に選択することができ、かつ、遮断された回線におけるT型発信機に話中音が流れるものであること。

6．蓄積式受信機にあっては、蓄積時間は5秒を超え60秒以内とし、発信機からの火災信号を検出したときは蓄積機能を自動的に解除すること。

▶▶過去問題◀◀

【1】 R型受信機（アナログ式を除く。）の機能について、規格省令上、誤っているものは次のうちどれか。

☐ 1．終端器に至る外部配線の断線を検出できること。

2．外部配線の回路抵抗の測定ができる装置が設けてあること。

3．受信機から中継器に至る外部配線の短絡を検出できること。

4．2回線から火災信号又は火災表示信号を同時に受信したとき、火災表示をすることができること。

▶▶正解＆解説‥‥‥‥‥‥‥‥‥‥‥‥‥‥‥‥‥‥‥‥‥‥‥‥‥‥‥‥‥‥‥‥‥‥‥‥‥

【1】 正解2

2．受信機による試験機能は、①火災表示試験装置によるもの、②終端器に至る外部配線の断線を検出することができる装置によるもの、③受信機から中継器（感知器）に至る外部配線の短絡を検出することができる装置によるもの、の3つである。

5. 受信機の部品の構造・機能

◎受信機に次の部品を用いる場合にあっては、それぞれに定める構造及び機能を有するものでなければならない（受信機規格第4条）。

1. 音響装置

①定格電圧における音圧は、無響室で音響装置の中心から前方1m離れた地点で測定した値が、**主音響装置**にあっては**85dB**（Ｐ型3級受信機及びGP型3級受信機は70dB）以上であること。

②定格電圧で連続8時間鳴動した場合、構造又は機能に異常を生じないこと。

③充電部と非充電部との間の絶縁抵抗は、直流500Vの絶縁抵抗計で測定した値が5MΩ以上であること。

2. 電磁継電器

①密閉型以外のものには、接点及び可動部にほこりがたまらないようにカバーを設けること。

②接点は、金及び銀の合金又はこれと同等以上の性能を有する材料を用い、外部負荷と兼用しないこと。

4. 表示灯

①電球は、使用される回路の定格電圧の130%の交流電圧を**20時間連続**して加えた場合、断線、著しい光束変化、黒化又は著しい電流の低下を生じないこと。

②電球を2以上**並列に接続**すること。ただし、**放電灯又は発光ダイオードを用いるものにあっては、この限りでない。**

③周囲の明るさが300ルックスの状態において、前方**3m**離れた地点で点灯していることを明確に識別することができること。

5. スイッチ

①確実かつ容易に作動し、停止点が明確であること。

②接点は、腐食するおそれがなく、かつ、その容量は、最大使用電流に耐えること。

6. 指示電気計器

①電圧計の最大目盛りは、使用される回路の定格電圧の140%以上200%以下であること。

8. 予備電源

①密閉型蓄電池であること。

②主電源が停止したときは主電源から予備電源に、主電源が復旧したときは予備電源から主電源に**自動的に切り替える装置**を設けること。

③最大消費電流に相当する負荷を加えたときの電圧を容易に測定することができる装置を設けること。

④P型受信機用又はR型受信機用の予備電源は、監視状態を**60分間**継続した後、2つの警戒区域の回線を作動（地区音響装置を含む）させることができる消費電流を**10分間**継続して流すことができる容量を備えていること。

⑤本体の外部に設けるものは、不燃性又は難燃性の箱に収納し、本体との間の配線は、耐熱電線を用いること。

〔解説〕「電磁継電器」はいわゆる電磁リレーを指す。電磁リレーは、その電磁コイルに電流が流れると電磁石となり、その電磁力によって可動鉄片を吸引し、これに連動して接点を開閉するものである。電磁コイルに小電流を流すことで、接点側の大電流をOFF⇒ONにすることができる。

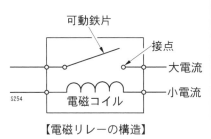

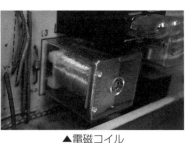

【電磁リレーの構造】　　　　　▲電磁コイル

〔参考〕写真による表示灯（左）、指示電気計器（中）、予備電源（右）の例。

〔解説〕受信機の表示灯は各種灯火類を点灯させるもので、受信機の部品の1つである。

【1】 P型2級受信機に用いる主音響装置の定格電圧における音圧について、規格省令に定められているものは次のうちどれか。ただし、音圧の測定点は、無響室で音響装置の中心から前方1m離れた位置とする。

☐ 1．80dB 以上であること。 2．85dB 以上であること。
3．90dB 以上であること。 4．95dB 以上であること。

【2】 火災報知設備の受信機に使用する部品の構造及び機能について、規格省令上、誤っているものは次のうちどれか。

☐ 1．スイッチの接点は、腐食するおそれがなく、かつ、その容量は、最大使用電流に耐えること。
2．表示灯に使用する電球（放電灯又は発光ダイオードを用いるものを除く。）は、2個以上直列に接続すること。
3．電磁継電器の接点は、外部負荷と兼用しないこと。
4．指示電気計器の電圧計の最大目盛りは、使用される回路の定格電圧の140％以上200％以下であること。

【3】 火災報知設備の受信機に用いる表示灯について、規格省令上、誤っているものは次のうちどれか。

☐ 1．表示灯に白熱電球を用いる場合、2個以上並列に接続しなくてはならない。
2．表示灯に放電灯を用いる場合、2個以上並列に接続しなくてもよい。
3．表示灯に発光ダイオードを用いる場合、2個以上並列に接続しなくてはならない。
4．表示灯にハロゲン電球を用いる場合、2個以上並列に接続しなくてはならない。

【4】 受信機に設けられた表示灯について、規格省令上、正しいものは次のうちどれか。

☐ 1．周囲の明るさが300ルックス〔lx〕の状態において、前方3m離れた地点から点灯していることを明確に識別することができること。
2．電球は、使用される回路の定格電圧の130％の交流電圧を10時間連続で加えた場合、断線、著しい光束変化又は黒化を生じないこと。
3．電球は、2個以上直列に接続すること。
4．電球は、1年以内ごとに、一定基準に合格したものに交換すること。

【5】 火災報知設備の受信機に用いる表示灯及びスイッチについて、規格省令上、誤っているものは次のうちどれか。

□ 1. 表示灯の電球は、2以上直列に接続すること。

2. 表示灯の電球は、使用される回路の定格電圧の130％の交流電圧を20時間連続して加えた場合、断線、著しい光束変化、黒化又は著しい電流の低下を生じないこと。

3. スイッチの接点は、腐食するおそれがなく、かつ、その容量は、最大使用電流に耐えること。

4. スイッチは確実、かつ、容易に作動し、停止点が明確であること。

【6】 火災報知設備の受信機に設ける予備電源について、規格省令上、誤っているものは次のうちどれか。

□ 1. 密閉型蓄電池であること。

2. 主電源が停止したときは、主電源から予備電源に自動的に切り替える装置を設けること。

3. 主電源が復旧したときは、予備電源から主電源に手動で切り替える装置を設けること。

4. 本体の外部に設けるものは、不燃性又は難燃性の箱に収納し、本体との間の配線は、耐熱電線を用いること。

【7】 自動火災報知設備の受信機に設ける予備電源について、規格省令上、誤っているものは次のうちどれか。

□ 1. 接続することができる回線の数が一のP型2級受信機は、予備電源を設けないことができる。

2. 最大消費電流に相当する負荷を加えたときの電圧を容易に測定することができる装置を設けること。

3. 主電源が停止したときは、主電源から予備電源に自動的に切り替える装置を設けること。また、主電源が復旧したときは、予備電源から主電源に手動で切り替える装置を設けること。

4. 本体の外部に設けるものは、不燃性又は難燃性の箱に収納し、本体との間の配線は、耐熱電線を用いること。

▶▶正解＆解説……………………………………………………………………………

【1】正解2

P型1級受信機及びP型2級受信機の主音響装置は、85dB以上。P型3級受信機の主音響装置は、70dB以上。

【2】正解2

2．2個以上並列に接続すること。並列に接続することで、1つの電球が切れても、やや暗くなるが表示灯を点灯させることができる。

4．この規定により、指示電気計器の指針は、正常時、中央付近からやや右側の範囲に振れることになる。

【3】正解3

3．表示灯に放電灯又は発光ダイオードを用いる場合、2個以上並列に接続しなくてもよい。放電灯は、気体中の放電現象を利用した光源で、蛍光灯、水銀灯、ナトリウムランプ、キセノンランプなどがある。

【4】正解1

2．「10時間連続」⇒「20時間連続」。

3．表示灯の電球は、2以上並列に接続すること。ただし、放電灯又は発光ダイオードを用いるものは除く。

4．規格省令にこのような規定はない。

【5】正解1

1．表示灯の電球は、2以上並列に接続すること。

【6】正解3

1．蓄電池は開放型と密閉型がある。開放型は電解質が外部に開放しているもので、内部で発生したガスはそのまま外部に逃げる構造となっている。このため、蓄電池が変形することはない。ただし、電解液が蒸発したり、充電時にガスが発生することから、電解質が次第に減少する。一方、密閉型は電解質が密閉されているもので、内部で発生したガスは、還元される構造となっている。長期間使用しても、電解液が減少することはない。

3．主電源が復旧したときは、予備電源から主電源に自動的に切り替える装置を設けること。

【7】正解3

1．P型2級受信機（1回線）とP型3級受信機は、予備電源を設けないことができる。「2．受信機の構造」6P参照。

3．主電源が復旧したときは、予備電源から主電源に自動的に切り替える装置を設けること。

6. 受信機による火災表示等

◎受信機による火災表示、注意表示及びガス漏れ表示は、次に定めるところによらなければならない（受信機規格第6条）。

1. 2信号式、アナログ式及びG型を除く受信機

受信機は、火災信号又は火災表示信号を受信したとき、**赤色の火災灯及び主音響装置**により火災の発生を、地区表示装置により当該火災の発生した警戒区域をそれぞれ自動的に表示し、かつ、地区音響装置を自動的に鳴動させるものでなければならない。

2. 2信号式受信機

受信機は、2信号式の機能を有する警戒区域の回線からの火災信号（感知器からのものに限る）を受信したときにあっては、次に定めるところにより、火災表示をするものでなければならない。ただし、2信号式の機能を有していない回線から火災信号を受信したときには、1項に定めるところにより火災表示をすること。

①火災信号を受信したとき、主音響装置又は副音響装置により火災の発生を、地区表示装置により当該火災の発生した警戒区域をそれぞれ自動的に表示すること。

②前号（①）の表示中に当該警戒区域の感知器からの異なる火災信号を受信したとき、①の表示を継続するとともに、赤色の火災灯及び主音響装置により火災の発生を自動的に表示し、かつ、地区音響装置を自動的に鳴動させること。

3. アナログ式受信機

受信機は、火災情報信号のうち**注意表示**をする程度に達したものを受信したときにあっては、**注意灯及び注意音響装置**により異常の発生を、地区表示装置により当該異常の発生した警戒区域をそれぞれ自動的に表示しなければならない。また、火災信号、火災表示信号又は火災情報信号のうち**火災表示**をする程度に達したものを受信したときにあっては、赤色の火災灯及び主音響装置により火災の発生を、地区表示装置により当該火災の発生した警戒区域をそれぞれ自動的に表示し、かつ、地区音響装置を自動的に鳴動させるものでなければならない。

4. G型受信機、GP型受信機及びGR型受信機

受信機は、ガス漏れ信号を受信したとき、**黄色**のガス漏れ灯及び主音響装置によりガス漏れの発生を、地区表示装置により当該ガス漏れの発生した警戒区域をそれぞれ自動的に表示するものでなければならない。

5. 火災表示は、手動で復旧しない限り、**表示状態を保持**するものでなければならない。ただし、P型3級受信機にあっては、この限りでない。

6. GP型受信機及びGR型受信機の地区表示装置は、火災の発生した警戒区域とガス漏れの発生した警戒区域とを明確に識別することができるように表示するものでなければならない。

◎P型2級受信機及びP型3級受信機は、第6条1項の規定にかかわらず、**火災灯**による火災表示を行わないことができる（受信機規格第6条の2）。

【1】火災報知設備又はガス漏れ火災警報設備に使用する受信機の火災表示及びガス漏れ表示について、規格省令上、誤っているものは次のうちどれか。[★]

□　1．GP型受信機の地区表示装置は、火災の発生した警戒区域とガス漏れの発生した警戒区域とを明確に識別することができるように表示するものでなければならない。

　　2．G型受信機は、ガス漏れ信号を受信したとき、黄色のガス漏れ灯を自動的に表示するものでなければならない。

　　3．P型2級受信機が火災信号を受信したときの火災表示は、手動で復旧しない限り、表示状態を保持するものでなければならない。

　　4．アナログ式受信機が火災情報信号のうち注意表示をする程度に達したものを受信したときにあっては、赤色の火災灯を自動的に表示しなければならない。

【2】受信機に設ける火災表示及びガス漏れ表示について、規格省令に定められていないものは次のうちどれか。

□　1．GP型1級受信機が火災表示信号を受信したときは、赤色の火災灯を自動的に表示するものでなければならない。

　　2．GR型受信機がガス漏れ信号を受信したときは、黄色のガス漏れ灯を自動的に表示するものでなければならない。

　　3．P型3級受信機が火災信号を受信したときの火災表示は、手動で復旧しない限り、表示状態を保持するものでなければならない。

　　4．GR型受信機の地区表示装置は、火災の発生した警戒区域とガス漏れの発生した警戒区域とを明確に識別することができるように表示するものでなければならない。

【3】アナログ式受信機が火災情報信号のうち注意表示をする程度に達したものを受信したとき、表示又は作動させる項目として、規格省令に定められていないものは、次のうちどれか。

□　1．注意灯の点灯
　　2．注意音響装置の鳴動
　　3．地区表示装置の点灯
　　4．地区音響装置の鳴動

19

【4】 アナログ式受信機が火災信号、火災表示信号又は火災情報信号のうち火災表示をする程度に達したものを受信したとき、自動的に表示するものとして、規格省令に定められていないものは次のうちどれか。

☐ 1．赤色の火災灯
　　2．主音響装置
　　3．地区表示装置
　　4．注意音響装置

▶▶正解＆解説⋯⋯⋯⋯⋯⋯⋯⋯⋯⋯⋯⋯⋯⋯⋯⋯⋯⋯⋯⋯⋯⋯⋯⋯⋯⋯⋯⋯⋯

【1】 正解4

　　4．「赤色の火災灯」⇒「注意灯」。注意灯の色について、規格省令では指定していない。

【2】 正解3

　　1．受信機規格第6条1項及び第6条の2により、P型1級受信機・GP型1級受信機・GR型1級受信機は、火災信号又は火災表示信号を受信したとき、赤色の火災灯を自動的に表示するものでなければならない。

　　2．受信機規格第6条4項により、G型受信機、GP型受信機及びGR型受信機が設問の内容の対象となる。

　　3．受信機規格第6条5項のただし書きにより、P型3級受信機は、火災表示の表示状態を保持しなければならない規定が適用されない。

　　4．受信機規格第6条6項により、GP型受信機及びGR型受信機の地区表示装置が設問の内容の対象となる。

【3】 正解4

　　◎注意表示⋯①注意灯 及び ②注意音響装置により異常の発生を、③地区表示装置により当該異常の発生した警戒区域をそれぞれ自動的に表示する。「注意報」は、監視者に注意を促すための警報であるため、地区音響装置は鳴動させない。なお、注意音響装置は受信機に内蔵されている電子ブザーなどが該当する。

【4】 正解4

　　◎火災表示⋯①赤色の火災灯 及び ②主音響装置により火災の発生を、③地区表示装置により当該火災の発生した警戒区域をそれぞれ自動的に表示し、かつ、④地区音響装置を自動的に鳴動させる。

7. 火災表示及びガス漏れ表示の特例

■1. 火災表示等の特例

◎次に掲げる装置は、それぞれに掲げる受信機に設けず、又は接続しないことにより、当該装置による火災表示又はガス漏れ表示を行わないことができる。（受信機規格第6条の2）。

> 1. **火災灯** … P型受信機（接続することができる回線の数が2以上のP型1級受信機を除く。）
> 2. 火災の発生に係る**地区表示装置** … 接続することができる回線の数が一のP型受信機及びGP型受信機（P型受信機の機能としての接続することができる回線の数が一であるものに限る。）
> 3. **ガス漏れ**の発生に係る**地区表示装置** … 接続することができる回線の数が一のG型受信機並びにGP型受信機及びGR型受信機（それぞれG型受信機の機能としての接続することができる回線の数が一であるものに限る。）
> 4. **地区音響装置** … 接続することができる回線の数が一のP型2級受信機、P型3級受信機、M型受信機、GP型2級受信機（P型2級受信機の機能としての接続することができる回線の数が一であるものに限る。）及びGP型3級受信機

特例のまとめ	
火災灯	• 1回線のP型1級受信機……………特例で不必要 • P型2級・3級受信機………………特例で不必要
	• 2回線以上のP型1級受信機………必要
火災の地区表示装置	• 1回線のP型受信機…………………特例で不必要
	• 2回線以上のP型受信機……………必要
ガス漏れの地区表示装置	• 1回線のG型受信機…………………特例で不必要
	• 2回線以上のG型受信機……………必要
地区音響装置	• 1回線のP型2級・3級受信機……特例で不必要
	• 全てのP型1級受信機………………必要 • 2回線以上のP型2級受信機………必要

【1】受信機における火災表示及びガス漏れ表示の特例について、規格省令上、誤っているものは次のうちどれか。

□　1．P型受信機（接続することができる回線の数が2以上のP型1級受信機を除く。）には、火災灯を備えなくてもよい。

2．接続することができる回線の数が一のP型受信機には、火災表示に係る地区表示装置を備えなくてもよい。

3．接続することができる回線の数が一のG型受信機には、ガス漏れの発生に係る地区表示装置を備えなくてもよい。

4．接続することができる回線の数が一のP型1級受信機には、地区音響装置に接続する装置を備えなくてもよい。

▶▶正解＆解説‥‥‥‥‥‥‥‥‥‥‥‥‥‥‥‥‥‥‥‥‥‥‥‥‥‥‥‥‥‥‥‥‥‥‥

【1】正解4

4．回線の数に関わらず、すべてのP型1級受信機は、地区音響装置に接続する装置を備えなければならない。特例で不必要となるのは、回線の数が一のP型2級・3級受信機等である。

8. 受信機の地区音響鳴動装置

◎**受信機**において、地区音響装置を鳴動させる装置（地区音響鳴動装置）は、次に定めるところによらなければならない（**受信機規格第6条の4**）。

1．ベル、ブザー等の音響による警報を発する地区音響装置に係る地区音響鳴動装置にあっては、地区音響装置を確実に鳴動させる機能を有すること。

2．スピーカー等の音声による警報を発する地区音響装置に係る地区音響鳴動装置にあっては、音声による警報の鳴動は、次によること。

①火災信号（発信機からの火災信号を除く。）又は火災表示信号を受信したとき、自動的に感知器が作動した旨の警報（感知器作動警報）を発すること。

②火災情報信号のうち、火災表示をする程度に達した旨の信号を受信したとき、自動的に感知器作動警報又は火災である旨の警報（火災警報）を発すること。

③感知器作動警報の作動中に火災信号、火災表示信号若しくは火災情報信号のうち火災表示をする程度に達した旨の信号を受信したとき、または感知器作動警報が作動してから一定時間が経過したとき、自動的に火災警報を発すること。

④火災の発生を確認した旨の信号（発信機からの火災信号）を受信することができるものにあっては、当該信号を受信したとき、自動的に**火災警報**を発すること。

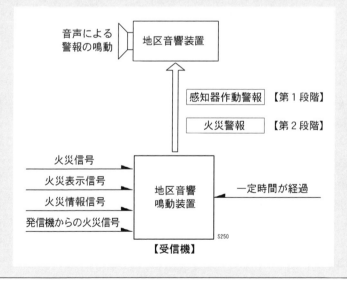

23

【1】自動火災報知設備の地区音響鳴動装置のうち、音声による警報の鳴動について、規格省令上、誤っているものは次のうちどれか。[★]

☐ 1．火災信号（発信機からの火災信号を除く。）又は火災表示信号を受信したとき、自動的に感知器作動警報を発すること。

2．火災情報信号のうち火災表示をする程度に達した旨の信号を受信したとき、自動的に感知器作動警報又は火災警報を発すること。

3．感知器作動警報の作動中に火災信号、火災表示信号若しくは火災情報信号のうち火災表示をする程度に達した旨の信号を受信した後一定時間が経過したとき、自動的に火災警報を発すること。

4．火災の発生を確認した旨の信号を受信することができるものにあっては、当該信号を受信したとき、自動的に火災警報を発すること。

【2】自動火災報知設備の地区音響鳴動装置のうち、音声による警報の鳴動について、規格省令上、誤っているものは次のうちどれか。

☐ 1．火災信号（発信機からの火災信号を除く。）又は火災表示信号を受信したとき、自動的に感知器作動警報を発すること。

2．火災情報信号のうち火災表示をする程度に達した旨の信号を受信したとき、自動的に感知器作動警報又は火災警報を発すること。

3．発信機からの火災信号を受信したとき、自動的に火災警報を発すること。

4．火災の発生を確認した旨の信号を受信することができるものにあっては、当該信号を受信したとき、自動的に注意警報を発すること。

▶▶正解＆解説⋯⋯⋯⋯⋯⋯⋯⋯⋯⋯⋯⋯⋯⋯⋯⋯⋯⋯⋯⋯⋯⋯⋯⋯⋯⋯⋯⋯⋯⋯⋯⋯⋯⋯⋯

【1】正解3

3．感知器作動警報の作動中に火災信号、火災表示信号若しくは火災情報信号のうち火災表示をする程度に達した旨の信号を受信したとき、または感知器作動警報が作動してから一定時間が経過したとき、自動的に火災警報を発すること。

【2】正解4

4．火災の発生を確認した旨の信号とは、発信機からの火災信号である。この信号を受信できるもので、当該信号を受信したときは、自動的に「火災警報」を発すること。

9. 感知器の種類

◎感知器及び発信機に係る技術上の規格を定める省令において、次の各号に掲げる用語の意義は、当該各号に定めるところによる（感知器規格第2条）。

---

1. **感知器** … 火災により生ずる熱、火災により生ずる燃焼生成物（以下「煙」という。）又は火災により生ずる炎を利用して自動的に火災の発生を感知し、火災信号又は火災情報信号を受信機若しくは中継器又は消火設備等に発信するものをいう。

〔熱感知器〕

2. **差動式スポット型感知器** … 周囲の温度の上昇率が一定の率以上になったときに**火災信号を発信するもので、一局所の熱効果により作動するものをいう。

3. **差動式分布型感知器** … 周囲の温度の上昇率が一定の率以上になったときに**火災信号を発信するもので、広範囲の熱効果の累積により作動するものをいう。

4. **定温式感知線型感知器** … 一局所の周囲の温度が一定の温度以上になったときに**火災信号を発信するもので、外観が電線状のものをいう。

5. **定温式スポット型感知器** … 一局所の周囲の温度が一定の温度以上になったときに**火災信号を発信するもので、外観が電線状以外のものをいう。

5の2. **補償式スポット型感知器** … 差動式スポット型感知器の性能及び定温式スポット型感知器の性能を併せもつもので、**一の火災信号を発信するものをいう。

7. **熱アナログ式スポット型感知器** … 一局所の周囲の温度が一定の範囲内の温度になったときに当該温度に対応する**火災情報信号を発信するもので、外観が電線状以外のものをいう。

〔煙感知器〕

8. **イオン化式スポット型感知器** … 周囲の空気が一定の濃度以上の煙を含むに至ったときに火災信号を発信するもので、一局所の煙によるイオン電流の変化により作動するものをいう。

9. **光電式スポット型感知器** … 周囲の空気が一定の濃度以上の煙を含むに至ったときに火災信号を発信するもので、一局所の煙による光電素子の受光量の変化により作動するものをいう。

10. **光電式分離型感知器** … 周囲の空気が一定の濃度以上の煙を含むに至ったときに**火災信号を発信するもので、広範囲の煙の累積による光電素子の受光量の変化により作動するものをいう。

12. **イオン化アナログ式スポット型感知器** … 周囲の空気が一定の範囲内の濃度の煙を含むに至ったときに当該濃度に対応する火災情報信号を発信するもので、一局所の煙によるイオン電流の変化を利用するものをいう。

13. **光電アナログ式スポット型感知器** … 周囲の空気が一定の範囲内の濃度の煙を含むに至ったときに当該濃度に対応する火災情報信号を発信するもので、一局所の煙による光電素子の受光量の変化を利用するものをいう。

14. **光電アナログ式分離型感知器** … 周囲の空気が一定の範囲内の濃度の煙を含むに至ったときに当該濃度に対応する火災情報信号を発信するもので、広範囲の煙の累積による光電素子の受光量の変化を利用するものをいう。

〔炎感知器〕

16. **紫外線式スポット型感知器** … 炎から放射される紫外線の変化が一定の量以上になったときに火災信号を発信するもので、一局所の紫外線による受光素子の受光量の変化により作動するものをいう。

17. **赤外線式スポット型感知器** … 炎から放射される赤外線の変化が一定の量以上になったときに火災信号を発信するもので、一局所の赤外線による受光素子の受光量の変化により作動するものをいう。

18. **紫外線赤外線併用式スポット型感知器** … 炎から放射される紫外線及び赤外線の変化が一定の量以上になったときに火災信号を発信するもので、一局所の紫外線及び赤外線による受光素子の受光量の変化により作動するものをいう。

〔複合式感知器〕

6. **熱複合式スポット型感知器** … 差動式スポット型感知器の性能及び定温式スポット型感知器の性能を併せもつもので、2以上の火災信号を発信するものをいう。

15. **熱煙複合式スポット型感知器** … 差動式スポット型感知器の性能又は定温式スポット型感知器の性能及びイオン化式スポット型感知器の性能又は光電式スポット型感知器の性能を併せもつものをいう。

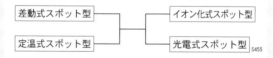

11. **煙複合式スポット型感知器** … イオン化式スポット型感知器の性能及び光電式スポット型感知器の性能を併せもつものをいう。

19. **炎複合式スポット型感知器** … 紫外線式スポット型感知器の性能及び赤外線式スポット型感知器の性能を併せもつものをいう。

〔多信号感知器〕

19の2　**多信号感知器** … 異なる2以上の火災信号を発信するものをいう。

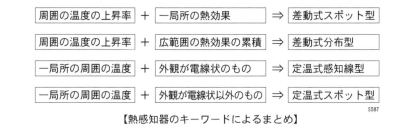

【熱感知器のキーワードによるまとめ】

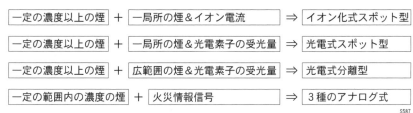

【煙感知器のキーワードによるまとめ】

▶▶過去問題◀◀

【1】感知器の用語の意義で、規格省令上、正しいものは次のうちどれか。

☐　1．定温式スポット型感知器は、一局所の周囲の温度が一定の温度以上になったときに火災信号を発信するもので、外観が電線状のものをいう。

　　2．差動式分布型感知器は、周囲の温度の上昇率が一定の率以上になったときに火災信号を発信するもので、一局所の熱効果により作動するものをいう。

　　3．熱複合式スポット型感知器は、差動式スポット型感知器の性能及び定温式スポット型感知器の性能を併せもつもので、二以上の火災信号を発信するものをいう。

　　4．差動式スポット型感知器は、周囲の温度の上昇率が一定の率以上になったときに火災信号を発信するもので、広範囲の熱効果の累積により作動するものをいう。

【2】次の作動原理を有する感知器の型式として、規格省令上、正しいものはどれか。

　　「周囲の温度の上昇率が一定の率以上になったとき火災信号を発信するもので、一局所の熱効果により作動するもの。」

☐　1．差動式分布型感知器

　　2．差動式スポット型感知器

　　3．定温式感知線型感知器

　　4．定温式スポット型感知器

【3】 次の文は、火災報知設備の感知器について述べたものである。規格省令上、該当する感知器はどれか。

　　「一局所の周囲温度が一定の範囲内の温度になったときに当該温度に対応する火災情報信号を発信するもので、外観が電線状以外のものをいう。」

☐　1．差動式スポット型感知器
　　2．熱複合式スポット型感知器
　　3．熱アナログ式スポット型感知器
　　4．補償式スポット型感知器

【4】 差動式スポット型感知器の説明で、規格省令上、正しいものは次のうちどれか。

☐　1．周囲の温度の上昇率が一定の率以上になったときに火災信号を発信するもので、一局所の熱効果により作動するものをいう。
　　2．一局所の周囲の温度が一定の温度以上になったときに火災信号を発信するもので、外観が電線状のものをいう。
　　3．一局所の周囲の温度が一定の温度以上になったときに火災信号を発信するもので、外観が電線状以外のものをいう。
　　4．周囲の温度の上昇率が一定の率以上になったときに火災信号を発信するもので、広範囲の熱効果の累積により作動するものをいう。

【5】 差動式分布型感知器の説明で、規格省令上、正しいものは次のうちどれか。

☐　1．周囲の温度の上昇率が一定の率以上になったときに火災信号を発信するもので、一局所の熱効果により作動するものをいう。
　　2．差動式スポット型感知器の性能及び定温式スポット型感知器の性能を併せもつもので、2以上の火災信号を発信するものをいう。
　　3．一局所の周囲の温度が一定の温度以上になったときに火災信号を発信するもので、外観が電線状以外のものをいう。
　　4．周囲の温度の上昇率が一定の率以上になったときに火災信号を発信するもので、広範囲の熱効果の累積により作動するものをいう。

【6】 光電式スポット型感知器の作動原理の説明として、規格省令上、正しいもの
　　は次のうちどれか。[★]

□　1．周囲の空気が一定の濃度以上の煙を含むに至ったときに火災信号を発信す
　　　　るもので、一局所の煙による光電素子の受光量の変化により作動するものを
　　　　いう。

　　2．周囲の空気が一定の濃度以上の煙を含むに至ったときに火災信号を発信す
　　　　るもので、広範囲の煙の累積による光電素子の受光量の変化により作動する
　　　　ものをいう。

　　3．周囲の空気が一定の範囲内の濃度の煙を含むに至ったときに当該濃度に対
　　　　応する火災情報信号を発信するもので、一局所の煙によるイオン電流の変化
　　　　を利用するものをいう。

　　4．周囲の空気が一定の範囲内の濃度の煙を含むに至ったときに当該濃度に対
　　　　応する火災情報信号を発信するもので、一局所の煙による光電素子の受光量
　　　　の変化を利用するものをいう。

【7】 次の文は、火災報知設備の感知器についての記述である。規格省令上、該当
　　する感知器として正しいものは次のうちどれか。

　　　「差動式スポット型感知器の性能及び定温式スポット型感知器の性能を併せ
　　もったもので、一の火災信号を発信するもの。」

□　1．熱複合式感知器

　　2．補償式感知器

　　3．熱アナログ式感知器

　　4．光電式スポット型感知器

▶▶正解＆解説‥‥‥‥‥‥‥‥‥‥‥‥‥‥‥‥‥‥‥‥‥‥‥‥‥‥‥‥‥‥‥‥‥‥‥‥‥‥

【1】正解3

　1．「外観が電線状のもの」⇒「外観が電線状以外のもの」。

　2．「一局所の熱効果により作動」⇒「広範囲の熱効果の累積により作動」。

　3．熱複合式スポット型は、二以上の火災信号を発信するもの。補償式スポット型は、
　　　一の火災信号を発するもの。

　4．「広範囲の熱効果の累積により作動」⇒「一局所の熱効果により作動」。

【2】正解2

　2．「周囲の温度の上昇率」＋「一局所の熱効果」から、差動式スポット型である。差
　　　動式分布型は、「周囲の温度の上昇率」＋「広範囲の熱効果の累積」。

【3】 正解3

　1．差動式スポット型は、「周囲の温度の上昇率」＋「火災信号」。

　2．熱複合式スポット型は、［差動式スポット型］＋［定温式スポット型］で、二以上の火災信号を発信する。

　3．火災情報信号を発信するものは、4つの感知器のうち熱アナログ式スポット型のみである。

　4．補償式スポット型は、［差動式スポット型］＋［定温式スポット型］で、一の火災信号を発信する。

【4】 正解1

　2．設問の内容は、「定温式感知線型感知器」。

　3．設問の内容は、「定温式スポット型感知器」。

　4．設問の内容は、「差動式分布型感知器」。

【5】 正解4

　1．設問の内容は、「差動式スポット型感知器」。

　2．設問の内容は、「熱複合式スポット型感知器」。

　3．設問の内容は、「定温式スポット型感知器」。一局所の周囲の温度が一定の温度以上になったときに火災信号を発信するもので、外観が電線状のものは、「定温式感知線型感知器」である。

【6】 正解1

　2．「広範囲の煙」と「光電素子の受光量の変化」から、光電式分離型感知器である。

　3．「火災情報信号」＋「一局所の煙」と「イオン電流」から、イオン化アナログ式スポット型感知器である。

　4．「火災情報信号」＋「一局所の煙」と「光電素子の受光量」から、光電アナログ式スポット型感知器である。

【7】 正解2

　1．熱複合式（スポット型）感知器は、［差動式スポット型］＋［定温式スポット型］で、2以上の火災信号を発信する。

　2．補償式（スポット型）感知器は、［差動式スポット型］＋［定温式スポット型］で、一の火災信号を発信する。

　3．熱アナログ式（スポット型）感知器は、火災情報信号を発信する。

　4．光電式スポット型感知器は、煙感知器である。

10. 感知器の構造・機能

◎感知器の構造及び機能は、次に定めるところによらなければならない（感知器規格第8条）。

---

1. 感知器の受ける気流の方向により機能に著しい変動を生じないこと。

6. 感知器は、その基板面を取付け定位置から、次に掲げる角度を傾斜させた場合、機能に異常を生じないこと。

　　①スポット型感知器（炎感知器を除く）……45°

　　②差動式分布型感知器（検出部に限る）…… 5°

　　③光電式分離型感知器及び炎感知器…………90°

7. イオン化式スポット型感知器の性能を有する感知器又はイオン化アナログ式スポット型感知器には、作動表示装置を設けること。

8. 光電式感知器の性能を有する感知器又は光電アナログ式感知器の性能を有する感知器は、次によること。

　　①光源は、半導体素子とすること。

　　②作動表示装置を設けること。

9. 分離型を除く煙感知器（イオン化式スポット型感知器又は光電式スポット型感知器等）は、目開き1mm以下の網、円孔板等により虫の侵入防止のための措置を講ずること。

【1】 光電式スポット型感知器の構造及び機能について、規格省令に定められていないものは次のうちどれか。

□　1．光源は、半導体素子とすること。

　　2．目開き1mm以下の網、円孔板等により虫の侵入防止のための措置を講ずること。

　　3．感知器の受ける気流の方向により機能に著しい変動を生じないこと。

　　4．基板面を取付け定位置から60°傾斜させた場合、機能に異常を生じないこと。

【2】 感知器の取付け位置について、その機能に異常を生じない範囲の傾斜角度として、規格省令上、誤っているものは次のうちどれか。［★］

□　1．定温式スポット型にあっては、45°

　　2．差動式スポット型にあっては、45°

　　3．イオン化式スポット型にあっては、45°

　　4．光電式分離型にあっては、45°

▶▶正解＆解説‥‥‥‥‥‥‥‥‥‥‥‥‥‥‥‥‥‥‥‥‥‥‥‥‥‥‥‥‥‥‥‥‥‥‥‥

【1】正解4

　　4．「60°傾斜」⇒「45°傾斜」。

【2】正解4

　　4．光電式分離型及び炎感知器は、90°。

11. 差動式分布型感知器（空気管式）の構造・機能

◎差動式分布型感知器で空気管式のもの又はこれに類するものの構造及び機能は、次に定めるところによらなければならない（感知器規格第8条4号）。

> イ．リーク抵抗及び接点水高を容易に試験することができること。
> ロ．空気管の漏れ及び詰まりを容易に試験することができ、かつ、試験後試験装置を定位置に復する操作を忘れないための措置を講ずること。
> ハ．空気管は、一本（継ぎ目のないものをいう）の長さが20m以上で、内径及び肉厚が均一であり、その機能に有害な影響を及ぼすおそれのある傷、割れ、ねじれ、腐食等を生じないこと。
> ニ．空気管の肉厚は、0.3mm以上であること。
> ホ．空気管の外径は、1.94mm以上であること。

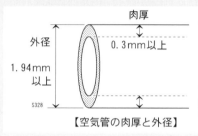

【空気管の肉厚と外径】

〔解説〕試験後試験装置を定位置に復する操作を忘れないための措置

　写真は、空気管の検出部のうち、コックスタンドの例である。コックスタンドは、コックハンドルの位置に応じて内部の空気回路を切り替えるためのものである。コックハンドルの位置は、検出器本体に収納した正常位置、ハンドルを立てた試験位置1、ハンドルを反対側に倒した試験位置2の3パターンがある。このうち、ハンドルが試験位置1及び2にあると、試験後に検出部のカバーをはめ合わせようとしても、ハンドルが邪魔して合わせることができない。カバーをはめ合わせるためには、ハンドルを正常位置に戻さなくてはならない。この仕組みが「定位置に復する操作を忘れないための措置」となる。

▲ハンドルの正常位置

▲試験位置1

▲試験位置2

33

【1】 差動式分布型感知器（空気管式）の構造及び機能について、規格省令上、誤っているものは次のうちどれか。[★]

☐ 1．リーク抵抗及び接点水高を容易に試験することができること。

2．空気管の漏れ及びつまりを容易に試験することができ、かつ、試験後試験装置を定位置に復する操作を忘れないための措置を講ずること。

3．空気管の肉厚は、0.25mm以上であること。

4．空気管の外径は、1.94mm以上であること。

【2】 差動式分布型感知器（空気管式）の構造及び機能として、規格省令上、誤っているものは次のうちどれか。

☐ 1．リーク抵抗及び接点水高を容易に試験できること。

2．空気管は、1本の長さが10m以上であること。

3．空気管の漏れ及びつまりを容易に試験できること。

4．空気管の肉厚は、0.3mm以上であること。

▶▶正解&解説‥‥‥‥‥‥‥‥‥‥‥‥‥‥‥‥‥‥‥‥‥‥‥‥‥‥‥‥‥‥‥‥‥‥‥‥‥

【1】正解3

3．空気管の肉厚は、0.3mm以上であること。

【2】正解2

2．空気管は、1本の長さが20m以上であること。

12. 定温式感知器の公称作動温度の区分

◎定温式感知器の公称作動温度は、60℃以上150℃以下とし、60℃以上80℃以下のものは5℃刻み、80℃を超えるものは10℃刻みとする（感知器規格第14条）。

▶▶過去問題◀◀

【1】定温式感知器の公称作動温度の範囲として、規格省令に定められているものは次のうちどれか。

□　1．30℃以上100℃以下　　2．40℃以上150℃以下

　　3．50℃以上100℃以下　　4．60℃以上150℃以下

【2】定温式感知器の公称作動温度に関する次の記述のうち、文中の（　）に当てはまる数値の組合せとして、規格省令上、正しいものはどれか。

　　「定温式感知器の公称作動温度は、60℃以上（ア）℃以下とし、60℃以上80℃以下のものは5℃刻み、80℃を超えるものは（イ）℃刻みとする。」

	（ア）	（イ）
□　1.	150	10
2.	150	20
3.	180	20
4.	180	10

【3】定温式感知器の公称作動温度の組合せとして、規格省令上、正しいものは次のうちどれか。

	公称作動温度（℃）				
□　1.	65	75	90	100	120
2.	72	80	90	100	110
3.	62	84	90	105	115
4.	60	82	90	130	160

▶▶正解＆解説‥‥‥‥‥‥‥‥‥‥‥‥‥‥‥‥‥‥‥‥‥‥‥‥‥‥‥‥‥‥‥‥‥‥‥‥‥‥

【1】正解4

【2】正解1

【3】正解1

　　60℃以上80℃以下は5℃刻み、80℃以上は10℃刻みとする。

13. 感知器に表示しなければならない事項

◎感知器には、次の各号に掲げる区分に応じ、当該各号に掲げる事項を見やすい箇
　所に容易に消えないように表示しなければならない（感知器規格第43条）。

イ．各種感知器の型（差動式スポット型など）の別及び感知器という文字

ロ．防水型、耐酸型、耐アルカリ型、非再用型又は蓄積型のうち該当する型式

ハ．種別を有するものにあっては、その種別

ニ．定温式感知器の性能を有する感知器にあっては公称作動温度など

ヘ．**型式及び型式番号**

ト．**製造年**

チ．製造事業者の氏名又は名称

リ．取扱方法の概要

ヌ．差動式分布型感知器、イオン化式スポット型感知器、光電式感知器又は炎感知器等
　　にあっては、製造番号

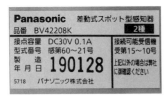

▲表示事項の例1

▲例2

▶▶ 過去問題 ◀◀

【1】差動式スポット型感知器に表示しなければならない事項として、規格省令上、
　　誤っているものは次のうちどれか。

☐　1．定格電流

　　2．製造年

　　3．種別を有するものにあっては、その種別

　　4．型式番号

【1】正解1

1. 定格電流は、表示されている感知器が多いが、規格省令上は感知器に表示しなければならない事項に含まれていない。

14. 発信機に関する用語

◎感知器及び発信機に係る技術上の規格を定める省令において、次の各号に掲げる用語の意義は、当該各号に定めるところによる（感知器規格第2条）。

> 20. **発信機** … 火災信号を受信機に手動により発信するものをいう。
> 21. **P型発信機** … 各発信機に共通又は固有の火災信号を受信機に手動により発信するもので、発信と同時に通話することができないものをいう。
> 22. **T型発信機** … 各発信機に共通又は固有の火災信号を受信機に手動により発信するもので、発信と同時に通話することができるものをいう。
> 23. **M型発信機** … 各発信機に固有の火災信号を受信機に手動により発信するものをいう。
> 27. **火災信号** … 火災が発生した旨の信号をいう。

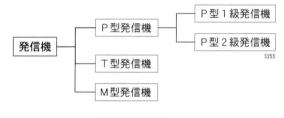

S255

【発信機の分類】

```
▶▶ 過去問題 ◀◀
```

【1】 発信機に関する用語の説明で、規格省令上、誤っているものは次のうちどれか。

☐ 1. 発信機とは、火災が発生した旨の信号を受信機に手動により発信するものをいう。

　 2. P型発信機とは、各発信機に共通の火災信号を受信機に手動により発信するもので、発信と同時に通話することができるものをいう。

　 3. T型発信機とは、各発信機に共通又は固有の火災信号を受信機に手動により発信するもので、発信と同時に通話することができるものをいう。

　 4. M型発信機とは、各発信機に固有の火災信号を受信機に手動により発信するものをいう。

【2】 発信機に関する用語の説明について、規格省令に定められているものとして、誤っているものは次のうちどれか。

□ 1. 発信機とは、火災信号を受信機に手動により発信するものをいう。

2. T型発信機とは、各発信機に共通又は固有の火災信号を受信機に手動により発信するもので、発信と同時に通話することができるものをいう。

3. M型発信機とは、専用の電話装置から119番に接続し、固有の火災信号を受信機に自動的に発信するものをいう。

4. P型発信機とは、各発信機に共通又は固有の火災信号を受信機に手動により発信するもので、発信と同時に通話することができないものをいう。

▶▶正解&解説……………………………………………………………………………………

【1】 正解2

2. P型発信機とは、各発信機に共通又は固有の火災信号を受信機に手動により発信するもので、発信と同時に通話することができないものをいう。

P型発信機は、[発信と同時に通話することができないもの]、T型発信機は、[発信と同時に通話することができるもの]、更にP型1級発信機は、[通話用電話ジャックを備えているもの] である。

3. T型発信機は、発信機に設けられた送受話器を外すことにより、火災信号をP型受信機、R型受信機等に自動的に発信し、火災の発生を防火対象物の関係者に報知する構造となっている。

4. M型発信機は、発信機の前面に設けられた保護板を押し割り又は押し外して押しボタンスイッチを押すことにより、火災信号をM型受信機に発信する。

【T型発信機の例】

【M型発信機の例】 S588

【2】 正解3

3. M型発信機は、固有の火災信号を（M型）受信機に手動により発信するものをいう。火災信号を受信したM型受信機は、消防機関に自動的に報知する。ただし、火災通報装置が広く普及しているため、現在、M型発信機はほとんど設置・使用されていない。

15. Ｐ型発信機の構造・機能

■1．Ｐ型１級発信機

◎Ｐ型１級発信機の構造及び機能は、次の各号に定めるところによらなければならない（感知器規格第32条）。

1．火災信号は、押しボタンスイッチを押したときに伝達されること。

2．押しボタンスイッチを押した後、当該スイッチが自動的に元の位置にもどらない構造の発信機にあっては、当該スイッチを元の位置にもどす操作を忘れないための措置を講ずること。

3．押しボタンスイッチは、その前方に保護板を設け、その保護板を破壊し、又は押し外すことにより、容易に押すことができること。

4．保護板は、透明の**有機ガラス**を用いること。

5．指先で押し破り、又は押し外す構造の保護板は、その中央部の直径20mmの円内に20Nの静荷重を一様に加えた場合に、押し破られ、又は押し外されることなく、かつ、たわみにより押しボタンスイッチに触れることなく、80Nの静荷重を一様に加えた場合に、押し破られ又は押し外されること。

6．火災信号を伝達したとき、受信機が当該信号を受信したことを確認することができる装置（応答確認灯）を有すること。

7．火災信号の伝達に支障なく、受信機との間で、相互に電話連絡をすることができる装置を有すること。

8．外箱の色は、**赤色**であること。

〔解説〕　2号の「忘れないための措置」は、透明な保護板が外れる構造としているものが多い。この場合、「火災報知器」などと表示された小窓を開け、リセットレバーを操作すると、外れた保護板が元の位置に戻る。

〔解説〕　4号の「有機ガラス」は、透明な板ガラス状のプラスチック製品の通称である。成形が容易で割れにくく、透明なものは光の屈折率もよいなどの利点があるため、照明用具などに多用されている。

〔解説〕　5号の「20N」と「80N」は、それぞれ約2kgと約8kgの物体に作用する重力と等しい。保護板は指先で操作することから、相当に大きな力を要する。指先で軽く押す程度の力では、発信機を作動させることができない。「押す」という強い意志が必要となる。

■2．P型2級発信機

◎P型2級発信機にあっては、次の各号に定めるところによらなければならない（感知器規格第32条）。

1．火災信号は、押しボタンスイッチを押したときに伝達されること。

2．押しボタンスイッチを押した後、当該スイッチが自動的に元の位置にもどらない構造の発信機にあっては、当該スイッチを元の位置にもどす操作を忘れないための措置を講ずること。

3．押しボタンスイッチは、その前方に保護板を設け、その保護板を破壊し、又は押し外すことにより、容易に押すことができること。

4．保護板は、透明の**有機ガラス**を用いること。

5．指先で押し破り、又は押し外す構造の保護板は、その中央部の直径20mmの円内に20Nの静荷重を一様に加えた場合に、押し破られ、又は押し外されることなく、かつ、たわみにより押しボタンスイッチに触れることなく、80Nの静荷重を一様に加えた場合に、押し破られ又は押し外されること。

8．外箱の色は、**赤色**であること。

▶▶過去問題◀◀

【1】P型1級発信機の構造に関する次の記述のうち、文中の（　）に当てはまる数値の組合せとして、規格省令上、正しいものはどれか。

　「指先で押し破り、又は押し外す構造の保護板は、その中央部の直径20mmの円内に（ア）Nの静荷重を一様に加えた場合に、押し破られ、又は押し外されることなく、かつ、たわみにより押しボタンスイッチに触れることなく、（イ）Nの静荷重を一様に加えた場合に、押し破られ又は押し外されなければならない。」

	（ア）	（イ）
□ 1．	20	80
2．	20	100
3．	30	80
4．	30	100

【2】P型1級発信機及びP型2級発信機の外箱の色について、規格省令上、正しいものは次のうちどれか。[★]

□ 1．外箱の色は、赤色であること。

　2．外箱の外面は、その50％以上を赤色仕上げとすること。

　3．外箱の外面は、その25％以上を赤色仕上げとすること。

　4．外箱の色の指定は、特に定められていない。

【3】P型2級発信機の構造及び機能について、規格省令上、誤っているものを2つ選びなさい。[★][編]

☐ 1．発信機の外箱の色は、赤色であること。

2．火災信号は、押しボタンスイッチが押されたときに伝達されること。

3．押しボタンスイッチは、その前方に保護板を設け、その保護板を破壊し、又は押し外すことにより、容易に押すことができること。

4．保護板は、透明の有機ガラス又は無機ガラスを用いること。

5．火災信号を伝達したとき、受信機が当該信号を受信したことを確認することができる装置を有すること。

6．押しボタンスイッチを押した後、当該スイッチが自動的に元の位置に戻らない構造の受信機にあっては、そのスイッチを元の位置に戻す操作を忘れないための措置を講ずること。

【4】P型1級発信機とP型2級発信機の構造及び機能として、規格省令上、共通しない基準を次のうちから2つ選びなさい。[編]

☐ 1．押しボタンスイッチを押した後、そのスイッチが自動的に元の位置にもどらない構造の発信機にあっては、そのスイッチを元の位置にもどす操作を忘れないための措置を講じること。

2．火災信号の伝達に支障なく、受信機との間で、相互に電話連絡をすることができる装置を有すること。

3．押しボタンスイッチは、保護板を破壊し、押し外すことにより、容易に押すことができること。

4．火災信号を伝達したとき、受信機がその信号を受信したことを確認できる装置を有すること。

5．外部の色は赤色であること。

【5】規格省令上、発信機から火災信号を伝達したとき、受信機がその信号を受信したことを確認できる装置を設けなくてもよい発信機は次のうちどれか。

☐ 1．屋内型のP型1級発信機

2．屋外型のP型1級発信機

3．P型2級発信機

4．M型発信機

▶▶正解＆解説···

【1】 正解1

発信機は、20Nの静荷重で作動せず、80Nの静荷重で作動すること。

【2】 正解1

1．Ｐ型1級発信機及びＰ型2級発信機は、外箱の色が赤色であること。

【3】 正解4＆5

4．保護板は、透明の有機ガラスを用いること。無機ガラスは、普通のガラスを指す。万が一、割れると危険である。

5．受信機が火災信号を受信したことを確認することができる装置（応答確認灯）は、Ｐ型1級発信機に備えなければならない。

【4】 正解2＆4

2．設問は、Ｐ型1級発信機の相互通話用の電話ジャックを指している。送受話器のコネクタを差し込むと、受信機側と通話ができる。Ｐ型2級発信機は、この電話ジャックの基準がない。

4．設問は、Ｐ型1級発信機の応答確認灯を指している。Ｐ型2級発信機は、この応答確認灯の基準がない。

【5】 正解3

3．設問は、Ｐ型1級発信機の応答確認灯を指している。Ｐ型2級発信機は、この応答確認灯の基準がない。

4．Ｍ型発信機の構造及び機能は、感知器規格第32条の1号～3号まで、及び第6号～第8号までの規定が適用される。応答確認灯は第6号で規定されているため、Ｍ型発信機は応答確認灯を備えなければならない。

16. 中継器の構造・機能

◎この省令は、火災報知設備又はガス漏れ火災警報設備に使用する中継器の技術上の規格を定めるものとする（中継器規格第1条）。

◎この省令において、次の各号に掲げる用語の意義は、各号に定めるところによる（中継器規格第2条）。

> 6. 中継器 … 火災信号、火災表示信号、火災情報信号、ガス漏れ信号又は設備作動信号を受信し、これらを信号の種別に応じて、次に掲げるものに発信するものをいう。
>   イ. 火災信号、火災表示信号、火災情報信号又はガス漏れ信号にあっては、他の中継器、受信機又は消火設備等
>   ロ. 設備作動信号にあっては、他の中継器又は受信機

〔解説〕火災信号とは、火災が発生した旨の信号をいう。
設備作動信号とは、消火設備等が作動した旨の信号をいう。

◎中継器の構造及び機能は、次に定めるところによらなければならない（中継器規格第3条1項）。

> 3. 水滴が浸入しにくいこと。
> 4. ほこり又は湿気により機能に異常を生じないこと。
> 6. 不燃性又は難燃性の外箱で覆うこと。
> 7. 配線は、十分な電流容量を有し、かつ、接続が的確であること。
> 10. 定格電圧が60Vを超える中継器の金属製外箱には、接地端子を設けること。
> 11. 地区音響装置を鳴動させる中継器は、**受信機**において操作しない限り、鳴動を継続させること。
> 13. 蓄積式のものにあっては、次に定めるところによること。
>   イ. 蓄積時間を調整する装置を有するものにあっては、当該装置を中継器の内部に設けること。
>   ロ. 蓄積時間は、5秒を超え60秒以内であること。
> 14. アナログ式中継器であって、感度設定装置を設けるものにあっては、次によること。
>   ①感度設定装置は、表示温度等を設定する感知器を特定でき、かつ、当該感知器に係る表示温度等が容易に確認できること。
>   ②感度設定装置は、**2以上の操作**によらなければ表示温度等の変更ができないものであること。

◎検知器、受信機又は他の中継器から電力を**供給される方式**の中継器のうち、外部負荷に電力を供給する方式の中継器は、電力を供給する回路に、ヒューズ、ブレーカその他の保護装置を設けること（中継器規格第3条2項）。

43

◎検知器、受信機又は他の中継器から電力を供給されない方式の中継器（電池を用いる無線式中継器を除く）の構造及び機能は、次に定めるところによらなければならない（中継器規格第3条3項）。

1．主電源回路の両線及び予備電源回路の1線に、ヒューズ、ブレーカその他の保護装置を設けること。
3．予備電源を設けること。ただし、ガス漏れ火災警報設備に使用する中継器にあっては、この限りでない。

▶▶過去問題◀◀

【1】火災報知設備又はガス漏れ火災警報設備に使用する中継器の説明として、規格省令上、正しいものは次のうちどれか。

☐　1．火災が発生している旨の信号を受信し、防災設備に発信するものであること。

　　2．各種信号を受信し、総合操作盤に発信するものであること。

　　3．火災信号又はガス漏れ信号等を受信し、他の中継器、受信機又は消火設備等に発信するものであること。

　　4．設備作動信号を受信し、他の中継器、発信機又は消火設備等に発信するものであること。

【2】火災報知設備に使用する中継器の構造及び機能について、規格省令上、誤っているものを2つ選びなさい。［編］

☐　1．中継器の受信開始から発信開始までの所要時間は、5秒以内でなければならない。

　　2．中継器は不燃性又は難燃性の外箱で覆うこと。

　　3．定格電圧が60Vを超える中継器の金属製外箱には、接地端子を設けること。

　　4．定格電圧が100Vを超える中継器の金属製外箱には、接地端子を設けること。

　　5．地区音響装置を鳴動させる中継器は、受信機において操作しない限り、鳴動を継続させること。

　　6．アナログ式中継器の感度設定装置は、一の操作により表示温度等の変更ができること。

　　7．受信機から電力を供給される方式の中継器は、外部負荷に電力を供給する回路に、ヒューズ、ブレーカその他の保護装置を設けること。

【3】 検知器、受信機又は他の中継器から電力を供給されない方式の中継器につい
て、規格省令上、誤っているものは次のうちどれか。

□　1．主電源回路及び予備電源回路には、ヒューズ、ブレーカー等の保護装置を
設けること。

2．不燃性又は難燃性の外箱で覆うこと。

3．配線は、十分な電流容量を有し、接続が的確であること。

4．ガス漏れ火災警報設備の中継器には、予備電源を設けること。

【4】 火災報知設備又はガス漏れ火災警報設備に使用する中継器について、規格省
令上、誤っているものは次のうちどれか。

□　1．定格電圧が60Vを超える中継器の金属製外箱には、接地端子を設けること。

2．地区音響装置を鳴動させる中継器にあっては、中継器に当該地区音響装置
の鳴動を停止させる装置を設けること。

3．蓄積時間を調整する装置を有するものにあっては、当該装置を中継器の内
部に設けること。

4．検知器、受信機又は他の中継器から電力を供給されない方式の中継器には、
予備電源を設けること。ただし、ガス漏れ火災警報設備に使用する中継器に
あってはこの限りでない。

▶▶正解＆解説‥‥‥‥‥‥‥‥‥‥‥‥‥‥‥‥‥‥‥‥‥‥‥‥‥‥‥‥‥‥‥‥‥‥‥‥‥‥

【1】 正解3

1＆2．火災信号、火災表示信号、火災情報信号又はガス漏れ信号を受信した中継器は、
他の中継器、受信機又は消火設備等に発信するものであること。

4．設備作動信号を受信した中継器は、他の中継器又は受信機に発信するものであるこ
と。

【2】 正解4＆6

1．「17. ガス漏れ火災警報設備　▶中継器」47P参照。

4．「100Vを超える」⇒「60Vを超える」。

6．アナログ式中継器の感度設定装置は、2以上の操作によらなければ表示温度等の変
更ができないこと。

【3】 正解4

4．この方式の中継器でガス漏れ火災警報設備に使用するものは、予備電源を設けない
ことができる。

【4】 正解2

2．地区音響装置を鳴動させる中継器にあっては、受信機に当該地区音響装置の鳴動を
停止させる装置を設けること。中継器側に鳴動を停止させる装置を設けてはならない。

17. ガス漏れ火災警報設備

▶受信機

◎G型受信機は、ガス漏れ信号を受信し、ガス漏れの発生を防火対象物の関係者に報知するものをいう（受信機規格第2条11号）。

◎G型受信機、GP型受信機及びGR型受信機は、ガス漏れ信号を受信したとき、**黄色のガス漏れ灯及び主音響装置**によりガス漏れの発生を、地区表示装置により当該ガス漏れの発生した警戒区域をそれぞれ自動的に表示するものでなければならない（受信機規格第6条4項）。

◎G型受信機、GP型受信機及びGR型受信機の機能は、次に定めるところによらなければならない（受信機規格第11条）。

1. ガス漏れ表示の作動を容易に確認することができる装置による**試験機能**を有し、かつ、この装置の操作中に他の回線からのガス漏れ信号を受信したとき、ガス漏れ表示をすることができること。
2. 終端器に至る信号回路の導通を回線ごとに容易に確認することができる装置による試験機能を有し、かつ、この装置の操作中に他の回線からのガス漏れ信号を受信したとき、ガス漏れ表示をすることができること。ただし、接続することができる回線の数が5以下のもの及び検知器の電源の停止が受信機において分かる装置を有するものにあっては、この限りでない。
3. 2回線からガス漏れ信号を同時に受信したとき、ガス漏れ表示をすることができること。
5. ガス漏れ信号の受信開始からガス漏れ表示までの所要時間は、**60秒以内**であること。

▶検知器

◎検知器は、ガス漏れを検知し、中継器若しくは受信機にガス漏れ信号を発信するもの、又はガス漏れを検知し、ガス漏れの発生を音響により警報するとともに、中継器若しくは受信機にガス漏れ信号を発信するものをいう（中継器規格第2条5号）。

◎都市ガス用検知器の構造の基準は、次に定めるところによること（ガス漏れ検知器基準第3　1項）。

> 6．ガス漏れの発生を音響により警報する機能（警報機能）を有するものにあっては、通電状態にあることを容易に確認できる通電表示灯を有すること。
> ※この機能をもつ灯火は、一般に電源灯（多くが緑色）と呼ばれている。
> 7．警報機能を有するものにあっては、信号を発した旨を容易に確認できる装置を有すること。
> ※この機能をもつ灯火は、一般に作動確認灯（多くが赤色）と呼ばれている。
> 8．警報機能を有するものにあっては、その警報音の音圧は、前方1m離れた箇所で**70dB以上**であること。

◎都市ガス用検知器の性能の基準は、次に定めるところによること（ガス漏れ検知器基準第3　2項）。

> 1．ガス漏れ検知器は、ガスの濃度が爆発下限界の1／4以上のときに確実に作動し、1／200以下のときに作動しないこと。
> 2．検知器は、爆発下限界の1／4以上の濃度のガスにさらされているときは、継続して作動すること。
> 3．検知器は、信号を発する濃度のガスに**断続的**にさらされたとき、機能に異常を生じないこと。
> 4．検知器は、通常の使用状態において、調理等の際に発生する湯気、油煙、アルコール、廃ガス等により容易に信号を発しないこと。
> 5．検知器は、信号を発する濃度のガスに接したとき、**60秒以内**に信号を発すること。

▶中継器

◎自動火災報知設備及びガス漏れ火災警報設備の中継器については、受信開始から発信開始までの所要時間は、**5秒以内**でなければならない。ただし、ガス漏れ信号に係る当該所要時間にあっては、ガス漏れ信号の受信開始からガス漏れ表示までの所要時間が5秒以内である受信機に接続するものに限り、**60秒以内**とすることができる（中継器規格第4条）。

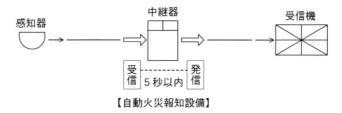

感知器　　　　　　　中継器　　　　　　　受信機

受信 ---------- 発信
5秒以内

【自動火災報知設備】

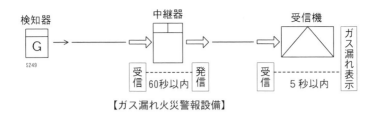

【ガス漏れ火災警報設備】

▶ ▶ 過去問題 ◀ ◀

（受信機）

【1】 G型受信機について、規格省令上、誤っているものは次のうちどれか。

□　1．ガス漏れ信号を受信したとき、赤色のガス漏れ灯及び主音響装置によりガス漏れの発生を、地区表示装置により当該ガス漏れの発生した警戒区域をそれぞれ自動的に表示するものでなければならない。

　　2．ガス漏れ表示の作動を容易に確認することができる装置による試験機能を有し、かつ、この装置の操作中に他の回路からのガス漏れ信号を受信したとき、ガス漏れ表示をすることができること。

　　3．2回線からガス漏れ信号を同時に受信したとき、ガス漏れ表示をすることができること。

　　4．ガス漏れ信号の受信開始からガス漏れ表示までの所要時間は、60秒以内であること。

（検知器）

【2】 ガス漏れ検知器の性能の基準として、消防庁告示上、正しいものは次のうちどれか。ただし、温泉の採取のための設備で総務省令で定めるところにより設ける場合を除く。

□　1．ガスの濃度が爆発下限界の1／4以上のときに確実に作動し、1／200以下のときに作動しないこと。

　　2．ガスの濃度が爆発下限界の1／2以上のときに確実に作動し、1／100以下のときに作動しないこと。

　　3．ガスの濃度が爆発下限界以上のときに確実に作動し、爆発下限界未満では作動しないこと。

　　4．ガスの濃度が爆発上限界未満のときに確実に作動し、爆発上限界以上では作動しないこと。

【3】 ガス漏れ検知器の性能の基準として、消防庁告示上、誤っているものは次のうちどれか。ただし、温泉の採取のための設備で総務省令で定めるところにより設ける場合を除く。

☐ 1．ガスの濃度が爆発下限界の1／4以上のときに確実に作動し、1／200以下のときに作動しないこと。

2．ガスの濃度が爆発下限界の1／2以上のときに確実に作動し、1／100以下のときに作動しないこと。

3．信号を発する濃度のガスに接したとき、60秒以内に信号を発すること。

4．信号を発する濃度のガスに断続的にさらされたとき、機能に異常を生じないこと。

（中継器）

【4】 ガス漏れ火災警報設備に関する次の記述のうち、文中の（　）に当てはまる数値として、規格省令上、正しいものはどれか。[★] [編]

「ガス漏れ火災警報設備に使用する中継器の受信開始から発信開始までの所要時間は、ガス漏れ信号の受信開始からガス漏れ表示までの所要時間が5秒以内である受信機に接続するものに限り、（　）以内とすることができる。」

☐ 1．10秒　　　2．20秒　　　3．30秒

4．60秒　　　5．90秒

▶▶正解＆解説‥‥‥‥‥‥‥‥‥‥‥‥‥‥‥‥‥‥‥‥‥‥‥‥‥‥‥‥‥‥‥‥‥‥‥‥‥‥

【1】 正解1

1．「赤色のガス漏れ灯」⇒「黄色のガス漏れ灯」。

【2】 正解1

【3】 正解2

2．「1／2以上」⇒「1／4以上」。「1／100以下」⇒「1／200以下」

【4】 正解4

◎火災通報装置の構造、性能等は、次に定めるところによる（火災通報装置基準第3）。

①手動起動装置は、**手動**で操作することにより作動し、消防機関への通報を自動的に開始すること。

②手動起動装置が操作されたこと、又は自動火災報知設備の感知器の作動と連動して作動したことを可視的又は可聴的に表示すること。

③発信の際、火災通報装置が接続されている電話回線が使用中であった場合には、**強制的に発信可能の状態**にすることができるものであること。

④選択信号（119番）は、10パルス毎秒若しくは20パルス毎秒のダイヤルパルス又は押しボタンダイヤル信号のいずれかで送出できること。

⑤蓄積音声情報は、選択信号（119番）送出後、**自動的**に送出されることとし、蓄積音声情報の送出は、常に冒頭から始まること。

⑥蓄積音声情報は、**通報信号音**と**音声情報**により構成されるものであること。

⑦音声情報は、手動起動装置が操作されたことにより起動された場合、火災である旨並びに防火対象物の所在地、建物名及び電話番号の情報その他これに関連する内容とすること。また、連動起動機能により起動された場合は、自動火災報知設備が作動した旨並びに防火対象物の所在地、建物名及び電話番号の情報その他これに関連する内容とすること。

⑧音声は電子回路により合成した**女声**とし、発声が明瞭で語尾を明確に強調した口調とすること。

⑨蓄積音声情報は、ROM等に記憶させること。

▶▶ 過去問題 ◀◀

【1】火災通報装置の蓄積音声情報について、消防庁告示上、誤っているものは次のうちどれか。[★]

□ 1．蓄積音声情報は、通報信号音と音声情報により構成されたものであること。

2．蓄積音声情報は、選択信号（119番）送出後、自動的に送出されること。

3．蓄積音声情報の音声は電子回路により合成した男声とし、発声が明瞭で語尾を明確に強調した口調であること。

4．蓄積音声情報は、ROM等に記憶すること。

【2】火災通報装置の構造又は性能等について、消防庁告示上、誤っているものは次のうちどれか。

☐ 1．選択信号（119番）は、10パルス毎秒若しくは20パルス毎秒のダイヤルパルス又は押しボタンダイヤル信号のいずれかで送出できること。

2．手動起動装置は、手動で操作することにより作動し、消防機関への通報を自動的に開始すること。

3．手動起動装置が操作されたこと又は自動火災報知設備の感知器の作動と連動して作動したことを、可視的又は可聴的に表示すること。

4．発信の際、火災通報装置が接続されている電話回線が使用中であった場合には、再度、手動で発信ができるものであること。

▶▶正解＆解説‥‥‥

【1】正解3

3．「男声」⇒「女声」。

【2】正解4

4．発信の際、火災通報装置が接続されている電話回線が使用中であった場合には、強制的に発信可能の状態にすることができるものであること。

19. 蓄電池設備の基準

◎蓄電池設備の構造及び性能の基準は、次に定めるところによる（蓄電池設備基準）。

①蓄電池設備は、**自動的に充電**するものとし、充電電源電圧が定格電圧の±10%の範囲内で変動しても機能に異常なく充電できるものであること。

②蓄電池設備には、**過充電防止機能**を設けること。

③蓄電池設備には、当該設備の出力電圧又は出力電流を監視できる**電圧計又は電流計**を設けること。

④蓄電池設備は、0℃から40℃までの範囲の周囲温度において機能に異常を生じないものであること。

⑤蓄電池設備に使用する鉛蓄電池は、**自動車用以外**のものであること。

⑥蓄電池の単電池当たりの公称電圧は、鉛蓄電池にあっては2Vであること。

⑦蓄電池は、**液面**が容易に確認できる構造とし、かつ、酸霧又はアルカリ霧が出るおそれのあるものについては、防酸霧装置又はアルカリ霧放出防止装置が設けられていること。ただし、シール形又は制御弁式のものにあっては、液面を確認できる構造としないことができる。

⑧**減液警報装置**が設けられていること。ただし、補液の必要がないものにあっては、この限りでない。

⑨充電装置には、蓄電池の**充電状態**を点検できる装置を設けること。

⑩**充電中**である旨を表示する装置を設けること。

▶ ▶ 過去問題 ◀ ◀

【1】非常電源として設置した蓄電池設備の構造及び性能について、消防庁告示に定められている基準に適合していないものは、次のうちどれか。

☐ 1. 0℃から40℃までの範囲の周囲温度において、機能に異常を生じないものを用いた。
　2. 出力電圧を監視できる電圧計を取り付けた。
　3. 自動車用の大容量の鉛蓄電池を用いた。
　4. 出力電流を監視できる電流計を取り付けた。

【2】 非常電源として使用する蓄電池設備の構造及び性能について、消防庁告示上、誤っているものは次のうちどれか。

□　1．蓄電池は、原則として液面が容易に確認できる構造とすること。

　　2．酸又はアルカリの霧が出るおそれのあるものについては、それらの放出を防止するための装置が設けられていること。

　　3．自動減液補充装置が設けられていること。ただし、補液の必要ないものにあっては、この限りでない。

　　4．充電装置には、蓄電池の充電状態を点検できる装置を設けること。

【3】 非常電源としての蓄電池設備の構造及び性能について、消防庁告示上、誤っているものは次のうちどれか。

□　1．自動的に充電するものであること。

　　2．充電電源電圧が定格電圧の±10％の範囲内で変動しても機能に異常なく充電できること。

　　3．放電中である旨の表示装置と、使用による過放電の防止装置を設けること。

　　4．出力電圧又は出力電流を監視できる電圧計又は電流計を設けること。

▶▶正解＆解説‥‥‥‥‥‥‥‥‥‥‥‥‥‥‥‥‥‥‥‥‥‥‥‥‥‥‥‥‥‥‥‥‥‥‥

【1】 正解3
　　3．蓄電池設備に使用する鉛蓄電池は、自動車用以外のものであること。

【2】 正解3
　　1．ただし、シール形又は制御弁式のものは、液面を確認できる構造としないことができる。実際は、ほとんどのものが液面を確認できない。シール形及び制御弁式の蓄電池は、構造的に電解液がほとんど減らないようになっていることから、液面の点検も必要としない。
　　2．防酸霧装置又はアルカリ霧放出防止装置が設けられている。
　　3．自動減液補充装置は設けられていない。点検時に液面が低下している場合は、人が補液する。なお、補液が必要なものは、減液警報装置を設けることになっている。

【3】 正解3
　　3．「充電中」である旨の表示装置を備えること。また、蓄電池設備には過充電防止機能を設けることになっているが、過放電については規定されていない。

第7章　実技　鑑別等

実技　鑑別等の［問1］に相当する部分／電気工事士の免除部分

第7章

1. 電線管工事等に用いる工具類

〔写真〕

A

B ▼刃とローラー部

C ▼固定部

D

E ▼使用時

F ▼使用時

G ▼使用時

H ▼使用時

I ▼使用時

〔名称と用途〕

記号	名称	用途
A	パイプベンダー	金属管を曲げる。
B	パイプカッター	金属管を切断する。
C	パイプバイス	金属管を固定する。
D	ねじ切り器	金属管の外周にねじを切る。
E	パイプレンチ	円柱の管をくわえ込んで回す。
F	リーマ	金属管切断面の内側のばり等を削り取る。
G	ウォーターポンププライヤー	大径のナットなどを回す。水道管工事にも使用。
H	サドル	電線管などを造営材に固定する。
I	電線管用ブッシング	電線管の端部にはめて電線を保護・絶縁する。

〔用語〕ベンダー［bender］：曲げるもの。

　　　バイス［vise］：万力。万力で固定する。

　　　レンチ［wrench］：ナットなどを締めたり外したりする工具の一般名。ねじる。

　　　リーマ［reamer］：穴ぐり錐。

　　　プライヤー［plier］：日本のペンチ。

　　　サドル［saddle］：鞍。自転車のサドル。saddle band で管の固定具。

　　　ブッシング［bushing］：穴にはめ込む円筒部品。入れ子。内筒。

▶パイプカッター

◎切断部分にカッターの刃にあて、ノブを軽く回してくわえ込む。この状態でカッターを円周方向に1周させ、切り込み線を付ける。

◎次にノブを少し締め付け、切り込みを深くしていく。この作業を繰り返して行い、管を切断する。

▲パイプにセット　　　　▲パイプと刃のあたり　　　　▲パイプの切り込み線

▶電線管用ブッシング

◎ブッシングは各種ものがある。写真のものは絶縁ブッシングとも呼ばれる。電線管の端部で電線の被覆が傷まないようにするとともに、絶縁の働きもする。

▶ウォーターポンププライヤー

◎口の開きが多段階となっており、通常のプライヤーより太い径のパイプやナットをつかむことができる。配管（主に水道管）工事に用いる。

▶パイプベンダー

◎自動火災報知設備の電線管工事に使用する金属管は、主に25mmのものと19mmのものがある。

◎写真のパイプベンダーでは、25mm管と19mm管を曲げることができる。

▶ねじ切り器

◎電線管用のねじ切り器である。

◎チェーザ（おねじを切るための刃の部分）を交換することで、19mm、25mm、31mm の管に使用することができる。右写真は、25mm 管のねじ部。

▲チェーザ（大）　　　▲チェーザ（小）　　　▲電線管のねじ部

▶リーマ

◎リーマは、電線管の切断部に差し込み、手でねじ込むようにして使用する。

◎リーマは円すいの角部に沿って刃がついており、回すことで切断面内側のばりや角部を取り除くことができる。

▲角部についている刃　　　▲切断部と刃のあたり　　　▲角を取り除いた後

第7章

▶電線管の種類（参考）

◎金属の電線管は、可とう電線管を除くと次の３種類がある。

①薄鋼電線管（Ｃ管）…屋内の露出部位の配線に使用する。

②厚鋼電線管（Ｇ管）…内面および外面が亜鉛
めっき加工されており、Ｃ管より肉厚である。
屋外環境でも使用可能。

③ねじ無し電線管（Ｅ管）…肉厚はＣ管より更
に薄い。屋内の露出部位の配線に使用する。
ねじ無しで使用するため、作業性がよい。

▲左がＣ管の25mm（C25）
右がＥ管の25mm（E25）

▶▶過去問題◀◀

【１】 下の写真Ａ及びＢは、電線の配管工事に用いる工具である。それぞれの名称
及び用途を答えなさい。[★]

☐　Ａ.

拡大図

Ｂ.

▶▶正解＆解説‥‥‥‥‥‥‥‥‥‥‥‥‥‥‥‥‥‥‥‥‥‥‥‥‥‥‥‥‥‥‥‥‥‥

【１】正解

Ａ. 名称：パイプベンダー　　用途：金属管を曲げる。
Ｂ. 名称：パイプカッター　　用途：金属管を切断する。

2. 配線工事に用いる工具類

〔写真〕

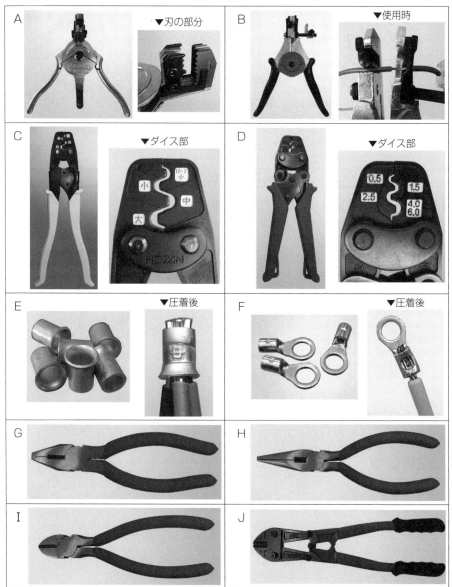

A ▼刃の部分

B ▼使用時

C ▼ダイス部

D ▼ダイス部

E ▼圧着後

F ▼圧着後

G

H

I

J

第7章

〔名称と用途〕

記号	名称	用途
A・B	ワイヤーストリッパー	電線の被覆を自動的にはぎ取る。
C	圧着ペンチ（黄色）	複数の電線とリングスリーブを圧着して接続する。
D	圧着ペンチ（赤色）	電線と圧着端子を圧着して接続する。
E	リングスリーブ	複数の電線をリングスリーブに挿入して圧着する。
F	圧着端子	電線の端部に圧着して接続する。
G	ペンチ	銅線や針金を切る・曲げる・はさむ。
H	ラジオペンチ	銅線や針金を切ったり細工する。
I	ニッパー	銅線や細い針金を切る。
J	ボルトクリッパー	線材や棒鋼を切断する。

〔用語〕スリーブ［sleeve］：袖。袖状のもの。スリーブ管。

　　　　ニッパー［nipper］：はさみとるもの。

　　　　クリッパー［clipper］：刈り取り器。大ばさみ。

▶ワイヤーストリッパー

◎電線を覆っている樹脂製の被覆を自動ではぎ取るための工具である。手動タイプ
は、配線の太さに合わせた穴状の刃が複数あるもので、被覆を挟んで引き抜く。

◎写真のものはオートタイプと呼ばれているもので、電線をワイヤーストリッパー
にかませてクリップを握ると、電線を固定するとともに、穴付きの刃が自動的に
被覆をはぎ取る。

▶リングスリーブと圧着端子

◎リングスリーブは、複数の種類のものがある。写真の
ものはE形と呼ばれているもののうち、「中」である。
このタイプのリングスリーブに使用する圧着ペンチは、
ハンドル（グリップ）が黄色のものを使用する。ダイ
ス（スリーブを押しつぶす部分）は、「大」「中」「小」
などに分かれている。主に単線の接合に使用する。

◎圧着端子に使用する圧着ペンチは、ハンドルが赤色の
ものを使用する。赤色ハンドルの圧着ペンチは、圧着
端子に使用する他、突き合わせ用の圧着スリーブにも
使用する。ダイスは、「0.5」「1.5」「2.5」などに分かれ
ている。

▶ボルトクリッパー

◎ボルトカッターともいう。

◎力の伝わる原理は、てこの原理を2段階に応用したものである。ハンドルに加えた力のおよそ30～50倍の力が刃先に作用する構造となっている。

▶ ▶ 過去問題 ◀ ◀

【1】 下の写真A～Eは、配線工具を示したものである。次の各設問に答えなさい。

[★]

□　1．この工具の名称をそれぞれ答えなさい。

　　2．工具A及びBについて、具体的な用途を答えなさい。

▶▶正解&解説……………………………………………………………………………………………

【1】正解

1．A：ワイヤーストリッパー　　　B：圧着ペンチ
　C：ラジオペンチ　　　　　　　D：ニッパー
　E：ウォーターポンププライヤー

2．A：具体的な用途：電線を挟んでグリップを握ると、自動的に電線の被覆をはぎ取る。

　B：具体的な用途：複数の電線とリングスリーブ間、または電線と圧着端子間を圧着により接続する。

3. 検電器

◎検電器は、電圧の有無を検出するためのものである。ネオン発光式と電子回路式がある。

◎**ネオン発光式検電器**は、ネオン放電管に一定以上の電圧が加わると、微小な電流でも鮮やかな紅橙色にグロー放電する特性を利用したものである。構造が簡単で取扱いやすいため、低圧から高圧用のものまで、古くから広く使われている。欠点として、明るい場所ではその発光が確認しにくいこと、絶縁電線被覆の上からでは検電ができないこと、が挙げられる。

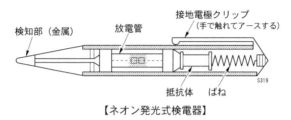

【ネオン発光式検電器】

◎一方、**電子回路式検電器**は、内部に電池と半導体回路を内蔵し、微弱な検出電流を内蔵回路で増幅し、見やすい表示灯を点灯させたり、スイッチング回路と発振回路を使って音声周波数に変換して、確認しやすい音響を発生することで、電圧の有無を表示する。

【電子回路式検電器】

◎電子回路式検電器は、高圧・低圧の共用が可能であるとともに、絶縁被覆の上から検電できるのが大きな利点である。現在、検電器の主流となっているのは電子回路式である。

◎電子回路式は、交流専用のものと交流直流両用のものがある。

【1】下の図に示す器具について、その名称と用途を答えなさい。［★］

□

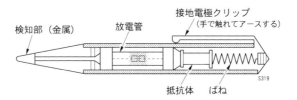

検知部（金属）　放電管　接地電極クリップ（手で触れてアースする）

抵抗体　ばね

S319

▶▶正解＆解説‥‥‥

【1】正解

名称：検電器
用途：電圧の有無を検出する。

4. 絶縁抵抗計

■1. 絶縁抵抗の測定

◎絶縁抵抗計は、測定回路に直流高電圧（例えば250Vや500V）を加え、非常に大きな抵抗を測定する器具である。

◎一般にMΩ単位で測定結果を表示するため、メガーと呼ばれることがある。

◎回路計（サーキットテスタ）の抵抗測定レンジと大きく異なるのは、測定電圧が高く、それに伴い非常に大きな抵抗を測定できる点である。

◎絶縁抵抗は、電路と大地間及び線間の2つがある。

◎線間の絶縁抵抗を測定する場合は、測定電圧から電気部品を保護するため、線間にある電気部品は全て取り外す必要がある。

◎絶縁抵抗計と回路計は外観が似ているため、外観だけから判定するのは困難である。ただし、次のポイントで見分けることができる。

  ①メーターの指示部に「MΩ」と表示されているものは、絶縁抵抗計と判断する。

  ②測定端子がワニ口クリップとなっているものは、絶縁抵抗計と判断する。

  ③棒状の測定端子が細長いものは、絶縁抵抗計と判断する。

◎ただし、測定端子については、回路計であってもワニ口クリップが付属品として付いている場合もあるため、総合的に判断する必要がある。

▶三和電気計器　MG500

デジタル式表示

定格測定電圧　500V／250V／125V

測定レンジ　400k／4M／40M
         ／400M／4000MΩ

▶日置電機　IR4013

アナログ式表示

定格測定電圧　500V

最大表示値　1000MΩ

▶横河電機　3213A

アナログ式表示

定格測定電圧　1000V

最大表示値　2000MΩ

▶ムサシインテック　DI-8

アナログ式表示

定格測定電圧　500V

最大表示値　1000MΩ

▶（参考）回路計（サーキットテスタ）の例　三和電気計器

アナログ式表示
直流電圧レンジ（DCV）
交流電圧レンジ（ACV）
直流電流レンジ（DCA）
抵抗測定レンジ（Ω）

【1】 下の写真は、自動火災報知設備の「ある試験」に使用する器具を示したものである。次の各設問に答えなさい。

□　1．この器具を用いて行う「ある試験」の名称を答えなさい。

　　2．設問1の試験において、矢印で示すリード線の接続する箇所を答えなさい。

▶▶正解&解説…………………………………………………………………………………

【1】正解

> 1．絶縁抵抗試験
> 2．アース端子（接地端子）

　写真は日置電機のアナログ式絶縁抵抗計である。指針の文字盤に「MΩ」の表示がある。矢印で示すリード線の先端にはワニ口クリップがついており、接地端子（アース端子）に接続する。もう1本のリード線には棒状の測定端子が付いており、路線端子に接続する。絶縁抵抗計では、2本のリード線をL（LINE：路線）とE（EARTH：接地）で区分している。

　絶縁抵抗計に関する古い試験問題では、横河電機製の写真が使われていた。（参考）

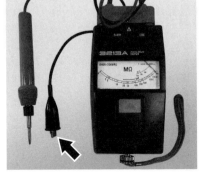

5．接地抵抗計

■1．接地抵抗の測定

◎接地抵抗を測定するには、**本体の他に接地抵抗計に付属されている3本の測定コ**ードと2本の補助接地棒を使用する。測定手順は次のとおり。

①測定対象となる接地電極（被測定接地電極）からほぼ10m間隔で、ほぼ一直線上となるように2本の補助接地棒を大地に深く埋め込む。この際、大地はできるだけ湿気の多い場所を選ぶ。

②接地抵抗計のE端子と被測定接地電極間を緑コードで接続する。同様に、P端子及びC端子と2本の補助接地棒間をそれぞれ黄コード及び赤コードで接続する。

③接地抵抗計のレンジを最大（主に×100Ωレンジ）にして、測定を開始する。測定値に応じて、順にレンジを下げていく。

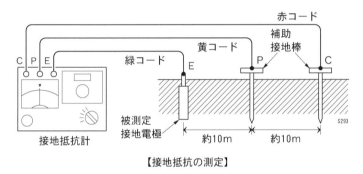

【接地抵抗の測定】

◎2本の補助接地棒を使用するのは、測定原理に由来する。接地抵抗計では、E（接地電極）とC（補助接地棒）間に交流電流を流し、EとP（補助接地棒）間の電位差を求め、そこからEとC（補助接地棒）間の接地抵抗を算出する仕組みになっている。

◎なお、絶縁抵抗計は直流電圧を使用するのに対し、接地抵抗計は交流電圧を使用する。理由として、直流では電気分解による分極作用と、異種類のアース極による電池の生成の2つの影響が生じるためである。

■２．接地抵抗計

◎接地抵抗計は、測定コード（最も短い緑色電線・黄色電線・最も長い赤色電線）と補助接地棒が付属されている。また、本体にはE端子、P端子、C端子の３端子が付いている。このため、接地抵抗計の特定は容易である。

◎ただし、３本の測定コードについては、巻き取り器に収納した状態で出題されることがある。

▶日置電機　3150

◀各測定コードの先端には、ワニ口クリップが付いている。元の方には接続端子があり、本体の測定端子（左上）に接続する。

◀本体。左上が検流計で、左下が押しボタンスイッチ、右上が抵抗ダイヤル、右下が切換スイッチ。押しボタンスイッチを押しながら、抵抗ダイヤルのツマミを回し、検流計を中央の「▼」に合わせる。抵抗ダイヤルの数値にレンジの倍率をかけた値が、求める接地抵抗値となる。

▶測定コードの巻き取り器の例

■3．テンパール工業製の接地抵抗計

◎テンパール工業製の接地抵抗計は、商用低圧電路のB種接地を利用して、D種接地抵抗やB種接地抵抗を簡単に測定できる特徴がある。

◎この方式の接地抵抗計は、2電極法または簡易測定法と呼ばれる。これに対し、日置電機製のものは3電極法または通常測定法と呼ばれる。

◎テンパール工業の接地抵抗計は、本体の他に次の部品が付属されている。

　　◇交流100V電源コード

　　◇ワニ口付きの測定用リード線（黒）

　　◇ワニ口付きの補助アース棒用リード線（赤）

　　◇補助アース棒　1本

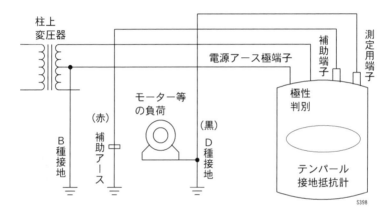

◎D種接地抵抗の測定手順は次のとおり。

　①本体の端子に各種配線を接続する。

　②電源コードを100Vコンセントに差し込む。

　③測定用リード線（黒）のワニ口クリップを被測定物のD種接地に接続する。

　④補助リード線（赤）のワニ口クリップを補助アース棒に接続する。

　⑤機能切替ボタンを押して、D種接地測定モードにする。測定ボタンを3秒以上押すと、測定値を表示する。

▲ 本体の上部

◀本体と100V電源コード

▲2本のリード線と補助アース棒

▶▶ 過去問題 ◀◀

【1】 下の写真A及びBは、電路の測定用器具を示したものである。それぞれの名称と主に何の測定に使用するかを答えなさい。

☐ A.

B.

【2】 写真A及びBは、消防用設備等の配線の工事が完了した場合における試験時に用いる測定用器具の一例である。この器具の名称と、この器具を使用して行う試験の名称をそれぞれ答えなさい。[改]

☐ A.

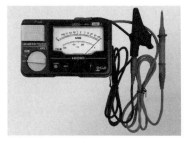

B.

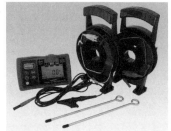

【3】下の写真は、自動火災報知設備の機能試験において、「ある試験」を行う際に使用する測定用器具の一例である。次の各設問に答えなさい。

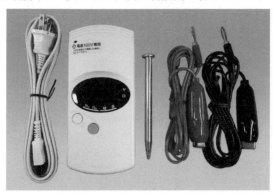

☐ 1．この器具の名称を答えなさい。
　　2．この器具を用いて行う試験の名前を答えなさい。

【4】上の写真は、自動火災報知設備の機能試験において、「ある試験」を行う際に使用する測定用器具の一例である。次の各設問に答えなさい。

☐ 1．この器具の名称を答えなさい。
　　2．電圧が300V以下の電気機器について、通常、この器具を用いて行う試験の場合、合否の判定基準となる測定値は、何Ω以下であるか答えなさい。

▶▶正解＆解説‥‥‥‥‥‥‥‥‥‥‥‥‥‥‥‥‥‥‥‥‥‥‥‥‥‥‥‥‥‥‥‥

【1】正解

> A．絶縁抵抗計：電路と大地間又は線間の絶縁抵抗を測定する。
> B．接地抵抗計：電気装置に使用されている接地電極の接地抵抗を測定する。

　A．三和電気計器製のデジタル式絶縁抵抗計である。赤色の測定端子と、黒色のワニ口クリップが示されている。
　　　絶縁抵抗計は、液晶表示部または指針盤に必ず「MΩ」の表示がある。この表示の有無から、絶縁抵抗計か回路計（サーキットテスタ）かの判断ができる。
　B．日置電機製の接地抵抗計である。接地電極から大地に電流が流れる際の抵抗（接地抵抗）を測定する。接地抵抗計本体の他に、3本の測定コード（主に赤色・黄色・緑色）と2本の補助接地棒から構成されている。

【2】正解

A．名称：絶縁抵抗計　　試験名称：絶縁抵抗試験
B．名称：接地抵抗計　　試験名称：接地抵抗試験

【3】正解

1．接地抵抗計　　　2．接地抵抗試験

　写真は、テンパール工業製の接地抵抗計である。2本のリード線と1本の補助アース棒で構成されており、2電極法による接地抵抗計である。

【4】正解

1．接地抵抗計　　　2．100Ω以下

　300V以下の電気機器の場合、D種の接地工事が必要となる。D種の接地抵抗試験では、接地抵抗値が100Ω以下でなければならない。

6．予備電源

◎自動火災報知設備用の予備電源は、容量に応じて各種のものが製造販売されている。次の一覧は、古河電池製の一部である。

形式	定格電圧	容量 (Ah/5HR)	長さ外形寸法（mm）		
			長さ	幅	高さ
20-S201A	24V	0.225	149	32	39
20-S101A	24V	0.6	230	49	36
20-S204A	24V	0.9	254	56	40
20-S104A	24V	1.65	264	56	58
20-S103A	24V	4.0	333	70	70

▲予備電源の型式等（例）

【1】下の写真は、自動火災報知設備の部品の一例である。次の各設問に答えなさい。

[★]

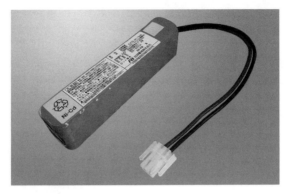

□ 1．この部品の名称を答えなさい。

2．次の文は、この部品をP型受信機に使用する場合に必要とされる性能についての記述である。（　）に当てはまる数値を答えなさい。

「監視状態を（A）分間継続した後、2つの警戒区域の回線を作動させることができる消費電流を（B）分間継続して流すことができる容量以上であること。」

3．この部品に付されている証票として、適切なものはどれか。

A.

B.

C.

▶▶正解＆解説‥‥

【1】正解

1．予備電源
2．A：60（分間）　　B：10（分間）
3．A：（NSマーク）

受信機規格第4条（部品の構造及び機能）8号。

「P型受信機用又はR型受信機用の予備電源は、監視状態を60分間継続した後、2つの警戒区域の回線を作動（地区音響装置を含む）させることができる消費電流を10分間継続して流すことができる容量を備えていること」。第6章「5．受信機の部品の構造・機能」13P参照。

予備電源は、日本消防検定協会による受託評価のうち品質評価の対象となる。

▶消防用機器等の検定と品質評価・認定評価

　消防用機器等については、品目ごとに検定の対象となるもの、日本消防検定協会による受託評価のうち品質評価の対象となるもの、同じく受託評価のうち認定評価の対象となるものがある。

[検定]

　重要な消防用機器等について、総務大臣が技術上の規格を定め、当該規格に適合するものについて型式承認を行い、日本消防検定協会などの検定機関がこれら機器の出荷前に検査を行う制度である。この検査に合格した表示（検定合格証）が付されているものでなければ、販売し、販売の目的のために陳列し、または工事に使用することができない。対象品目は、消火器、消火薬剤、閉鎖型スプリンクラーヘッド、感知器、発信機、受信機、金属製避難はしごなどである。（令第37条）

[品質評価]

　日本消防検定協会では、鑑定業務を廃止し、平成25年4月1日より受託評価業務を開始している。

　受託評価業務のうち品質評価は、検定対象品目以外の消防用機器等のうち重要なものについて、告示、通達等により示された技術上の基準に基づき、依頼に応じて日本消防検定協会が試験・検査を行い、基準に適合するものに合格の証票（NSマーク）を付すというものである。対象品目は、住宅用火災警報器、住宅用スプリンクラー設備、エアゾール式簡易消火器、予備電源、消火器の加圧用ガス容器、蓄圧式消火器の指示圧力計などである。（法第21条の36）

[認定評価]

　受託評価業務のうち認定評価は、消防用機器等に係る技術上の基準（消防庁告示）に基づき、依頼に応じて日本消防検定協会が試験・検査を行い、基準に適合するものに合格の証票（認定マーク）を付すというものである。この証票が貼付されたものは、設置時の消防検査において、性能を確認するための試験を省略できるとされている。対象品目は、地区音響装置などである。

7. 空気管式の部品

▲空気管の例

▲空気管の端部

部品の使用例		
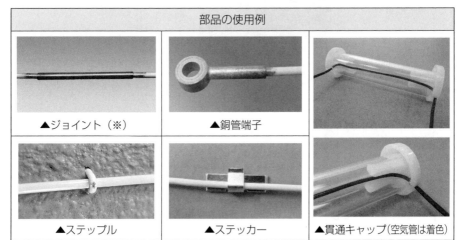		

▲ジョイント（※）　　▲銅管端子　　▲貫通キャップ（空気管は着色）

▲ステップル　　▲ステッカー

※ジョイントは、スリーブまたはスリーブジョイントともいう。

▶▶ 過去問題 ◀◀

【1】 下の写真は、差動式分布型感知器の空気管の設置に使用されている部品を示したものである。A～Dの名称を下の語群ア～コから選び、記号で答えなさい。

☐ A. 　　B. 　　C. 　　D.

〈語群〉

ア．ステッカー	イ．ブッシング	ウ．ステップル	エ．圧着端子
オ．貫通キャップ	カ．スリーブ	キ．ノップ碍子	
ク．銅管端子	ケ．パッキン	コ．ロックナット	

【2】 次のものは、自動火災報知器の工事に使用する部品の名称、写真及び用途を
まとめたものである。正しいものには○、誤っているものには×を記入しなさ
い。

部品の名称	写真	用途
A．ジョイント		空気管の固定及び保護に用いる。
B．銅管端子		コックスタンドなどで空気管の接続に用いる。
C．ブッシング		空気管を固定する際、打ち込みや接着ができない箇所に用いる。
D．ステップル		空気管を固定する際、造営材に直接打ち込むか、コンクリートにあけた穴に打ち込む。

【3】 下の写真のA及びBは、自動火災報知設備の感知器を設置する場合に使用さ
れる部品の一例を示したものである。次の各設問に答えなさい。

A. 　　　B.

  1．これらの部品を用いて設置する感知器の名称を答えなさい。
  2．これらの名称を下の語群から選び、それぞれ記号で答えなさい。

┌〈語群〉─────────────────────────────┐
│ ア．ステップル　　　イ．ステッカー　　　ウ．ノーマルベンド │
│ エ．クリップ　　　　オ．銅管端子　　　　カ．カップリング │
│ キ．サドル　　　　　ク．スリーブ　　　　ケ．貫通キャップ │
└─────────────────────────────────┘

【4】 下の写真は、自動火災報知設備の感知器を設置する場合に使用する部品の一部を示したものである。次の各設問に答えなさい。

☐　1．この部品を用いる感知器の名称を答えなさい。
　　2．矢印で示す部品の名称を答えなさい。
　　3．この部品が用いられる感知器の作動原理を答えなさい。

【5】 下の写真のA〜Dは、自動火災報知設備の差動式分布型感知器の空気管を設置する場合の部品の一例を示している。次の各設問に答えなさい。

A. 　　B. 　　C. 　　D.

　1．空気管を検出部に取り付ける際に使用する部品の記号と名称を答えなさい。
　　2．空気管と空気管を接続する際に使用する部品の記号と名称を答えなさい。

▶▶正解＆解説‥‥‥‥‥‥‥‥‥‥‥‥‥‥‥‥‥‥‥‥‥‥‥‥‥‥‥‥‥‥‥‥‥

【1】正解

> A．ウ（ステップル）　　　B．ク（銅管端子）
> C．ア（ステッカー）　　　D．オ（貫通キャップ）

　エ．圧着端子は、電線の端部に使用する。

【2】正解

> A．×（用途）　　　B．○　　　C．×（全て）　　　D．○

　A．ジョイントの写真は合っている。ただし、用途が誤っている。ジョイントは、空気管同士を接続する際に用いる。空気管の接続は、端部をジョイントの中に差し入れ、ジョイントの両端部の段差部分をはんだ付けする。なお、はんだ付けする際は、空気管の塗装や樹脂被覆を取り除いておく。
　B．銅管端子と空気管は、はんだ付で接続する。また、銅管端子とコックスタンドは、環状部をねじ止めして接続する。

C．設問の写真はステッカーで、空気管を天井などに固定するときに使用する。ステッカーの裏側には接着剤が付いており、裏紙をはがして使用する。打ち込みや接着ができない箇所で空気管を固定する場合は、それぞれに合った特殊クリップを使用する。ブッシングは、空気管用保護管や電線管の端部をボックスに接続する際に用いる。また、管の端部から空気管や電線を保護する働きもある。ボックスには空気管の検出部などが収納される。

D．ステップルで空気管を固定する際の注意点は次のとおり。①直線部分では、間隔が35cm 以内となるように止める。②屈曲部はそれぞれ5cm 以内にステップルを打ち込む。③屈曲部のR部は半径を5mm 以上とする。

【3】正解

1．差動式分布型感知器（空気管式）
2．A．オ（銅管端子）
　　B．ク（スリーブ）

サドル…電線管を固定する際に使用する。

ノーマルベンド…電線管を直角方向に曲げたい場合に使用する電線管の１つ。

注意：消防試験研究センターによる試験では、空気管同士を接続する部品を「スリーブ」または「ジョイント」と呼称している。本書では、名称を記述式で答える場合の名称を「スリーブジョイント」としてある。日本火災報知機工業会発行の「工事基準書」もスリーブジョイントとしている。スリーブ（sleeve）は、「袖、衣類の腕の部分」の意。

【4】正解

1．差動式分布型感知器（空気管式）
2．銅管端子
3．空気管が加熱されると管内の空気が膨張して、検出部内のダイヤフラムを押し広げて接点を閉じる。

　銅管端子の左右にあるのは、空気漏れを防ぐための樹脂製パッキンである。左側の写真の溝付きねじで［パッキン］＋［銅管端子］＋［パッキン］をコックスタンドに締め付ける。これにより、空気管内の空気がコックスタンドとつながる。

【5】正解

1．記号：B．　　名称：銅管端子
2．記号：D．　　名称：スリーブジョイント

8. 感知器の試験器

■ 1. 加熱試験器

◎定温式スポット型感知器、差動式スポット型感知器の作動試験に用いる。

◎熱源にハクキンカイロ用ベンジンを使うものと、電熱ヒーターを使うものがある。

◎ハクキンカイロ用ベンジンを熱源に使うものは、白金の酸化触媒作用を利用したものである。火口内に綿状の白金を備え、燃料のベンジンを加え火口にライターで軽く熱を与えると、触媒作用によりベンジンを水（水蒸気）と二酸化炭素に分解する。この時に発生する熱を使用する。

◎電熱ヒーターを熱源に使うものは、加熱と加煙の兼用型試験器である（ニッタン）。

▶パナソニック（ベンジン）

▲試験器の外観

▲試験器の型式等

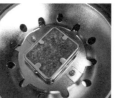

▲綿状の火口部

▲燃料タンク、中は綿

▲燃料のベンジン

▶東京防災設備保守協会（ベンジン）

▲試験器の外観

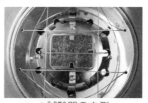

▲試験器の内側

◀試験器の型式等

▲燃料タンク、中は綿

81

▶ニッタン（加熱＆加煙の兼用型）

◎試験器は、本体＋操作部＋操作部下の角度調整ハンドル、円柱形の充電池、支持棒で構成されている。

◎加熱機構は、電気ヒーターとファンで構成されており、熱風を吹き出し口から送風する。加煙機構は、煙カプセル内の無害液体を加熱して疑似煙を発生させ、煙を吹き出し口より送風する。

▲煙吹き出し口
　（拡大）

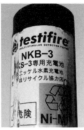

▲充電池

▲煙カプセル

▲試験器の外観

▲中央部が熱風吹き出し口
　上の側面部が煙吹き出し口

■2. 加煙試験器

◎スポット型煙感知器の作動試験に用いる。

◎発煙剤に**専用渦巻線香**を用いるもの、**ガスボンベ**を用いるもの、専用カプセルを用いるものがある。

▶パナソニック（専用渦巻線香）

▲試験器の内側

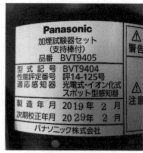

▲試験器の型式等

▲試験器の外観

▲専用渦巻線香

▲線香から発生する煙

▶東京防災設備保守協会（専用渦巻線香）

▲試験器の内側

▲渦巻線香の収納部

◀試験器の外観

▶能美防災（ガスボンベ）

▲ガスボンベのステム受け

◀試験器の外観

▲ケースに収納

◀ガスボンベ

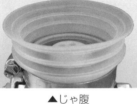

▲じゃ腹

▲コンタクト

▲支持棒に装着　　　　▲操作レバー　　　　　▲型式等

◎試験器のコンタクトを感知器に１秒程度押し付けるか、感知器をじゃ腹の中に入
　れて操作レバーを引くと、ガスボンベ内のガスがノズルから噴射される。

▶ホーチキ（ガスボンベ）

▶ニッタン（ガスボンベ）

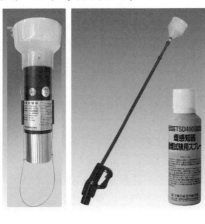

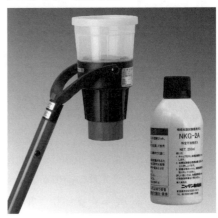

■３．減光フィルター

◎光電式分離型感知器の作動試験に用いる。減光率の異なるフィルターが複数セットになっている（例えば８枚組）。支持棒に取り付けた減光フィルターを受光器の前にかざして、作動の有無を確認する。

▲パナソニック

▲ホーチキ

▲ニッタン

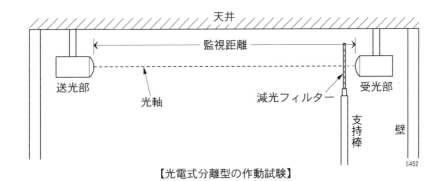

【光電式分離型の作動試験】

◎ある光電式分離型（2種）について、試験に使用するフィルター（減光率）の例をまとめると次のとおりとなる。

監視距離	光電式分離型の設定感度	使用するフィルターの減光率	
		作動試験	不作動試験
5m 以上 20m 未満	30%	40%	20%
20m 以上 40m 未満	50%	60%	40%
40m 以上 100m 未満	70%	80%	60%

◎この光電式分離型で監視距離が50mとなるように設置されている場合、80％の減光フィルターを受光部の前にかざしたとき、感知器が作動し、60％の減光フィルターを受光部の前にかざしたとき、感知器が作動しないことを確認する。

■4．煙感知器用感度試験器

◎スポット型煙感知器の感度試験に用いる。

◎煙感知器用感度試験器は、煙式のものと電気式のものがある。煙式のものは、指定濃度の煙を充填したケース内に感知器を入れ、濃度ごとの作動試験を行う。

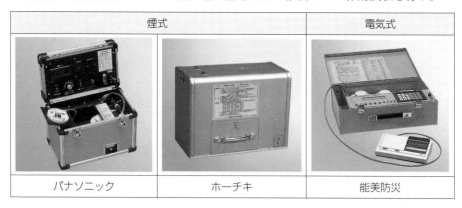

煙式		電気式
パナソニック	ホーチキ	能美防災

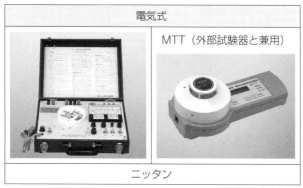

電気式

MTT（外部試験器と兼用）

ニッタン

◎ニッタンの外部試験器・煙感知器用感度試験器（MTT）は、煙感知器を取り外さずに遠隔で感度試験ができる。

■5．差動式分布型感知器（空気管式）の試験器
◎テストポンプとマノメーター及びゴム管などの付属品で構成されている。

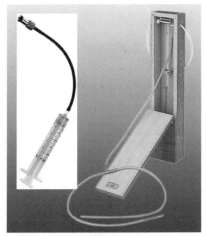

▲能美防災

▲ニッタン

■6．差動式分布型感知器（熱電対式）の試験器
◎熱電対式は日本ドライケミカルで製造販売しており、その試験器（メーターリレー試験器）も同社から販売されている。
◎メーターリレー試験器は、作動試験と回路合成抵抗試験の２つの機能を有している。本体の切り替えスイッチ（ΩとmV）で機能を選択する。
◎熱電対式の検知部とは、コネクタを介して接続する。

▲メーター部

▲切り替えスイッチ

▲校正期限

▲コネクタ部

▲メーターリレー試験器

■7. 外部試験器

◎外部試験器は、遠隔試験機能付き感知器に対し、作動試験を行うための機器である。

▲能美防災

▲ホーチキ

▲ニッタン

■8. 炎感知器用作動試験器

◎炎感知器に対し、作動試験を行うための機器である。

ニッタン▶

■9. 試験器具等の校正

◎試験器具等は、その性能が確保されていることを確認するため、次の期間ごとに校正を受けなければならない。

試験器の区分	校正期間
加熱試験器&加煙試験器	10年
炎感知器用作動試験器	10年
減光フィルター	5年

試験器の区分	校正期間
メーターリレー試験器	5年
外部試験器	5年
煙感知器用感度試験器	3年

◎試験器具等の校正は、日本消防検定協会（外部試験器）と日本消防設備安全センター（外部試験器を除くもの）がそれぞれ行う。

◎校正の結果、試験器として性能が確保されているものは、次期校正期限を記入した校正証票が添付される。

外部試験器に貼付

外部試験器以外

【校正証票】

■10. 感知器の脱着器

▲ホーチキ   ▲ニッタン

▶ ▶ 過去問題 ◀ ◀

【1】下の写真は、点検用器具と感知器を示したものである。次の各設問に答えなさい。[★]

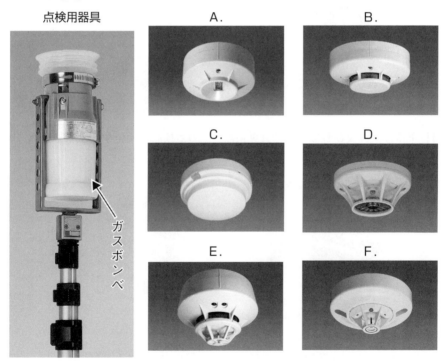

点検用器具

ガスボンベ

A.

B.

C.

D.

E.

F.

☐ 1. 写真の点検用器具を使用する感知器をA～Fから選んで全て答えなさい。

2. この点検用器具は、何年ごとに校正を受けなければならないか。

【2】下の写真A〜Dの試験器又は器具を使用して試験又は点検を行う感知器の名
称をそれぞれ1つ答えなさい。

 A.

B.

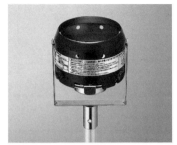

C.

D.

【3】下の写真A及びBは、自動火災報知設備の点検時に使用する試験器具の一例
を示したものである。次の各設問に答えなさい。

A.

B.

1. A及びBの試験器具の名称をそれぞれ答えなさい。

2. A及びBの試験器具を使用して感度の確認をする感知器について、それぞ
れの名称を下の語群から選び、記号で答えなさい。

┌〈語群〉─────────────────────────
│　ア．紫外線式スポット型感知器　　イ．光電式スポット型感知器
│　ウ．光電式分離型感知器　　　　　エ．差動式分布型感知器
└──────────────────────────────

【4】次の写真に示す試験器は、差動式分布型感知器（熱電対式及び熱半導体式）
の作動試験及び回路合成抵抗の試験に用いる。この試験器の名称を答えなさい。

【5】下の写真は、光電式スポット型感知器の加煙試験器である。それぞれの発煙
材を答えなさい。

1.

2.

【6】下の写真は、感知器の点検器具の一例である。次
の各設問に答えなさい。

1．この点検器具の名称を答えなさい。

2．この点検器具を用いて点検する感知器の名称を
2つ答えなさい。

ガスボンベ

【7】下の写真は、感知器の試験器具の一例を示したものである。次の各設問に答えなさい。

□　1．この試験器具の名称を答えなさい。
　　2．この試験器具を使用して機能試験を行う感知器の名称を1つ答えなさい。

▶▶正解＆解説……………………………………………………………………
【1】正解

1．B．（光電式スポット型感知器）
　　　E．（熱煙複合式スポット型感知器）
2．10年ごと

A．炎感知器　紫外線式　ホーチキ
B．光電式スポット型　能美防災
C．差動式スポット型　空気の膨張を利用　ニッタン
D．定温式スポット型　バイメタル式　能美防災
E．熱煙複合式スポット型　定温式＋光電式　能美防災
F．差動式スポット型／定温式スポット型　温度検知素子式　ニッタン

　写真の点検器具は、ガス式の加煙試験器で、光電式スポット型感知器に用いる。頭部のじゃ腹部分を感知器に押し当てると、内蔵しているガスボンベからガスを噴射する仕組みとなっている。

　　D．バイメタルを用いた定温式感知器である。
　　E．熱煙複合式で、光電式スポット型の機能を備えている。
　　F．温度検知素子を利用したものは、差動式スポット型と定温式スポット型がある。
　　　外観のみで、どちらか特定するのは困難である。詳細は「14．感知器」114P参照。

【2】正解

A．差動式分布型感知器（熱電対式）
B．差動式スポット型感知器または定温式スポット型感知器など
C．光電式スポット型感知器またはイオン化式スポット型感知器
D．光電式分離型感知器

　A．日本ドライケミカル製のメーターリレー試験器である。試験器のプラグを差動式分布型感知器（熱電対式）の検知部に差し込み、作動試験と回路合成抵抗試験を行う。

B．パナソニック製の加熱試験器である。スポット型の熱感知器の作動試験に用いる。加熱試験器と加煙試験器の違いは、本体下部ケースの長さにある。加煙試験器は、渦巻線香を使用するため、下部ケースが長くなっている。

C．パナソニック製の煙感知器用感度試験器である。スポット型煙感知器の感度試験に用いる。

D．減光フィルターである。光電式分離型感知器の作動試験に用いる。減光率の異なるフィルターが複数セットになっており、受光器の前に減光フィルターをかざして作動の有無を確認する。複数のメーカーが販売しているが、外観や構造はほぼ同じである。

【3】正解

1．A：煙感知器用感度試験器
　　B：減光フィルター
2．A：イ（光電式スポット型感知器）
　　B：ウ（光電式分離型感知器）

A．パナソニック製の煙感知器用感度試験器である。スポット型煙感知器の感度試験に用いる。

B．減光フィルターである。光電式分離型感知器の作動試験に用いる。減光率の異なるフィルターが複数セットになっており、受光器の前に減光フィルターをかざして作動の有無を確認する。複数のメーカーが販売しているが、外観や構造はほぼ同じである。

【4】正解

メーターリレー試験器

メーターリレー試験器は、差動式分布型感知器（熱電対式及び熱半導体式）の検出部に接続して、作動試験及び回路合成抵抗試験に使用するものである。作動試験では、検出部の内部回路に電圧を印加し、感知器が作動したときの電圧を測定する。また、回路合成抵抗試験では、熱電対回路または熱半導体回路の合成抵抗値を測定して、規定値以下（例えば9Ω以下）であることを確認する。

メーターリレー試験器では、アナログメーター部に「mV・Ω」が表示されており、切り替えスイッチで作動試験と回路合成抵抗試験を使い分ける。また、コード先端部には接続プラグが装着されている。

【5】正解

1．専用渦巻線香
2．ガスボンベのガス

1．パナソニック製の加煙試験器である。発煙材の渦巻線香に点火し、先端が十分赤くなって煙がでていることを確認してから、ケース内のマット上に水平に置く。パナソニック製の加熱試験器と加煙試験器は、外観が似たデザインとなっているが、下部ケースが長くなっている方が加煙試験器である。

2．能美防災製の加煙試験器である。内部にガスボンベが装着されており、天井の感知器に押しつけると、ガスボンベからガスが噴射する仕組みとなっている。上部がじゃ腹状になっているのは、感知器との密閉性を高め、噴射ガスが外に漏れないようにするためである。

【6】正解

1．加煙試験器
2．感知器の名称：光電式スポット型感知器、イオン化式スポット型感知器、
　　　　　　　　　熱煙複合式スポット型感知器から2つ

1．加煙試験器は、専用渦巻線香を用いるものと、ガスボンベを用いるものがある。

【7】正解

1．減光フィルター
2．感知器の名称：光電式分離型感知器

9．感知器の機能試験

◎「自動火災報知設備試験基準」は、外観試験と機能試験で構成されている。
◎機能試験では、更に配線、受信機、中継器、感知器などに分類されている。
◎ここでは、感知器の種類ごとに試験項目をまとめた。

感知器の種類	試験項目
差動式分布型（空気管式）	作動試験
	作動継続試験
	流通試験
	接点水高試験
差動式分布型（熱電対式）	作動試験
	回路合成抵抗試験
差動式スポット型／定温式スポット型等	作動試験
イオン化式スポット型／光電式スポット型等	作動試験
光電式分離型	作動試験
炎感知器	作動試験

【1】下の写真は、光電式スポット型感知器の機能試験を行っているところを示したものである。次の各設問に答えなさい。

☐ 　1．この試験用の器具の名称を答えなさい。
　　2．この試験項目の名称を答えなさい。

▶▶正解&解説………………………………………………………………………………………

【1】正解

1．加煙試験器
2．作動試験

▶編集部より：試験基準における感知器の機能試験では、試験項目が［作動試験］となっているものの、慣用的に［加熱試験］や［加煙試験］と言われることがある。しかし、設問で「機能試験」や「試験項目」とされていることから、名称は［作動試験］とした。

■ 10. 騒音計による音響試験

◎自動火災報知設備の警報装置等は、**騒音計**による音圧について次の規定がある。

自動火災報知設備	地区音響装置	90dB 以上	いずれも各音響装置（警報装置）から1m 離れた位置で測定する。
	地区音響装置（音声）	92dB 以上	
	主音響装置	85dB 以上	
ガス漏れ火災警報設備	検知区域警報装置	70dB 以上	

◎検知区域警報装置については、音響によりガス漏れの発生を検知区域（一のガス漏れ検知器が有効にガス漏れを検知できる区域をいう）の関係者に知らせるものであり、音圧は他の警報装置より低く設定されている。

◎騒音計の先端部に付いているのは、ウインドスクリーンと呼ばれるものである。風圧によってマイクロホンの振動板が振動する、いわゆる風雑音の発生を抑える働きがある。下の写真は、ウインドスクリーンを外した状態で、先端にはマイクロホンが取り付けてある。

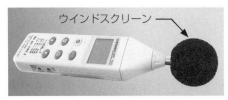

ウインドスクリーン

▲騒音計

▲ウインドスクリーンを外した状態

▶▶ 過去問題 ◀◀

【1】下の写真は、自動火災報知設備の地区音響装置の作動試験の一例である。次の各設問に答えなさい。

☐　1．この試験に用いている測定器の名称を答えなさい。

　　2．この試験は、取り付けられた地区音響装置（音声により警報を発するもの）の中心から何メートル離れた位置で、何 dB 以上の音圧であることとされているか答えなさい。

【2】下の写真（【1】と同じ）は、自動火災報知設備の地区音響装置の作動試験の一例である。次の各設問に答えなさい。

□　1．この試験に用いている測定器の名称を答えなさい。

　　2．この試験は、取り付けられた地区音響装置（音声により警報を発するもの以外のもの）の中心から何メートル離れた位置で、何 dB 以上の音圧であることを確認することとされているか答えなさい。

【3】下の写真（【1】と同じ）は、ガス漏れ火災警報設備の機能試験において検知区域警報装置の音圧を測定している一例である。次の各設問に答えなさい。

□　1．この試験に用いている測定器の名称を答えなさい。

　　2．この試験は、検知区域警報装置の中心から何メートル離れた位置で、何 dB 以上の音圧であることを確認することとされているか答えなさい。

▶▶正解＆解説……………………………………………………………………………

【1】正解

```
1．騒音計
2．1m離れた位置で、92dB以上の音圧であること。
```

【2】正解

```
1．騒音計
2．1m離れた位置で、90dB以上の音圧であること。
```

【3】正解

```
1．騒音計
2．1m離れた位置で、70dB以上の音圧であること。
```

11. 地区音響装置

◎地区音響装置は、地階を除く**階数が5以上**で延べ面積が**3,000m²を超える**防火対象物又はその部分にあっては、**区分鳴動**により警報を発すること。この場合において、一定の時間が経過した場合又は新たな火災信号を受信した場合には、当該設備を設置した防火対象物又はその部分の全区域に自動的に警報を発するように措置されていること。

◎区分鳴動は、次の基準であること。

①出火階が**2階以上**の場合にあっては、出火階及び直上階に限って警報を発することができるものであること。
②出火階が**1階**の場合にあっては、出火階、その直上階及び地階に限って警報を発することができるものであること。
③出火階が**地階**の場合にあっては、出火階、その直上階及びその他の地階に限って警報を発することができるものであること。

▶▶過去問題◀◀

【1】下の図は、地区音響装置を区分鳴動方式とする防火対象物を示したものである。次の各設問に答えなさい。

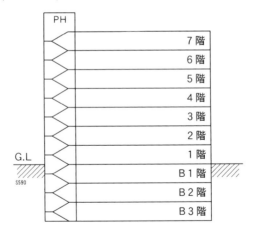

□ 1．次の文中の（　）に当てはまる数値を答えなさい。

「地区音響装置を区分鳴動方式とする必要がある防火対象物は、地階を除く階数が（①）以上で、延べ面積が（②）m²を超えるものとする。」

2．図の防火対象物の地下1階（B1階）で火災が発生し、感知器が作動した際に、初期の段階で鳴動する階に○を、鳴動しない階に×を記入しなさい。

【1】正解

1. ①5（以上）　②3,000（m²）
2.

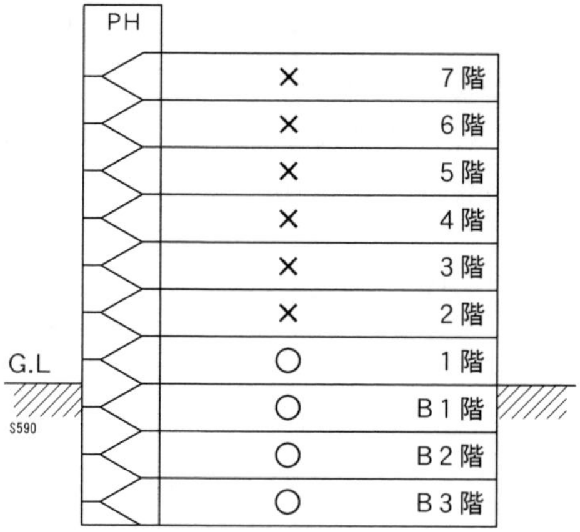

PH		
✕	7 階
✕	6 階
✕	5 階
✕	4 階
✕	3 階
✕	2 階
◯	1 階
◯	B 1 階
◯	B 2 階
◯	B 3 階

G.L
S590

設問は、区分鳴動の基準③に該当する。

〔用語〕PH〔penthouse〕：ペントハウスの略。階段室や昇降機等を意味する。建築基準法では原則として階数に算入されない。

12. 警戒区域

▶▶ 過去問題 ◀◀

【1】 下の図は、防火対象物の平面図を示したものである。自動火災報知設備の警戒区域の数は、法令上いくつ以上必要となるか、それぞれ答えなさい。（電光式分離型感知器の場合を除く。）ただし、この防火対象物は、いずれも主要な出入口からその内部を見通すことができないものである。

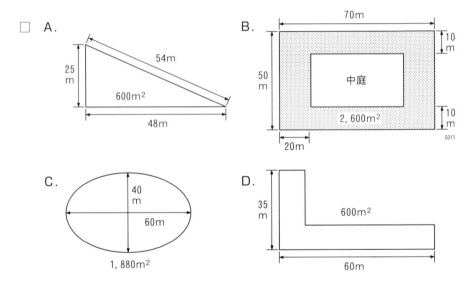

【2】 自動火災報知設備の警戒区域に関する次の各設問に答えなさい。

1. 下の図に示す防火対象物において、階段、エレベーターシャフト及びパイプシャフトの警戒区域を同一とすることができる水平距離Aは、何m以下か答えなさい。

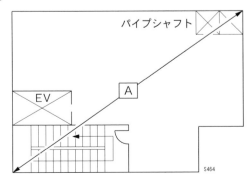

2．下の図に示す防火対象物の階段部分において、最小限必要な警戒区域の数
を求めなさい。

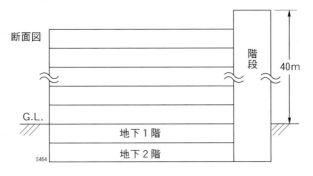

▶▶正解&解説……………………………………………………………………………

【1】正解

> A．2　　B．5
> C．4　　D．2

　　上巻の第2章「4．自動火災報知設備の警戒区域」94P参照。この問題は、一の警戒
区域は長さが50m以下であり、かつ、面積が600m² 以下であることの2点を覚えてお
けば、解くことができる。

A．面積は600m² 以下であるが、1辺の長
　さが50mを超えている（54m）ため、2
　つの警戒区域となる。

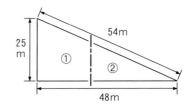

B．各警戒区域の面積は次のとおりとなる。
　　　① 30m × 20m = 600m²
　　②&③ 50m × 10m = 500m²
　　④&⑤ 20m × 25m = 500m²

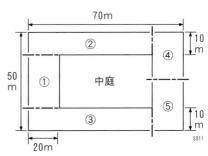

C．面積が1880m²であり、３等分すると
600m²を超えてしまう。従って、警戒区
域は４つにする必要がある。

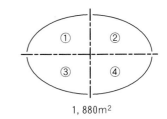

1,880m²

D．平面図の幅は示されていない。仮に10m
とすると、面積は（35m × 10m）＋（50m
× 10m）＝ 850m² となり、600m² より
大きくなる。従って、幅は 10m 弱と推測
できる。長さが 50m を超えないように警
戒区域を設定する。

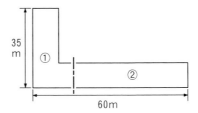

【2】正解

1．50m以下
2．警戒区域の数：2

2．階段については、地階が２以上の場合、地上部分と地下部分を別の警戒区域とする。
　　　地上部分の階段は、垂直距離で 45m 以下ごとに別の警戒区域とする。設問は、
45m 以下であるため、一の警戒区域となる。
　　　以上のことから、最小限必要な階段の警戒区域は、地下部分①と地上部分②の合計
2となる。
　　　なお、階段は垂直距離 15m（３種は 10m）以下ごとに１個以上の煙感知器を設置
する。ただし、特定１階段等防火対象物の場合は垂直距離 7.5m につき１個以上を設
ける（１種または２種に限る）。

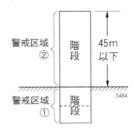

13. 受信機

▶P型1級受信機＆P型2級受信機の例

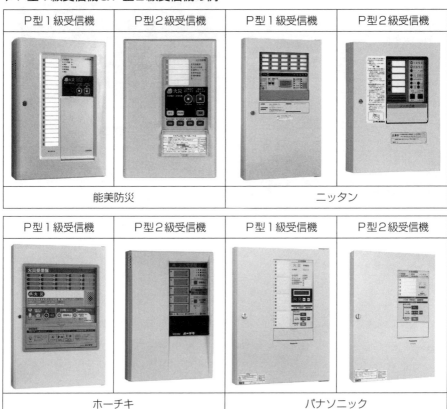

P型1級受信機	P型2級受信機	P型1級受信機	P型2級受信機
能美防災		ニッタン	

P型1級受信機	P型2級受信機	P型1級受信機	P型2級受信機
ホーチキ		パナソニック	

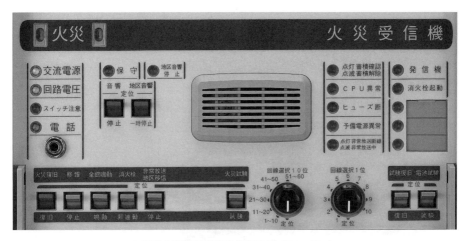

▲P型1級受信機の操作部の例（ニッタン）

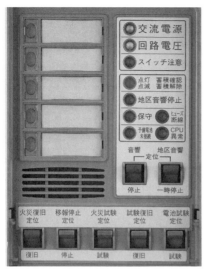

▲P型2級受信機の操作部の例
（ニッタン）

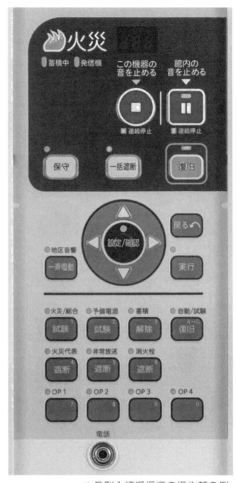

▲P型1級受信機の操作部の例
（能美防災）

◀P型2級受信機の操作部の例
（能美防災）

【1】 下の写真（編集部で図に変換）は、自動火災報知設備のＰ型１級受信機の一
例である。次の各設問に答えなさい。[★]

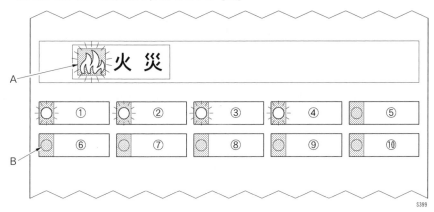

□ 1．矢印Ａ及びＢで示す部分の名称を答えなさい。

2．この受信機の火災信号又は火災表示信号の受信開始から火災表示（地区音
響装置の鳴動を除く。）までの所要時間は、規格省令上、何秒以内とされて
いるか答えなさい。

【2】 下の写真（編集部で図に変換）は、自動火災報知設備のＰ型１級受信機の一
例である。次の各設問に答えなさい。[★]

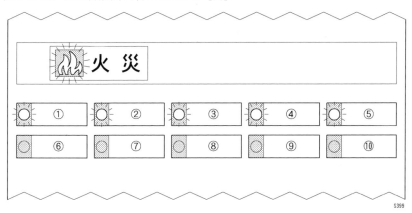

□　1．受信機の機能試験のうち、次の操作手順で行う試験の名称を答えなさい。

> 1．火災試験スイッチを押す。
> 2．火災復旧スイッチで復旧させることなく、回線選択スイッチにより任意
> の5回線を火災作動状態にする。

　　2．設問1の試験を予備電源を用いて行う場合、何回線を火災作動状態にする
　　か答えなさい。

【3】下の写真（編集部で図に変換）は、P型1級受信機の総合点検において、「あ
　　る試験」を行っているのを示したものである。次の各設問に答えなさい。

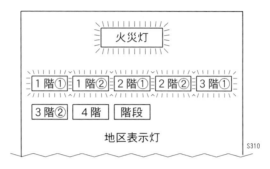

□　1．次の文は、「ある試験」の操作手順を示したものである。「ある試験」を語
　　群から選んで、その記号を答えなさい。

> 1．まず、火災試験スイッチを倒す。
> 2．次に回路選択スイッチをNo.1〜No.5まで、途中で復旧させることなく
> 選択して回し、受信機の作動状態を確認する。

　　〈語群〉
　　A．火災作動試験　　　　B．回路導通試験　　　　C．同時作動試験
　　D．予備電源試験　　　　E．非常電源試験

　　2．「ある試験」を行っているときの電源は、次のうちどれか。語群から選ん
　　でその記号を答えなさい。

　　〈語群〉
　　A．常用電源　　　B．予備電源　　　C．非常電源

【4】下の写真（編集部で図に変換）は、自動火災報知設備のP型1級受信機である。次の各設問に答えなさい。[★]

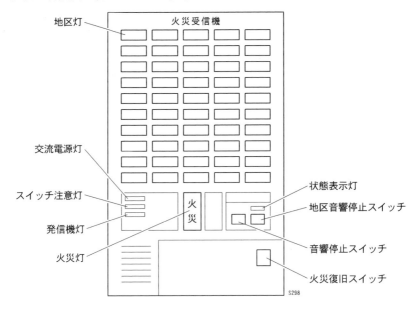

地区灯
火災受信機
交流電源灯
スイッチ注意灯
発信機灯
火災灯
火災
状態表示灯
地区音響停止スイッチ
音響停止スイッチ
火災復旧スイッチ
S298

□ 1．感知器が火災を感知したとき、受信機の主たる作動を4つ答えなさい。
　2．スイッチ注意灯が点滅する原因を2つ答えなさい。

【5】下の図はP型1級受信機の一例である。次の各設問に答えなさい。

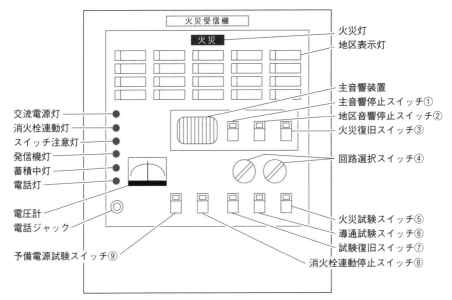

火災受信機
火災
火災灯
地区表示灯
主音響装置
主音響停止スイッチ①
地区音響停止スイッチ②
火災復旧スイッチ③
交流電源灯
消火栓連動灯
スイッチ注意灯
発信機灯
蓄積中灯
電話灯
回路選択スイッチ④
電圧計
電話ジャック
火災試験スイッチ⑤
導通試験スイッチ⑥
試験復旧スイッチ⑦
予備電源試験スイッチ⑨
消火栓連動停止スイッチ⑧

□ 1．回路導通試験を行う場合に使用するスイッチの操作順序について、次のうち正しいものはどれか、記号で答えなさい。

ア．⑥ → ④ → ③	イ．⑥ → ④ → ① → ②
ウ．⑥ → ④ → ⑦	エ．⑥ → ④
オ．⑥ → ④ → ① → ② → ⑦	

2．火災表示試験を行う場合に使用するスイッチの操作順序について、次のうち正しいものはどれか、記号で答えなさい。

ア．⑤ → ④ → ⑦	イ．⑧ → ⑤ → ④ → ① → ② → ③
ウ．⑨ → ⑤ → ④ → ② → ① → ⑦	エ．⑧ → ⑤ → ① → ② → ④ → ③

▶▶正解＆解説……………………………………………………………………………………

【1】正解

```
1．A：火災灯
     B：地区表示灯（地区灯）
2．5秒以内
```

2．受信機規格第8条1項3号に定められている。

【2】正解

```
1．同時作動試験
2．2回線
```

1．P型1級受信機の機能試験は、①火災表示試験、②回路導通試験、③同時作動試験、④予備電源試験、などがある。これらのうち、火災試験スイッチを操作するのは、①火災表示試験と③同時作動試験である。更に、①火災表示試験では1回線ごとに火災復旧スイッチで復旧させる。従って、設問の操作手順で行う試験は、③同時作動試験となる。

2．同時作動試験では、常用電源を使用しているとき、任意の5回線を火災作動状態にする。写真（図）では、火災灯と警戒区域①から⑤の地区表示灯が点灯している。また、予備電源使用時は、任意の2回線を火災作動状態にする。

【3】正解

```
1．C（同時作動試験）
2．A（常用電源）
```

同時作動試験は、常用電源の状態と、予備電源の状態でそれぞれ行う。ただし、常用電源では任意の5回線を対象にするのに対し、予備電源では任意の2回線を対象に実施する。

【4】正解

> 1. ①火災灯の点灯　　　②地区灯（地区表示灯）の点灯
>
> 　　③主音響装置の鳴動　　④地区音響装置の鳴動
>
> 2. ①地区音響停止スイッチが定位置にない（停止の位置にある）
>
> 　　②音響停止スイッチが定位置にない（停止の位置にある）

　スイッチ注意灯は、スイッチが定位置に自動的に復旧しないスイッチのうち、当該スイッチが定位置にないとき、注意を促すために点滅するものである。従って、火災復旧スイッチや予備電源スイッチは、一般に自動的に復旧するスイッチであるため、答えから除外できる。

　設問の図では、正解の2つのスイッチが定位置にないものと推測できる。なお、この図で明示されていないスイッチについては、不正解とされる可能性がある（編集部）。

【5】正解

> 1. エ：⑥ → ④
>
> 2. イ：⑧ → ⑤ → ④ → ① → ② → ③

1. 回路導通試験は、導通試験スイッチ⑥を操作した後、回線選択スイッチ④で回線を選択し、電圧計やランプの点灯で回路の導通を点検する。

2. 火災表示試験は、火災試験スイッチ⑤を操作して火災試験の状態にする。ただし、発信機と屋内消火栓ポンプの起動スイッチが兼用されている場合、火災試験の状態とすることで消火栓ポンプが起動してしまう。これを防ぐためにあるのが「消火栓連動停止スイッチ⑧」である。火災試験スイッチ⑤を操作する前に、消火栓連動停止スイッチ⑧をONにしておくと、火災試験の状態にしても消火栓ポンプが起動するのを防ぐことができる。

　火災試験の状態にしたら、回線選択スイッチ④で回線を選択する。火災灯が点灯するとともに、選択した回線の地区表示灯が点灯する。また、主音響装置と地区音響装置が鳴動する。この後、主音響停止スイッチ①と地区音響停止スイッチ②を操作することで、主音響と地区音響の鳴動が停止する。火災復旧スイッチ③を操作すると、受信機が元の状態に復旧される。

　試験復旧スイッチ⑦は、感知器又は発信機の作動試験をする際に使用するスイッチである。試験復旧スイッチ⑦によりあらかじめ試験復旧状態にしておくと、感知器又は発信機の作動試験をして、受信機が火災信号を受信して作動すると、その後に自動的に復旧動作を行う。その都度、火災復旧スイッチ③を操作することを省くことができる。

【1】下の図は、P型2級受信機を使用する自動火災報知設備の設置例を示したものである。次の各設問に答えなさい。ただし、受信機は規格省令上、必要とされる最低限の機能を有しているものとする。

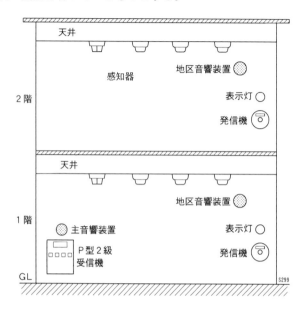

□　1．1階の感知器回路の導通を試験する方法を、下記から選び、記号で答えなさい。

> ア．火災試験スイッチにより、1階の地区表示灯を点灯させ確認する。
> イ．導通試験スイッチを倒したまま、「火災表示試験」を行って確認する。
> ウ．各感知器を加熱又は加煙試験器で作動させ、受信機に表示が出るか確認する。
> エ．1階の表示灯が点灯しているか確認する。
> オ．1階の発信機の押しボタンを押して確認する。

　2．この受信機の総合点検時に、復旧させることなく、全回線の火災表示試験を行い確認する点検項目を答えなさい。

【2】下の写真（編集部で図に変換）は、Ｐ型２級受信機の前面操作部分の一部を示したものである。「スイッチ注意灯」が点滅している場合、この原因として不適当なものを、下記から２つ選び記号で答えなさい。

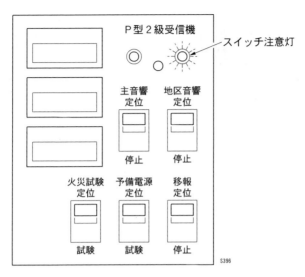

□
ア．主音響装置スイッチが停止の位置にある。
イ．回路の感知器が取り外されている。
ウ．予備電源の電圧が低下している。
エ．火災試験のスイッチが定位にない。
オ．地区音響装置スイッチが停止の位置にある。
カ．移報停止スイッチが停止の位置にある。

【3】 次の写真は、Ｐ型１級受信機とＰ型２級受信機のものである。下の表はそれ
ぞれの受信機の機能をまとめたものである。Ａ～Ｆに入る適切な語句を語群か
ら選びその記号を記入しなさい。

Ｐ型１級
受信機

Ｐ型２級
受信機

受信機	回線数	火災灯	導通試験装置	主電源の 監視装置	予備電源
Ｐ型１級	上限無し	必要	（Ａ）	（Ｂ）	（Ｃ）
Ｐ型２級	５回線	設けないこと ができる	（Ｄ）	（Ｅ）	（Ｆ）

〈語群〉
　イ．必要　　ロ．不要　　ハ．設けないことができる

▶▶正解＆解説‥‥‥‥‥‥‥‥‥‥‥‥‥‥‥‥‥‥‥‥‥‥‥‥‥‥‥‥‥‥‥‥‥‥

【1】正解

　1．オ
　2．同時作動試験による点検

　1．Ｐ型２級受信機では、回路導通試験装置が不要となっている。このため、感知器回
　　路の導通を試験するには、該当する警戒区域の発信機の押しボタンを押して、実際に
　　導通させる必要がある。地区表示灯が点灯するとともに、主音響装置及び該当する地
　　区音響装置が鳴動すれば、正常である。
　2．Ｐ型受信機の試験は、①火災表示試験、②回路導通試験、③同時作動試験、④予備
　　電源試験、などがある。これらのうち、火災表示試験は１回線ごとに復旧させる必要
　　がある。回路導通試験は１回線ごとに回路の導通を電圧計や導通灯により確認する。
　　ただし、Ｐ型２級受信機では、回路導通試験装置が不要となっている。同時作動試験
　　では、任意の５回線（常用電源使用時）を同時に火災作動状態にする。１回線ごとに
　　復旧させない。

【2】正解

スイッチ注意灯については、法令で「定位置に自動的に復旧しないスイッチを設けるものにあっては、当該スイッチが定位置にないとき、音響装置又は点滅する注意灯が作動すること」という規定がある。

受信機において、一般に「定位置に自動的に復旧」する機能が付加されているのは、火災復旧スイッチや予備電源試験スイッチなどである（メーカー等により自動的に復旧するスイッチは異なって設定されている場合がある）。

ア・エ・オ・カは、いずれも「定位置に自動的に復旧しないスイッチ」であり、かつ、「スイッチが定位置にない」状態のため、スイッチ注意灯が点滅する原因となる。

イの感知器が取り外されていたり、ウの予備電源の電圧が低下していても、スイッチ注意灯が点滅することはない。

【3】正解　※写真提供：ニッタン

A．イ（必要）　　B．イ（必要）　　C．イ（必要）
D．ロ（不要）　　E．イ（必要）　　F．イ（必要）

写真は、P型1級受信機（多回線）とP型2級受信機（5回線）を表している。従って、1級受信機及び2級受信機共に、1回線のものは除外することができる。

火災灯については、P型1級受信機（多回線）を除き、「受信機に設けないことができる」としてある（受信機規格第6条の2　火災表示及びガス漏れ表示の特例）。従って、火災灯がない受信機は、P型1級受信機以外（この場合はP型2級受信機）と判断できる。

- 導通試験装置…受信機規格第8条（P型受信機の機能）により、P型1級受信機は導通試験装置が必要であるが、P型2級受信機は不要である。受信機規格では、P型2級受信機に必要な機能として、導通試験装置による試験機能を掲げていない。
- 主電源の監視装置…受信機規格第3条（構造及び機能）1項14号により、全ての受信機は主電源の監視装置が必要となる。
- 予備電源…受信機規格第3条1項13号により、P型1級受信機及びP型2級受信機（多回線）は、いずれも予備電源が必要となる。

▶差動式スポット型感知器（空気の膨張を利用したもの）の例

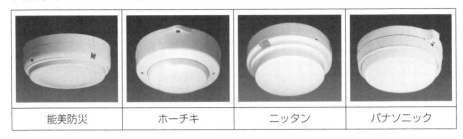

能美防災	ホーチキ	ニッタン	パナソニック

▶差動式スポット型感知器（温度検知素子を利用したもの）の例

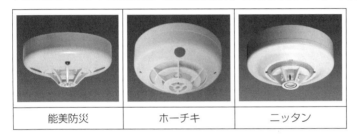

能美防災	ホーチキ	ニッタン

▶定温式スポット型感知器（バイメタルの反転を利用したもの）の例

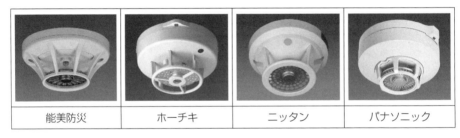

能美防災	ホーチキ	ニッタン	パナソニック

▶各種スポット型熱感知器

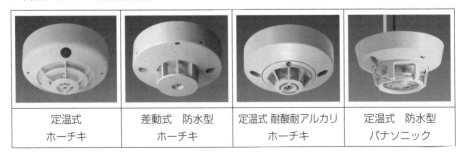

定温式 ホーチキ	差動式 防水型 ホーチキ	定温式 耐酸耐アルカリ ホーチキ	定温式 防水型 パナソニック

▶ニッタンの各種スポット型熱感知器

定温式　防水型	定温式 耐酸耐アルカリ	差動式 耐酸耐アルカリ

◎各種スポット型熱感知器のうち、差動式スポット型（空気の膨張を利用したもの）と定温式スポット型（バイメタルの反転を利用したもの）は、特徴的な外観をしているため、写真から特定することは容易である。

◎一方、**温度検知素子**を利用したものは、差動式スポット型と定温式スポット型があるが、写真から識別することは非常に困難である。特定するには設問の設定なども含め、総合的に判断する必要がある。

▲温度検知素子の拡大写真

▶日本フェンオールの定温式スポット型感知器

〔耐圧防爆型〕

◎日本フェンオールは、自動火災報知設備の感知器などを製造している。**耐圧防爆型**の定温式スポット型感知器は、労検（労働安全衛生法型式検定）の合格品となっている。

◎この検定制度は、危険な作業や有害な作業を伴う機械等に関する規制である。検定を受けなければならない機械等は 17 種類あり、登録検定機関で検定を受け、これに合格することが必要となる。防爆構造電気機械器具は、型式検定を受けなければならない。

◎写真の2つの定温式スポット型感知器は、いずれも金属の膨張係数の差を利用したもので、円筒形のセンサー部に熱感知機構を備えている。公称作動温度は60～150℃まで各種のものがある。

◎耐圧防爆型のものは、化学工場をはじめとする可燃性物質や爆発の恐れのある危険物を取扱う工場に多く設置されている。また、耐圧防爆型でないものは、防水型や耐酸型などがある。

◎耐圧防爆型の定温式スポット型は、オイルタンク室などで使用される。接続端子を内蔵するケースは強固なアルミ鋳造製で、たとえケース内で電気火花によって爆発が起きても、熱などをケース内にとどめておくことができる。

▲耐圧防爆型の各部

▶差動式分布型感知器

空気管式の検出部		熱電対式の検出部
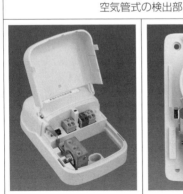		
能美防災	ニッタン	日本ドライケミカル

▶光電式スポット型感知器の例

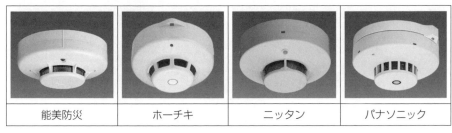

| 能美防災 | ホーチキ | ニッタン | パナソニック |

| 光電アナログ式 | ハニカム構造の防虫網 | プチタイプの光電式 |

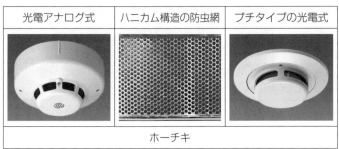

| ホーチキ |

▶イオン化式スポット型感知器

◎イオン化式スポット型感知器は、現在、ほとんど生産されていない。理由として、平成16年に「放射性同位元素等による放射線障害の防止に関する法律」が改正され、翌年から施行されたことが挙げられる。

◎この法改正により、アメリシウム241を使用しているイオン化式スポット型は、放射性同位元素装備機器に該当することになった。廃棄する際は、メーカーに委託しなければならない。

◎イオン化式スポット型感知器は、さまざまな形状のものが製造されており、外観から特定するのは非常に困難である。ただし、光電式スポット型と同様に、虫の侵入を防ぐための網が付いている。

◎出題される際は必ず、☢マークが付いている旨の表示がある。

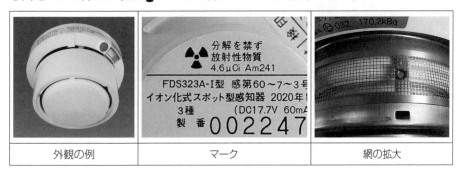

| 外観の例 | マーク | 網の拡大 |

▶光電式分離型感知器の例

能美防災	ホーチキ

ニッタン	パナソニック

▶炎感知器の例

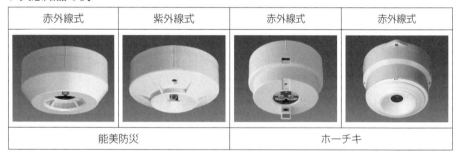

赤外線式	紫外線式	赤外線式	赤外線式
能美防災		ホーチキ	

〔参考〕ホーチキの2つの赤外線式炎感知器は、公称監視距離が異なる。左は18〜40mで、右は13〜20m。

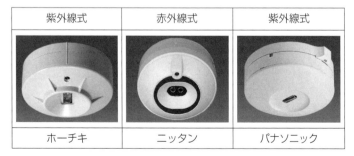

紫外線式	赤外線式	紫外線式
ホーチキ	ニッタン	パナソニック

▶作動表示灯の例

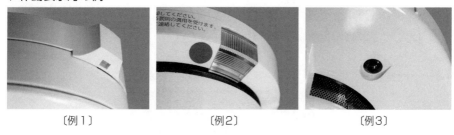

〔例1〕 〔例2〕 〔例3〕

▶▶ 過去問題 ◀◀

【1】下の図A及びBは、ある感知器の構造を示したものである。次の各設問に答えなさい。[★]

A.

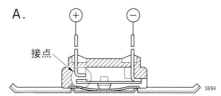

接点

S694

B.

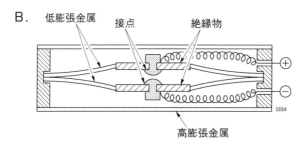

低膨張金属　接点　絶縁物

高膨張金属

S694

□　1．A及びBの感知器の作動原理を簡潔に答えなさい。

　　2．A及びBは、同一の種類の感知器である。それぞれの名称を答えなさい。

【2】下の図はある感知器の模式図を示した断面図である。次の各設問に答えなさい。

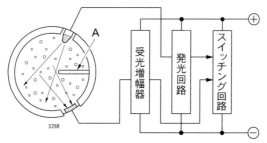

A

受光増幅器

発光回路

スイッチング回路

S268

　　□　1．この感知器の名称を答えなさい。

　　　　2．図のAで示す部分の名称を答えなさい。

　　　　3．この感知器の作動原理を簡素に答えなさい。

【3】下の写真に示す感知器について、次の各設問に答えなさい。

　　□　1．この感知器の名称を答えなさい。

　　　　2．この感知器の設置基準を示した下の図のア～ウのうち、誤っているものを
　　　　　記号で答えなさい。

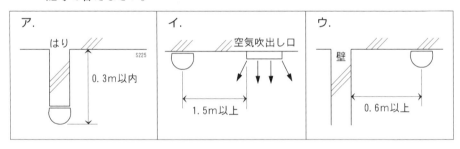

【4】下の写真に示す感知器について、次の各設問に答えなさい。

　　□　1．この感知器の名称を答えなさい。

　　　　2．この感知器は、感知器内のどの部品が、どのようになると作動するのか答
　　　　　えなさい。

【5】下の写真は感知器の検出部を示したものである。感知器の名称を答えなさい。また、この感知器を設置する場合、下図のAとBの数値を答えなさい。

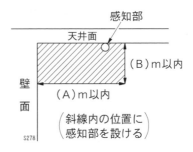

【6】下の写真に示す感知器について、次の各設問に答えなさい。

1．この感知器の名称を答えなさい。
2．この感知器が作動したので、確認したが火災ではなかった。感知器が作動した原因として、適当でないものを、下記から2つ選び、記号で答えなさい。

ア．狭い部屋でタバコを吸った。
イ．誤って感知器の端子に不要な終端抵抗を接続してしまった。
ウ．小さな虫が、感知器の網の中に入った。
エ．大型台風の接近により、大気圧が大きく下がった。

【7】下の写真は、ある感知器を示したものである。次の各設問に答えなさい。［改］

[網の拡大写真]

1．矢印で示した網、円孔板等が設けられている感知器の名称を2つ答えなさい。
2．網、円孔板等を設ける目的を答えなさい。

【8】下の写真は、自動火災報知器に用いられる各種の感知器を示したものである。次の各設問に答えなさい。

A.

B.

C.

D.

☐　1．高圧受変電設備に係る配線が天井に設置されていて、感知器を直接点検することが難しい場合、感知器の点検用空気管を使用して点検することができる感知器はどれか。名称とA〜Dの記号を答えなさい。

　　2．特定1階段等防火対象物の階段または特定1階段等に使用できる感知器をA〜Dの記号で答えなさい。また、この場合に垂直高さ何mごとに設置しなければならないか。

【9】下の写真は、公称作動温度60℃の感知器の一例である。次の各設問に答えなさい。

☐　1．この感知器を取り付ける場合、感知器の下端は取付け面から何m以内でなければならないか答えなさい。

　　2．この感知器を設置する場所は、正常時において最高周囲温度は何℃以下の場所でなければならないか答えなさい。

【10】下の写真A〜Dは、感知器の一例を示したものである。次の各設問に答えなさい。［編］

A.

B.

C.

D.

☐　1．高圧受変電室等の点検が容易に行えない場所に設置する感知器で、空気管で接続された試験器を用いて作動試験をすることができる感知器をA〜Dの中から記号で答えなさい。また、その名称を答えなさい。

　　2．開口部のないエレベーターの昇降路やパイプダクトに設置しなければならない感知器をA〜Dの中から選び、記号で答えなさい。また、その名称を答えなさい。

　　3．法令で定める特定1階段等防火対象物の階段に感知器を設置する場合、設置することができる感知器をA〜Dから選び記号で答えなさい。また、垂直距離は何mにつき1個以上設置することとされているか、正しいものを選び◯で囲みなさい。なお、感知器は一種又は二種とする。

感知器：	垂直距離： 7.5m ・ 10m ・ 15m

【11】次の写真の感知器について、名称と網の目的を答えなさい。

☐

[網の拡大写真]

【12】下の写真は、自動火災報知器に用いられる各種の感知器を示したものである。それぞれの名称を下記の語群から選び、記号で答えなさい。

□ A.

B.

C.

D.

裏面に☢マークがある
E.

F.

〈語群〉

ア．炎感知器　　　　　　　　　　　　イ．光電式分離型感知器
ウ．差動式分布型感知器（空気管式）　エ．差動式分布型感知器（熱電対式）
オ．イオン化式スポット型感知器　　　カ．光電式スポット型感知器
キ．定温式スポット型感知器　　　　　ク．定温式スポット型感知器（防爆型）

▶感知器のベースとヘッド

　感知器は、ベースと本体（ヘッド）が分かれているものが多い。

　ベースは配線の接続と感知器の固定という働きがある。また、ベースは各メーカーごとに共通化されている。このため、配線とベースの施工が完了すれば、後から適応する感知器を取り付けることができる。ベースに対するヘッドの取り付けは、位置を合わせて回し込むなど簡易化されている。

　なお、ベースと本体（ヘッド）が分かれていない感知器もある。この場合は、感知器の配線と固定を同時に作業することになる。

▲ベースの例題

▲ヘッドの例

▲組み付け状態

▶▶ 正解＆解説···

【1】正解

> 1．A：円形バイメタルが受熱により反転して接点を閉じる。
>   B：受熱により金属線膨張に差が生じて接点を閉じる。
> 2．A：バイメタルの反転を利用したもの
>   B：金属膨張係数の差を利用したもの

　定温式スポット型感知器は、①バイメタルの反転を利用したもの（設問の図A）、②温度検知素子を利用したもの、③金属膨張係数の差を利用したもの（設問の図B）、の3種類がある。

【2】正解

> 1．光電式スポット型感知器
> 2．遮光板
> 3．煙粒子の流入により、受光素子の受光量が変化する。

【3】正解

> 1．定温式スポット型感知器
> 2．ウ

　1．写真は、受熱板が見えにくいが、バイメタルの反転を利用した定温式スポット型感知器である。温度検知素子を利用したスポット型感知器（差動式及び定温式）は、温度検知素子のまわりに保護カバーが設けてあるが、写真の受熱板取り付け部より小さいため、区別することができる。

　2．熱式スポット型感知器（差動式スポット型及び定温式スポット型など）は、取り付け面（天井面）の下方0.3m以内の位置に設ける（図ア）。また、空気吹出し口から1.5m以上離れた位置に設ける（図イ）。ただし、壁またははりから0.6m以上離れた位置に設けるという規定はない。0.6m以上の規定は、煙感知器に適用される。

【4】正解

> 1．定温式スポット型感知器
> 2．感知器内の円形バイメタルが受熱により反転すると、接点が閉じて作動する。

　写真は、バイメタルの反転を利用した定温式スポット型感知器である。定温式スポット型感知器は、この他に温度検知素子を利用したもの、金属膨張係数の差を利用したものがある。

125

【5】正解

> 感知器の名称：差動式分布型感知器（空気管式）
> A：1.5（m以内）　　　B：0.3（m以内）

　写真は、差動式分布型感知器（空気管式）の検出部である。

　　空気管は、天井など取付け面の下方0.3m以内の位置に設け、かつ、感知区域の取付け面の各辺から1.5m以内の位置とすること。また、空気管の検出部（写真）は、5°以上傾斜させないこと。

【6】正解

> 1．光電式スポット型感知器
> 2．イとエ

　写真は光電式スポット型感知器である。同じスポット型の煙感知器としてイオン化式があるが、現在はほとんど製造されていない。スポット型の煙感知器は、特に指定がない限り光電式と判断する。

【7】正解

> 1．光電式スポット型感知器、イオン化式スポット型感知器、
> 　　イオン化アナログ式スポット型感知器、光電アナログ式スポット型感知器、
> 　　のうちの2つ
> 2．目的：虫の侵入を防ぐ

　2．分離型を除く煙感知器は、目開き1mm以下の網、円孔板等により虫の侵入防止のための措置を講ずること。

【8】正解

> 1．差動式スポット型感知器　　記号B
> 2．記号C　垂直高さ7.5mごとに設置

　A：定温式スポット型感知器（バイメタルの反転を利用したもの）。

　B：差動式スポット型感知器（空気の膨張を利用したもの）。

　C：光電式スポット型感知器。煙感知器は、光電式の他にイオン化式スポット型があるが、この方式の感知器は、☢マークが付いている旨の表示がある。

　D：紫外線式スポット型感知器（ホーチキ）。

　1．この場合、空気の膨張を利用した差動式スポット型感知器に差動スポット試験器を併用する。試験器の試験孔からテストポンプで空気を感知器に送ることで、感知器の作動試験を行うことができる。

　2．階段には、光電式スポット型などの煙感知器を設置する。この場合、垂直距離15m（第3種は10m）につき1個以上の煙感知器が必要となる。ただし、特定1階段等防火対象物の場合は、垂直距離7.5mにつき1個以上設け、更に1種又は2種に限る、という規定がある。

特定１階段等防火対象物とは、屋内階段が１つしかなく、１階・２階以外の階に特定用途部分がある建物をいう。

▶ 受変電設備

◎受変電設備は、工場やビルなど電気を大量に使用する施設で使われている。高圧（6,600V）のまま受電し、施設内で低圧に変換して負荷となる電気機器に送る。この設備を受変電設備という。

◎受変電設備には、単に電圧を下げるだけでなく、落雷や漏水などの事故の際、接続された負荷設備を保護する役割もある。高圧のまま事業所に引き込むことで、電気代の単価は安くなるが、受変電設備を所有することにより、法令に基づく保安点検が義務づけられる。

◎受変電設備は、区分開閉器（電力の供給側と受電側を遮断する）、断路器（保守点検の際に電源回路を確実に切り離す）、遮断器（電流が過大になったときに電流を遮断する）、変圧器、保護継電器（異常を検知して遮断器に信号を送る）、制御装置（受変電設備を監視する）、計測機器、低圧配電設備（電力を低圧にして配電する）から構成されている。

【9】正解

1．0.3m以内
2．40℃以下

1．スポット型熱感知器は、下端が取付け面から下方0.3m以内の位置となるように設けること。スポット型熱感知器には、差動式スポット型、定温式スポット型、補償式スポット型などがある。なお、スポット型煙感知器は、下端が取付け面から下方0.6m以内の位置となるように設けること。

2．定温式のスポット型感知器等は、正常時における最高周囲温度が公称作動温度より20℃以上低い場所に設けること。最高周囲温度が公称作動温度より20℃以上低い場所に設けないと、感知器の誤作動が生じることとなる。

【10】正解

1．記号B　名称：差動式スポット型感知器
2．記号C　名称：光電式スポット型感知器
3．感知器：C　垂直距離：7.5mに○印

A：定温式スポット型感知器（バイメタルの反転を利用したもの）
B：差動式スポット型感知器（空気の膨張を利用したもの）
C：光電式スポット型感知器
D：赤外線式スポット型感知器（ニッタン）

2. 「開口部のないエレベーターの昇降路」とは、油圧式エレベーターが該当する。通常のエレベーターであるロープ式は、昇降路の上に機械室があり、機械室の床面及び昇降路の天井には、ロープを通すための「開口部」が設けてある。これに対し、油圧式の昇降路は開口部がない。光電式スポット型感知器は、昇降路の頂部に設ける。

3. 光電式スポット型感知器は階段に設置する場合、次の基準がある。

一種又は二種	垂直距離15mにつき1個以上
三種	垂直距離10mにつき1個以上
特定一階段等（一種は二種）	垂直距離7.5mにつき1個以上

【11】正解

名称：光電式スポット型感知器
網の目的：虫の侵入を防ぐ。

　光電式スポット型、イオン化式スポット型、光電アナログ式スポット型、イオン化アナログ式スポット型については、外観で識別するのは困難である。この問題では、最も一般的な光電式スポット型を正解とした。他のスポット式煙感知器であっても間違いではない。

【12】正解

A．キ（日本フェンオール製の定温式スポット型感知器）
B．ウ（差動式分布型感知器（空気管式）の検出部）
C．ア（炎感知器・赤外線式・ニッタン）
D．オ（イオン化式スポット型感知器：☢マークで特定する）
E．イ（光電式分離型感知器）
F．ク（日本フェンオール製の定温式スポット型感知器（防爆型））

15. 光電式分離型感知器

▶▶ 過去問題 ◀◀

【1】 下の図は、光電式分離型感知器の設置状況を示したものである。図中のA〜
Dの数値を答えなさい。

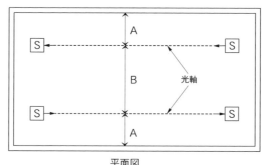

平面図

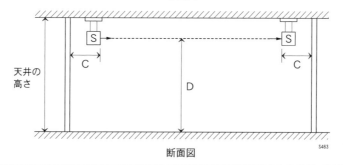

断面図

A : 以上 以下	B : 以下
C : 以内	D : 天井の高さの ％以上

【2】 下の図は、光電式分離型感知器の設置状況を示したものである。図A〜Dに
ついて、正しく設置されているものには「○」、誤っているものには「×」を記
入しなさい。ただし、感知器の光軸の長さは公称監視距離内であるものとする。

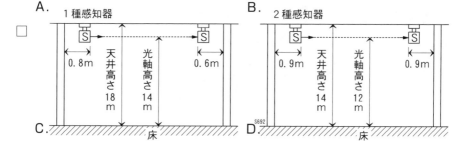

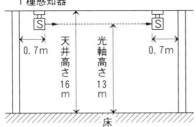

1種感知器

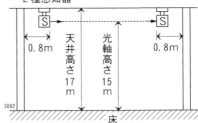

2種感知器

（左図） 0.7m　天井高さ16m　光軸高さ13m　0.7m　床

（右図） 0.8m　天井高さ17m　光軸高さ15m　0.8m　床　S692

▶▶正解＆解説 ……………………………………………………………………

【1】正解

> A：0.6m（以上）7m（以下）　　B：14m（以下）
>
> C：1m（以内）　　　　　　　　D：（天井の高さの）80（％以上）

【2】正解

> A：×　　B：○　　C：○　　D：×

◎この問題は、光電式分離型感知器の天井等の高さの基準と、感知器の光軸の高さの基準の2つを理解しておく必要がある。

◎天井等の高さの基準…1種は20m未満で、2種は15m未満

◎光軸の高さの基準…天井等の高さの80％以上

◎Aは天井高さが18mで、1種の基準の20m未満のため適合。ただし、光軸の高さが14mで、天井等の高さの80％（18m×0.8＝14.4m）以上とならないため不適合。

◎Bは天井高さが14mで、2種の基準の15m未満のため適合。また、光軸の高さが12mで、天井等の高さの80％（14m×0.8＝11.2m）以上のため適合。

◎Cは天井高さが16mで、1種の基準の20m未満のため適合。また、光軸の高さが13mで、天井等の高さの80％（16m×0.8＝12.8m）以上のため適合。

◎Dは天井高さが17mで、2種の基準の15m未満とならないため不適合。

▌16. 中継器

▶中継器の例

感知器用（能美防災）	発信機用（ニッタン）	感知器用（ニッタン）

17. 非火災報の調査

```
▶▶過去問題◀◀
```

【1】 下の写真（編集部で図に変換）は、自動火災報知設備の受信機の一例である。下の条件に基づき、次の各設問に答えなさい。

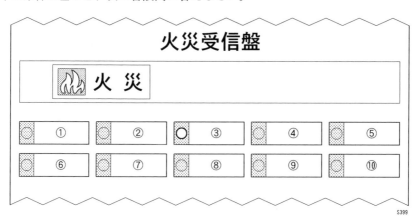

S399

〈条件〉

1. 受信機の火災灯及び地区表示灯No. 3が点灯しているが、火災ではなかった。
2. 受信機の復旧スイッチを操作しても受信機は復旧できなかった。
3. 火災灯が点灯したとき、自動火災報知設備の点検等は行われていなかった。
4. 地区表示灯No. 3の警戒区域には、感知器が複数設置され、1つの感知区域に感知器1個が設置されている。

□ 1. 火災灯が点灯する理由を、具体的に1つ答えなさい。ただし、感知器が作動して点灯する場合を除く。

   2. 感知器の作動により火災灯が点灯した場合に、どの感知器が作動したかを調べる方法として正しいものを下のア〜エから選び、記号で答えなさい。

ア. 回路導通試験を行い、作動した感知器を調べる。

イ. 絶縁抵抗測定器で回路を調べ、作動した回路を探す。

ウ. 復旧スイッチを操作すれば、作動した感知器自体は必ず復旧するので、個々の感知器は調べなくてもよい構造になっている。

エ. 感知器を1つずつ順に外していき、その都度復旧スイッチを操作して調べる。

▶▶正解＆解説··

【1】正解

1．［感知器配線の短絡］［警戒区域③の発信機の誤発信］のいずれか一つ
2．エ

1．非火災報の原因として、①暖房の熱やタバコの煙による感知器の誤作動、②感知器
の不良、③感知器配線の短絡、④発信機の誤発信、などが考えられる。火災灯が点灯
する原因として、設問では［感知器の作動］を除外している。編集部では、②を［感
知器の作動］に含まれるものと判断した。

2．回路導通試験を行うことにより、作動した感知器を含む回線を知ることはできるが、
作動した感知器を特定することはできない。

　　ある感知器を１つ外し、復旧スイッチを操作して受信機が復旧できれば、取り外し
た感知器が作動したものであると特定できる。また、受信機が復旧できなければ、他
の感知器がまだ作動していることになる。

　　日本火災報知機工業会の「自動火災報知設備の点検実務マニュアル」によると、非
火災報の調査で不具合箇所の絞り込み方法を次のようにまとめている。

①設備図をもとに感知器の配線を中央で分割し、受信機側と終端抵抗側に分ける。

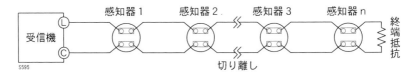

②復旧スイッチ操作後、受信機が発報する場合は切り離しポイントを受信機側に移動
する。受信機が発報しない場合は、切り離しポイントを終端抵抗側に移動する。

③上記を繰り返し行い、不具合箇所を特定する。

（注）切離しは配線を切断するのではなく、感知器のベース端子から配線を外すこと。

18. 空気管式の機能試験

▶空気管式の各種試験のまとめ（試験器具と使用箇所）

作動試験	テストポンプのみ	空気管
作動継続試験	テストポンプのみ	空気管
流通試験	テストポンプ＆マノメーター	空気管
接点水高試験	テストポンプ＆マノメーター	コックスタンドのダイヤフラム
リーク試験	テストポンプ＆マノメーター	コックスタンドのリーク孔

▶ニッタンの空気管式試験器具

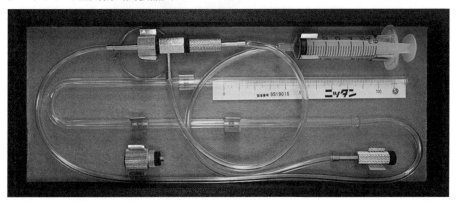

◎次の主な部品で構成されている。

  ① ［テストポンプ］ ＋ ［ビニール管］ ＋ ［注入ノズル］

  ② ［マノメーター（U字管）］ ＋ ［目盛り（スケール）］ ＋ ［ビニール管］

  ③ ［各種ノズル］

▶コックスタンド

◎次の主な部品で構成されている。

  ①コックハンドル   ②P1孔（空気管接続孔）   ③P2孔（空気管接続孔）

  ④試験孔   ⑤リーク孔（半透明の樹脂製カバー）

【1】 下の写真は試験器具を表したものである。次の各設問に答えなさい。

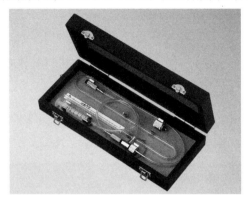

☐ 1. この試験器具を用いて機能試験を行う感知器の名称を答えなさい。

感知器（　　　　　）

2. 試験基準で定められている機能試験のうち、この試験器具を全て用いて行う試験の名称を2つ答えなさい。

【2】 下の図は自動火災報知設備の差動式分布型感知器（空気管式）の「ある試験」をしているところを示したものである。次の各設問に答えなさい。

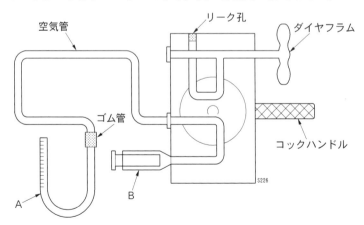

空気管　　リーク孔　　ダイヤフラム

ゴム管

コックハンドル

S226

A

B

┌〈語群〉────────────────────────────┐
　ア．ポンプ試験　　イ．リーク試験　　ウ．接点水高試験　　エ．流通試験
└────────────────────────────────┘

　　2．矢印 A 及び B で示す器具の名称を答えなさい。

【3】下の図は、差動式分布型感知器（空気管式）において、「ある試験」を実施し
　　ているところを示したものである。次の各設問に答えなさい。

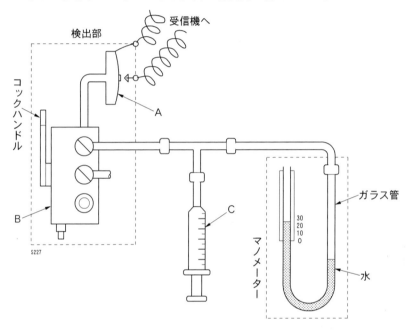

□ 　1．この試験の名称を、下記から選び記号で答えなさい。

┌────────────────────────────────┐
　ア．ポンプ試験　　イ．リーク試験　　ウ．接点水高試験　　エ．流通試験
└────────────────────────────────┘

　　2．矢印A～Cで示す部分の名称を答えなさい。

【4】下の図は、差動式分布型感知器（空気管式）の「ある試験」の実施を示したものである。次の各設問に答えなさい。[改]

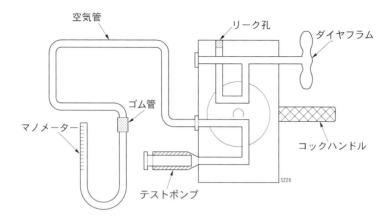

□　1．この試験の名称を、下記の語群から選び記号で答えなさい。

〈語群〉
ア．ポンプ試験　　イ．接点水高試験　　ウ．流通試験　　エ．リーク試験

　　2．この試験の目的を2つ答えなさい。

【5】下の図は、差動式分布型感知器（空気管式）の機能試験の「ある試験」を表したものである。次の各設問に答えなさい。

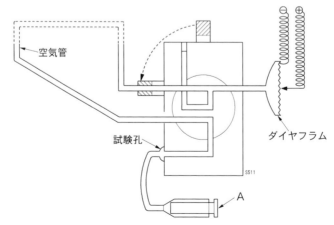

□　1．この試験の名称を1つ答えなさい。
　　2．矢印Aで示す器具の名称を答えなさい。
　　3．設問2の器具は、何cc用のものを使用することとされているか答えなさい。

【1】正解

> 1. 差動式分布型感知器（空気管式）
> 2. ①流通試験
>   ②接点水高試験

　試験基準で定められている差動式分布型感知器（空気管式）の機能試験は、［作動試験］［作動継続試験］［流通試験］［接点水高試験］の４種類がある。これらのうち、作動試験と作動継続試験はセットになっており、作動試験の後に引き続き作動継続試験を行う。作動試験では、テストポンプを使用するが、マノメーターは使用しない。一方、流通試験と接点水高試験は、テストポンプとマノメーターの両方を使用する。

　なお、リーク試験は「自動火災報知設備の試験基準」に定められていない。

【2】正解

> 1. エ（流通試験）
> 2. A：マノメーター
>   B：テストポンプ

ア．ポンプ試験は、作動試験と作動継続試験をまとめていうことがある。ポンプ試験では、テストポンプのみ使用する。マノメーターは使用しない。

イ．リーク試験では、リーク孔の抵抗値（抵抗の程度）を測定する。マノメーター及びテストポンプは、リーク孔とつながっていなければならない。

ウ．接点水高試験では、テストポンプから空気を少しずつ注入し、ダイヤフラムの接点が閉じたときの水高を測定する。マノメーター及びテストポンプは、ダイヤフラムとつながっていなければならない。

エ．流通試験では、テストポンプ＆マノメーターと空気管を使用する。マノメーターの水位が規定位置まで低下する時間を測定する。

【3】正解

> 1. ウ（接点水高試験）
> 2. A：ダイヤフラム
>   B：コックスタンド
>   C：テストポンプ

　テストポンプとマノメーターの両方を使用するのは、流通試験・接点水高試験・リーク試験の３種類である。更にこれらのうち、ダイヤフラムを使用するのは接点水高試験のみである。

　流通試験は空気管を使用し、リーク試験はリーク孔を使用する。

【4】正解

    1．ウ（流通試験）
    2．空気管の漏れを検出する。
      空気管の詰まりを検出する。

ア．ポンプ試験は、作動試験と作動継続試験をまとめていうことがある。

ウ．流通試験は、空気管内の空気の流通を点検するためのもので、空気管内（接続部を含む）に漏れがあると、マノメーターの水位が規定位置まで低下する時間が短くなる。また、空気管内に詰まりがあると、逆に時間は長くなる。

エ．リーク試験は、リーク抵抗の適否を判断するための試験である。リーク抵抗が大き過ぎると、わずかな温度上昇で接点が閉じるため、非火災報の原因となる。逆に、リーク抵抗が小さすぎると、リーク孔からの漏れが多くなり、作動が遅れる原因となる。

【5】正解

    1．作動試験（または作動継続試験）
    2．テストポンプ
    3．5cc

1．作動試験は、テストポンプで規定量の空気を注入後、ダイヤフラムの接点が閉じるまでの時間を計測する。

　作動継続試験は、作動試験の後、そのまま継続して行う。作動試験でダイヤフラムの接点が閉じてから、接点が開くまでの時間を計測する。コックスタンドにはリーク孔が設けてあるため、時間の経過とともに空気管内の空気が漏れ、ダイヤフラムの接点が開く。

3．テストポンプは、点検要領により5cc用のものを使うよう指定されている。

【1】下の平面図は、ある感知器の感知区域と設置状況を示したものである。次の各設問に答えなさい。

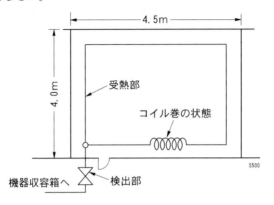

□ 1. この感知器の名称を答えなさい。

2. 次の記述は、図に示すように受熱部の部品をコイル巻の状態としている理由である。（ ）に当てはまる数値を記入しなさい。

「感知器の露出部分は、感知区域ごとに（ ）m 以上としなければならないため」。

【2】下の図は、差動式分布型感知器（空気管式）の空気管の接続状況を示したものである。次の各設問に答えなさい。

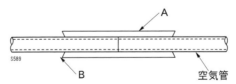

□ 1. 矢印Aで示す部品の名称を答えなさい。

2. 矢印Bで示す箇所に施す作業を答えなさい。

【1】正解

> 1．差動式分布型感知器（空気管式）
> 2．20（m以上）

　空気管の露出部分は、一の感知区域ごとに20m以上とすること。感知区域が小さくて、露出長が20mに満たない場合は、設問のようにコイル巻の状態とするか、2重巻にして20m以上にする。

【2】正解

> 1．矢印Ａ：スリーブジョイント
> 2．矢印Ｂ：はんだ付け

　スリーブジョイント（ジョイントまたはスリーブともいう）は、空気管を接続する際に使用する。スリーブジョイント両端部のはんだ付けは、空気管との接続部を密閉するために行う。

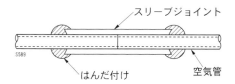

スリーブジョイント

空気管

はんだ付け

20. 差動スポット試験器

◎差動スポット試験器は、**差動式スポット型感知器**（空気の膨張を利用したもの）の作動試験を容易に行うことができない場所に、感知器を設置する際に使用する。

◎差動式スポット型感知器は、あらかじめ試験口付きのものを使用する。感知器と試験器は、空気管で接続しておき、試験孔からテストポンプで空気を送ることで、感知器の作動試験をすることができる。試験器は、出入り口付近などで試験が容易に行える場所に設ける。

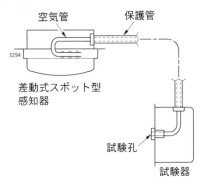

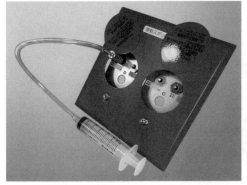

▲試験器の試験孔にテストポンプを接続

▲試験口付きの差動式スポット型感知器

【1】 下の写真A及びBは、変電室等（通常の機器点検の方法では危険を伴うおそ
れのある場所）に設置された「ある感知器」の点検に使用する器具を示したも
のである。次の各設問に答えなさい。

A.
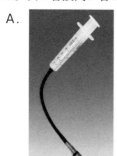

B.
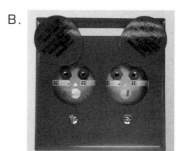
［壁体に埋め込んである試験器］

□　1．この器具Aの名称を答えなさい。

　　2．この器具A及びBを用いて機器点検を行う感知器の名称を記号で答えなさ
い。

ア．差動式分布型感知器（空気管式）　　イ．定温式スポット型感知器
ウ．差動式スポット型感知器　　　　　　エ．充電式スポット型感知器
オ．イオン化式スポット型感知器

【2】 下の写真は、自動火災報知設備の感知器の作動試験に用いる機器等の一例で
ある。次の各設問に答えなさい。

A.
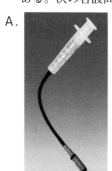

B.

C.

［壁体に埋め込んである試験器］

□　1．Aの器具及びCの機器の名称を答えなさい。

　　2．作動試験にA及びBの機器等を用いる感知器の名称を答えなさい。

　　3．作動試験にA及びCの機器等を用いる感知器の名称を答えなさい。

【1】正解

> 1．試験ノズル付きのテストポンプ（空気注入試験器）
> 2．ウ（差動式スポット型感知器）

　写真Aはテストポンプ（空気注入試験器）で、差動式分布型感知器（空気管式）の作動試験などに用いるほか、写真Bの差動スポット試験器にも使用する。

　この点検の対象となる差動式スポット型感知器（空気の膨張を利用したもの）は、試験口付きのものを使用する。感知器と差動スポット試験器は、あらかじめ空気管で接続しておく。

　テストポンプのゴム管先端には、試験ノズルが付いており、これを差動スポット試験器の試験孔にねじ込んで接続する。テストポンプから規定量の空気を感知器に送り込んだとき、感知器が作動することを点検する。

【2】正解

> 1．A：試験ノズル付きのテストポンプ（空気注入試験器）
> 　　C：差動スポット試験器
> 2．差動式分布型感知器（空気管式）
> 3．差動式スポット型感知器（空気の膨張を利用したもの）

　写真Aはテストポンプであり、写真Bは差動式分布型感知器（空気管式）の検出部である。差動式分布型感知器（空気管式）では、これらの器具を用いて、①作動試験、②作動継続試験、③流通試験、④接点水高試験、⑤リーク試験を行う。なお、③・④・⑤の試験については、更にマノメーターを併用する。

　写真Cは、差動スポット試験器である。

▶発信機の例

| 能美防災 | ホーチキ | ニッタン | パナソニック |

◎発信機は、各社とも表示灯付きのものが主流となっている。

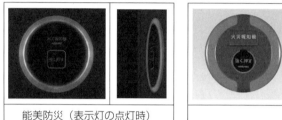

能美防災（表示灯の点灯時）

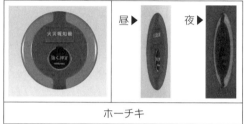

ホーチキ

◎発信機は、Ｐ型１級とＰ型２級のものがあるが、外観だけから識別することは困難なものがある。Ｐ型１級は送受話器の電話ジャックと応答確認灯を備えているが、Ｐ型２級は備えていない。それらの有無で発信機を識別する。

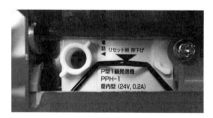

▲電話ジャック

▲応答確認灯

▶表示灯の例（ホーチキ）　　▶送受話器の例

▲従来からある表示灯の外観

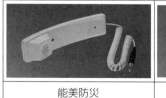

| 能美防災 | ホーチキ |

▶発信機の押しボタンスイッチ

◎押しボタンスイッチは、押した後、スイッチが自動的に元の位置に戻らない構造のものは、スイッチを元の位置に戻す操作を忘れないための措置を講ずること。

◎この規定により、押しボタンスイッチは押すと、保護板が外れる構造となっている。

▲押しボタンスイッチ　　　▲スイッチが押された状態　　　▲リセットレバー

◎P型1級発信機は、押しボタンスイッチを押すと、応答確認灯が点灯する。応答確認灯は、受信機が火災信号を受信したことを発信機側に伝えるものである。

▶▶過去問題◀◀

【1】下の写真は、自動火災報知設備の発信機で、AはP型1級、BはP型2級を示したものである。P型1級とP型2級の構造上の相違点を具体的に2つ答えなさい。

☐ A.

B.

【2】下の写真A及びBは、P型発信機及び付属する機器の一例である。次の各設問に答えなさい。[改]

A.

B.

☐ 1. 写真Aの発信機には、写真Bの機器が接続される。写真Bの名称を答えなさい。また、この発信機の級別を答えなさい。

145

2．この発信機には、規格省令上、内部にランプが設置されている。このランプの機能を簡潔に答えなさい。

【3】右の写真は、自動火災報知設備で使われる機器収容箱の一例である。次の各設問に答えなさい。

☐　1．この機器収容箱に内蔵されている機器のうち、消防法令上、検定を受けなければならない機器の名称を答えなさい。

　　2．設問1の機器は、1級と2級に区分される。これらの構造上の相違点を2つ答えなさい。

【4】下の写真は事務所の用途に供される防火対象物に設置された自動火災報知設備の機器収容箱の一例である。次の各設問に答えなさい。

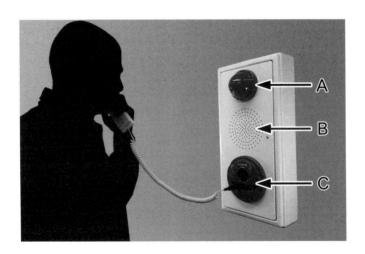

☐　1．矢印A〜Cに示す機器のうち、機能により1級と2級に区分される機器を記号で答えなさい。また、その名称を答えなさい。

　　2．各階に、その階の各部分から一の矢印Cに示す機器までの距離として、どのように設けることとされているか答えなさい。

146

【1】正解

構造上の相違点
◎Ｐ型１級発信機は電話ジャックを備えているが、Ｐ型２級発信機は備えていない。
◎Ｐ型１級発信機は応答確認灯を備えているが、Ｐ型２級発信機は備えていない。

　Ｐ型発信機は、外観だけから１級と２級を識別できないケースが多い。理由は、電話ジャックと応答確認灯が銘板カバー等により外部に露出していないためである。

【2】正解　※問題の写真提供：ニッタン

　１．写真Ｂ…携帯用の送受話器　　　級別…１級
　２．押しボタンスイッチを押して火災信号を伝達したとき、受信機が当該信号を受信したことをランプの点灯により、発信者に確認してもらう。

　２．このランプは、応答確認灯などと呼ばれている。各メーカーでは次のように呼称している。ホーチキ…確認灯　　ニッタン…応答確認灯　　能美防災…応答灯。本書では、「応答確認灯」に呼称を統一している。

【3】正解　※問題の写真提供：パナソニック

　１．発信機
　２．Ｐ型１級発信機は電話ジャックを備えているが、Ｐ型２級発信機は備えていない。
　　Ｐ型１級発信機は応答確認灯を備えているが、Ｐ型２級発信機は備えていない。

　自動火災報知設備で検定の対象となる機械器具等は、感知器、発信機、中継器、受信機（ガス漏れ火災警報設備を含む）。

【4】正解

　１．記号：Ｃ　　名称：発信機
　２．歩行距離が50m以下となるように設ける。

　Ａ：表示灯　　Ｂ：地区音響装置

22. 配線

▶600Vビニル絶縁電線（IV）の例

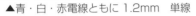

▲青・白・赤電線ともに 1.2mm　単線

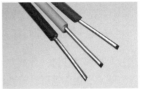

▲心線（芯線）部

▶600V 2種ビニル絶縁電線（HIV）の例

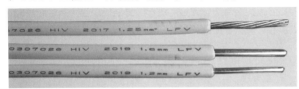

◀上…1.25mm^2 のより線
　中…1.6mm の単線
　下…1.2mm の単線

〔参考〕「単線」は1本の太い銅線で構成されており、導体の直径（mm）で表す。
　　　　「より線」は細い銅線を数本より合わせたもので、導体の断面積（mm^2）で表す。
　　　　より線は単線に比べ、柔軟性があり配線の取り回しがしやすい。

▶600Vビニル絶縁ビニルシースケーブル（VV）の例

▲3心　2.0mm の単線

▲心線（芯線）部

▶MIケーブルの例

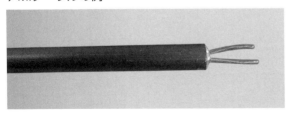

▶終端器と終端抵抗

◎法令では「終端器」としてある。この場合、[終端器＝抵抗] とはならない。抵抗以外のものであっても「終端器」として認める場合があることを示している。

◎一般には、[終端器＝抵抗] である。ただし、一部のメーカーではコンデンサを終端器としている。

◎試験問題の解答にあたっては、用語として「終端器」と「終端抵抗」の２つがあることを理解しておく。製図の試験問題では、「終端抵抗」が主に使われる。

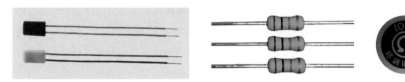

▲終端器の例（ニッタン）　　　　　　　　▲終端抵抗の例（パナソニック）

▶▶過去問題◀◀

【1】下の図は、感知器の接続状況の一部を示したものである。この感知器の信号回路について、下の記述の（A）〜（D）に入る語句を答えなさい。

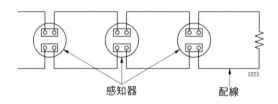

感知器　　　　　　　　配線

□　　感知器の信号回路は、容易に（A）試験をすることができるように（B）配線にするとともに回路の末端に（C）が設けられている。ただし、配線が感知器若しくは（C）からはずれた場合又は配線に（D）があった場合に受信機が自動的に警報を発するものにあっては、この限りでないとされている。

【2】 自動火災報知設備のＰ型１級受信機に用いる感知器と配線の接続について、
次の各設問に答えなさい。

□ 1．下の図のように送り配線とする理由を答えなさい。

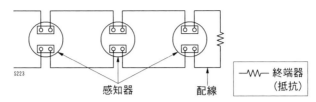

2．下の図のように感知器Ａ及びＣに終端器が接続されている場合の問題点
を１つ答えなさい。

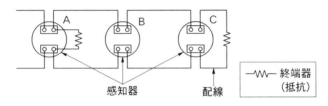

【3】 図は、Ｐ型１級受信機に接続された「ある感知器回路」の配線の状態を示し
たものである。次の各設問に答えなさい。

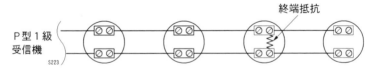

□ 1．このような感知器回路の配線方法の名称を答えなさい。

2．図のように配線されている場合、点検の際、どのような支障を生じるか答
えなさい。

【4】 下の図は、自動火災報知設備の受信機から地区音響装置までの配線図である。
次の各設問に答えなさい。

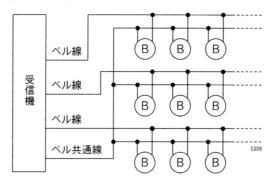

□ 1．鳴動方式を答えなさい。
 2．受信機から地区音響装置までの電線の種類は、法令基準でどのように定め
られているか。

▶▶正解＆解説…………………………………………………………………………………

【1】正解

┌─────────────────────────────┐
│ A．導通　　　　B．送り │
│ C．発信機　　　D．断線 │
└─────────────────────────────┘

　規則第24条1項1号イの内容…感知器の信号回路は、容易に導通試験をすることがで
きるように、送り配線にするとともに回路の末端に発信機、押しボタン又は終端器を設
けること。ただし、配線が感知器若しくは発信機からはずれた場合又は配線に断線があ
った場合に受信機が自動的に警報を発するものにあっては、この限りでない。
　Aは「回路導通」としてはならない。「～回路は、～」となっているため、「回路」が
重複してしまう。
　1回目のCは、［発信機］［押しボタン］［終端器］のいずれかが該当する。しかし、
2回目のCは、［発信機］のみが該当する。図中に抵抗の記号があるため、C＝終端器
としてはならない。
　規則第24条1項1号イの内容は、P型1級受信機とP型2級受信機の両方を対象に規
定したものである。P型1級は導通試験装置を備えているため、感知器回路の末端は必
然的に終端器となる。一方、P型2級は導通試験装置を備えていないため、感知器回路
の末端は必然的に発信機または押しボタン（回路試験器）となる。

【2】正解

１．例えば、図のように１本の配線から分岐するように配線すると、その分岐配線に断線があっても、感知器回路に微電流が流れるため、断線を検出することができない。

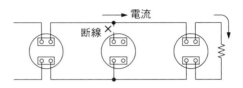

２．例えば、図の位置で断線があっても、感知器回路にはAの終端器を介して微電流が流れてしまう。

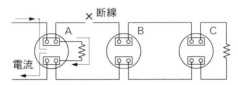

【3】正解

設問の感知器回路図において、終端抵抗は回路の末端に設けなくてはならない。

【4】正解

１．地区音響装置への配線は、一斉鳴動方式と区分鳴動方式で全く異なる。一斉鳴動方式では、２本のベル線で地区音響装置を並列に接続していく。

　一方、区分鳴動方式では、設置階ごとに異なるベル線で個別に配線する。ただし、感知器回路と同様に共通線（ベル共通線）を使うことができる。特定のベル線をONにすると、電流がベル線⇒地区音響装置⇒ベル共通線へと流れて、電流が流れる地区音響装置のみが鳴動する。

　設問の回路図は、設置階ごとに３個以上の地区音響装置が並列に接続されているが、区分鳴動方式である。

▶線間絶縁抵抗の測定

◎絶縁抵抗は、線間と電路－大地間（対地間）の２つがある。

◎線間の絶縁抵抗は、受信機、中継器、煙感知器、終端器など全てを取り外し、絶縁されていなければならない２本の電線間で測定する。

◎例えば、感知器のL線とC線間では、２本の配線に接続されている受信機、感知器、終端器等を全て外し、絶縁抵抗計の測定端子を２本の配線に接続する。測定ボタンを押して線間の絶縁抵抗を測定する。絶縁抵抗値は0.1MΩ以上であること。

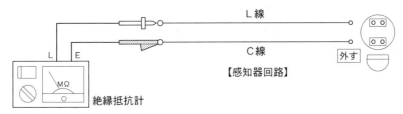

◎感知器回路において、感知器がベースと本体（ヘッド）に分かれている場合は、感知器の本体を取り外し、ベースは配線に取り付けたままの状態で測定できる。ただし、ベースに作動表示灯などの電子回路が組み込まれている場合は、破損を防ぐためベースも取り外す必要がある。

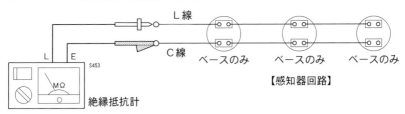

◎感知器回路以外については、配線に接続してある部品を全て取り外してから測定する。

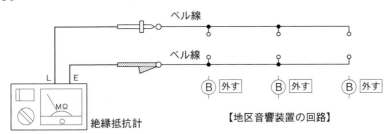

◎絶縁抵抗計は、測定対象物に高い電圧（例えば250V）を加えて抵抗を測定する。このため、IC回路等が組み込まれている電子部品に測定用の高電圧が直接加わると、破損させたり障害を与えることになる。

153

◎電線間の絶縁抵抗測定において、感知器等を全て取り外すのは、測定用電圧から IC回路等を保護するためである。

▶電路−大地間の絶縁抵抗の測定（全回線一括）

◎電路−大地間の絶縁抵抗は、全回線一括で行うのと、特定回線で行う方法がある。

◎全回線一括で行う場合、次の手順で進める。

①予備電源の配線を外して、受信機の電源をOFFにする。

②回路計（サーキットテスタ）を抵抗レンジにする。

③回路計のマイナス測定端子を受信機本体のアースに、プラス測定端子を受信機のC線端子に接続して、抵抗を測定する。このとき、回路計の指針が少しでも振れる場合は、回路の絶縁不良であり、絶縁抵抗計による測定は行わない。測定用の高電圧で電子部品が破損する危険があるためである。

④回路計の指針が全く振れないことを確認後、絶縁抵抗計の接地測定端子を受信機本体のアースに、路線測定端子を受信機のC線端子に接続する。

⑤測定ボタンを押して、C線端子を介した電路と大地間の絶縁抵抗を測定する。絶縁抵抗値は0.1MΩ以上であること。

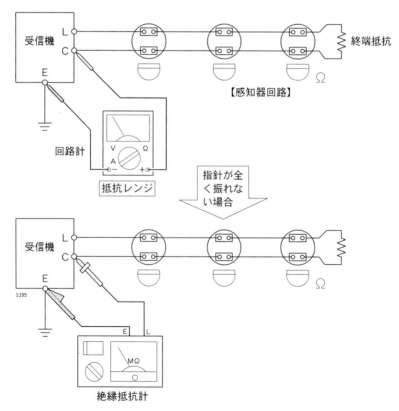

154

▶電路－大地間の絶縁抵抗の測定（特定回線）

◎特定回線における電路－大地間の絶縁抵抗の測定は、次の手順で進める。

①予備電源の配線を外して、受信機の電源をOFFにする。

②測定したい感知器回路の配線（L線・C線）を外す。

③L線とC線を短絡させる。

④回路計（サーキットテスタ）を抵抗レンジにする。

⑤回路計のマイナス測定端子を受信機本体のアースに、プラス測定端子をL線とC線の短絡部に接続して、抵抗を測定する。このとき、回路計の指針が少しでも振れる場合は、回路の絶縁不良であり、絶縁抵抗計による測定は行わない。測定用の高圧電圧で電子部品が破損する危険があるためである。

⑥回路計の指針が全く振れないことを確認後、絶縁抵抗計の接地測定端子を受信機本体のアースに、路線測定端子をL線とC線の短絡部に接続する。

⑦測定ボタンを押して、接続した感知器回路と大地間の絶縁抵抗を測定する。絶縁抵抗値は0.1MΩ（電路の対地電圧150V以下）以上であること。

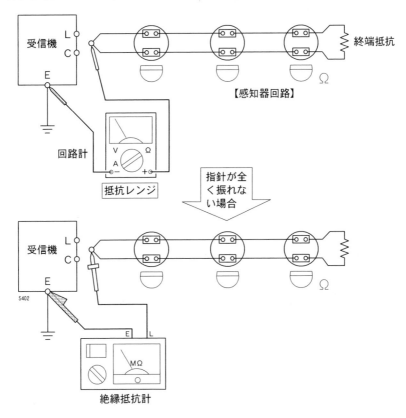

参考資料：日本火災報知機工業会発行の「自動火災報知設備の点検実務マニュアル」。

【1】次の写真は、受信機の端子盤を測定しているものである。次の各設問に答え
なさい。

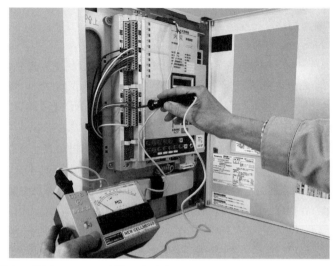

□ 1. 測定に使用している計器の名称を答えなさい。

2. 感知器の信号線とアース間の抵抗が10kΩであった。考えられる原因を答
えなさい。

【2】下の写真（【1】と同じ）は、自動火災報知設備の配線の機能試験の一例であ
る。次の各設問に答えなさい。

□ 1. 試験項目の名称を答えなさい。

2. 電源回路の対地電圧が150V以下の場合、この試験で電源回路と大地との
間を測定したときの抵抗は、何MΩ以上でなければならないか答えなさい。

【3】下の写真（【1】と同じ）は、自動火災報知設備の配線の絶縁抵抗を測定して
いるところである。次の各設問に答えなさい。

□ 1. 絶縁抵抗計は、直流〔何ボルト〕のものを使用したらよいか、下から選び
記号で答えなさい。

ア. 250V	イ. 600V	ウ. 750V	エ. 900V

2. 感知器回路（電源回路を除く。）及び附属装置回路（電源回路を除く。）と
大地との間の絶縁抵抗は、一の警戒区域ごとに、設問1の絶縁抵抗計で計っ
た値が何MΩ以上でなければならないか答えなさい。

【4】下の文は、自動火災報知設備の感知器回路及び付属装置回路の絶縁抵抗試験を行う場合の注意事項について述べたものである。文中の（　）に当てはまる語句を下の語群から選び、記号で答えなさい。

□　　回路の（A）の絶縁抵抗を測定する場合は、受信機、中継器、煙感知器、（B）等を取り外して測定する。
　　自動火災報知設備には、（C）を用いた機器が多い。したがって、絶縁抵抗を測定する場合、これらの機器に直接（D）の電圧がかからないように注意する必要がある。

〈語群〉
　ア．大地間　　　　　　イ．線間　　　　　　　　　ウ．終端器
　エ．導通試験器　　　　オ．差動式スポット型感知器
　カ．IC 回路　　　　　　キ．感知器回路　　　　　　ク．付属機器回路
　ケ．受信機　　　　　　コ．絶縁抵抗計

【5】下の図は、P型1級受信機の端子盤において「ある試験」を実施したものである。以下の各設問に答えなさい。

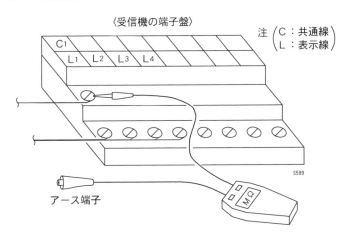

〈受信機の端子盤〉

注（C：共通線　L：表示線）

アース端子

S599

□　1．この試験の名称を記号で答えなさい。

　ア．接地抵抗試験　　　　イ．絶縁抵抗試験　　　　ウ．共通線試験
　エ．送り配線試験　　　　オ．回路導通試験

2．測定用リード線を C_1 の端子に当てたとき、測定値は5MΩだった。この結果をふまえて、誤っているものを記号で答えなさい。

> ア．L_1 線の絶縁は良好である。
> イ．C_1、L_1 線の絶縁は良好である。
> ウ．C_1、L_1 ～ L_4 線の絶縁は良好である。
> エ．C_1 線の絶縁は劣化している。

▶▶正解＆解説···

【1】正解

> 1．絶縁抵抗計
> 2．感知器回路の絶縁不良

実際の試験における写真は、受信機の端子盤が横に配置されているものであった。弊社が用意した受信機は、写真のように端子盤が縦に配置されている（編集部）。

写真の測定器は、指針盤に「MΩ」（メガオーム）の表示があるため、絶縁抵抗計であると判断する。ただし、判別できない写真が出題される可能性もある。

電路と大地間の絶縁抵抗は、対地電圧が150V以下の場合、0.1MΩ以上でなければならない。設問の10kΩは、1000kΩ＝1MΩであるため、0.01MΩとなる。基準値より小さいため、絶縁不良が考えられる。

【2】正解

> 1．絶縁抵抗試験
> 2．0.1MΩ以上

配線の機能試験は、法令（配線の試験基準）で絶縁抵抗試験と絶縁耐力試験が定められている。

写真のアナログ式計器について、指針盤に「MΩ」の表記があるため、写真の作業はは単純に絶縁抵抗試験ということになる。

絶縁耐力試験（高圧回路）は、「電気設備に関する技術基準を定める省令」等で定める試験電圧を電路と大地との間に連続して10分間加え、高圧回路が連続して10分間耐えることを確認する。

なお、旧規定では、これらの機能試験の他に、接地抵抗試験が加えられていた。接地抵抗試験では、接地抵抗計と3本の測定コード（主に緑コード、黄コード、赤コード）、2本の補助接地棒を使用する。

【3】正解

> 1．ア（250V）
> 2．0.1（MΩ以上）

規則第24条1項1号ロに、以下のように定められている。

感知器回路（電源回路を除く）及び附属装置回路（電源回路を除く）と大地との間並びにそれぞれの回路の配線相互の間の絶縁抵抗は、一の警戒区域ごとに直流250Vの絶縁抵抗計で計った値が0.1MΩ以上であること。

【4】正解

> A．イ（線間）　　　B．ウ（終端器）
> C．カ（IC回路）　　D．コ（絶縁抵抗計）

線間の絶縁抵抗を測定する場合は、線間に接続されている負荷を全て取り外さなくてはならない。設問の場合、差動式スポット型感知器（空気の膨張を利用したもの）は、接点が機械的に開閉する構造のため、取り外さなくても測定は可能である。しかし、感知器回路に終端器（抵抗）がある場合は、必ず取り外す。接続したままでは、絶縁抵抗値が異常に小さくなり、線間の絶縁抵抗が正しく測定できない。

なお、自動火災報知設備の附属装置として、消火設備、非常用放送設備、防排煙設備等がある。

【5】正解

> 1．イ（絶縁抵抗試験）
> 2．エ

図中の「アース端子」は、受信機のアース端子であると理解する。

設問は、感知器回路における絶縁抵抗試験の「全回線一括」に該当する。

全回線（C1とL1～L4）のいずれかの絶縁が劣化（不良）していると、回路配線⇒地絡点⇒大地⇒受信機のアース端子⇒絶縁抵抗計へと微電流が流れることから、計器の指針が振れることになる。

24. ガス漏れ火災警報装置

▶中継器＆ガス漏れ表示灯の例

中継器	ガス漏れ表示灯	中継器	ガス漏れ表示灯
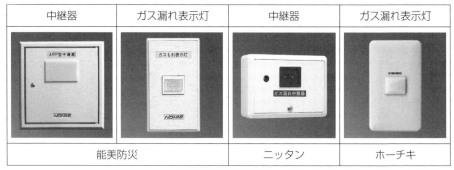			
能美防災		ニッタン	ホーチキ

中継器	ガス漏れ表示灯付き中継器	ガス漏れ表示灯付き中継器	
			点灯（赤色）時
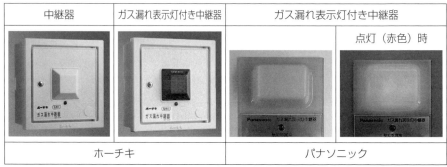			
ホーチキ		パナソニック	

160

【1】 下の図は、ガス漏れ火災警報装置の構成図を示したものである。次の各設問に答えなさい。

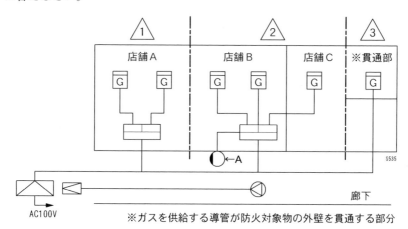

※ガスを供給する導管が防火対象物の外壁を貫通する部分

☐ 1. 図に示すAの名称を答えなさい。

2. 図のガス漏れ火災警報装置において、法令上、必要なAの個数は何個か。図に示されているものを含めて答えなさい。

【2】 下の図は、ガス漏れ火災警報装置の構成図を示したものである。次の各設問に答えなさい。

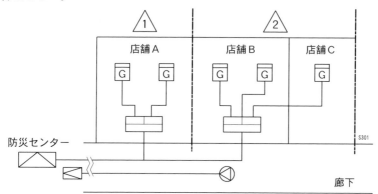

☐ 1. 店舗A〜Cのうち、ガス漏れ表示灯を備えなくてもよい店舗はどれか。

2. ガス漏れ検知器の標準遅延時間と受信機の標準遅延時間の合計は、消防法令上、何秒以内でなければならないか。

【1】 正解

> 1. ガス漏れ表示灯　　2. 2個

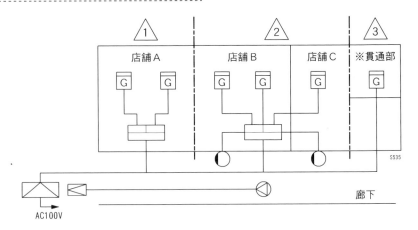

ガス漏れ表示灯は、一の警戒区域内に複数の店舗等がある場合、ガス漏れ検知器の作動と連動してガス漏れの発生した室、店舗等を個別に表示するものである。従って、ガス漏れ表示灯は、店舗Bの他に店舗Cの廊下にも必要となる。

【2】 正解

> 1. 店舗A　　　　2. 60秒以内

ガス漏れ表示灯は、一の警戒区域が一の室からなる場合、受信機で室を特定できることから設けないことができる。警戒区域 ⚠︎1 は店舗Aのみからなるため、ガス漏れ表示灯を備えなくてもよい。ただし、警戒区域 ⚠︎2 に属する店舗BとCは、廊下にそれぞれガス漏れ表示灯を備えなければならない。

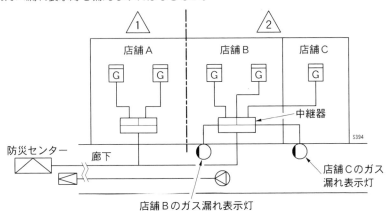

25. G型受信機

▶G型受信機の例

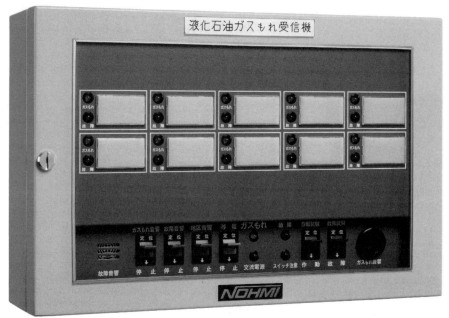

▲能美防災

▲ホーチキ

▲ニッタン

▲パナソニック

【1】 下の図はガス漏れ火災警報設備のG型受信機である。次の各設問に答えなさい。

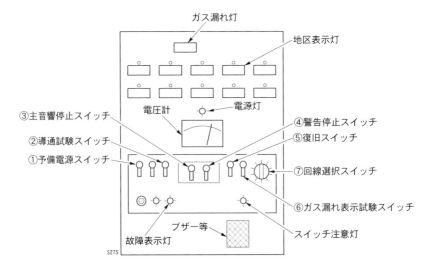

□ 1．回路導通試験を行う場合に使用するスイッチの操作順序について、次のうち正しいものはどれか、記号で答えなさい。

ア．① → ② → ⑥
イ．② → ⑦ → ⑤
ウ．③ → ② → ⑦
エ．② → ⑦

2．ガス漏れ表示試験を行う場合に使用するスイッチの操作順序について、次のうち正しいものはどれか、記号で答えなさい。

ア．③ → ⑥
イ．⑥ → ④
ウ．⑥ → ⑦
エ．② → ⑦

【2】 下の図はガス漏れ火災警報設備のＧ型受信機の一例である。次の各設問に答えなさい。

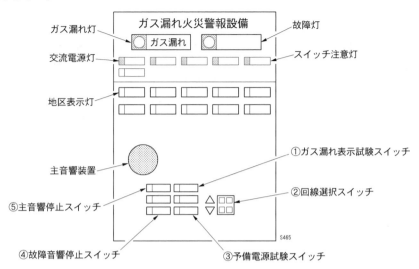

□ 1．ガス漏れ表示試験を行う場合に使用するスイッチの操作順序として、次の
　　うち最も適当なものはどれか、記号で答えなさい。

> ア．① → ④
> イ．① → ⑤
> ウ．② → ③ → ①
> エ．① → ②

　　2．ガス漏れ表示試験を行うことで、何が正常であることを確認するのか、次
　　のうち適当なものを全て選び、記号で答えなさい。

> ア．ガス漏れ表示の作動
> イ．主音響装置の作動
> ウ．予備電源の端子電圧の容量
> エ．ガス漏れ検知器の感度

【1】正解

> 1．エ（②→⑦）　　2．ウ（⑥→⑦）

　受信機の各種機能試験については、G型受信機であってもP型1級受信機と同じ要領で試験をすることができる。ただし、同時作動試験については、P型1級受信機が常用電源5回線・予備電源2回線を対象とするのに対し、G型受信機は2回線を対象とする。

1．②導通試験スイッチ ⇒ ⑦回線選択スイッチで回路を選択

　　電圧計の指針が正常値を指示するか確認する。この後、回線選択スイッチで全ての回路について、導通試験を行う。

2．⑥ガス漏れ表示試験スイッチ ⇒ ⑦回線選択スイッチで回路を選択

　　黄色のガス漏れ灯が点灯するとともに、回線選択スイッチで選択している番号の地区表示灯が点灯する。また、主音響装置が鳴動（70dB）する。

　　この後、回線選択スイッチで他の番号を選択すると、新たに選択した地区表示灯が追加して点灯する。⑤復旧スイッチを操作すると、いったんガス漏れ灯及び地区表示灯が消灯し、主音響装置の鳴動も停止するが、その直後、再びガス漏れ灯が点灯するとともに、回線選択スイッチで選択している番号の地区表示灯が点灯する。主音響装置も鳴動する。他の全ての回線について、同様の試験を行う。

　　なお、⑤復旧スイッチと①予備電源（試験）スイッチは、「定位置に自動的に復旧」するスイッチである。

【2】正解

> 1．エ（①→②）　　2．ア、イ

2．ガス漏れ表示試験では、ガス漏れ表示の作動（ガス漏れ灯の点灯）、地区表示装置の作動（地区表示灯の点灯）、主音響装置の作動（鳴動）を確認する。

26. ガス漏れ検知器

■ 1. 富士電機製のガス漏れ検知器

◎ガス漏れ検知器に関する「鑑別等」の問題では、富士電機製の直流24V仕様・角形検知器が頻出されている。この検知器は、外観が同じであっても各種のものがあるため、仕様をまとめた。

外観	仕様			
	品名	KN-35D	KN-36D	KP-35D
	対象ガス	都市ガス用		LPガス用（重ガス）
		軽ガス用	重ガス用	
	電源	直流24V		
	検知方式	接触燃焼式		
	取付	天井・壁掛	壁掛	壁掛

◎24V仕様のガス漏れ検知器は、受信機からの配線でそのまま電源を供給できる利点がある。

◎品名KN-36Dは、都市ガス用・重ガス用となっている。都市ガスは、ほとんどのものが空気よりも軽い「軽ガス」であるが、一部のもので空気よりも重い「重ガス」がある。軽ガス用のものは、壁掛けの他、天井に取り付けて使用する。

◎図の**電源ランプ**（緑）が通電表示灯、**警報ランプ**（赤）が作動確認灯に該当する。また、**警報機能**（**警報ブザー**）を備えている。

　〔参考〕感知器が作動表示灯であるのに対し、ガス漏れ検知器は作動確認灯となる。

◎下の右写真は、ランプ点灯時のものである。

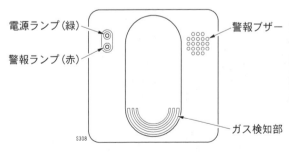

電源ランプ（緑）
警報ランプ（赤）
警報ブザー
ガス検知部
S308

■２．矢崎エナジーシステムのガス漏れ検知器

◎下の写真のガス漏れ検知器は矢崎エナジーシステム製のもので、電源ランプ、警報ランプ、警報ブザーを備えている。軽ガス（都市ガス）用で、天井取り付けタイプである。電源電圧は直流24Vで、検知方式は接触燃焼式である。

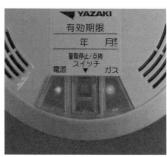

■３．新コスモス電機の加ガス試験器

◎新コスモス電機の加ガス試験器（EG-20）は、都市ガス用とLPガス用の標準ガス（ボンベ）が用意されているため、いずれのガス感知器でも点検可能である。

◎支持棒が用意されており、先端部（加ガス口）から試験ガスを噴射する。また、ガス濃度指示計が付いている。

◎検知器の作動試験では、検知器に加ガス試験器により試験ガスを加え、ガス漏れ表示をするまでの時間を測定する。

◎検知器の作動確認灯により検知器のガス漏れ作動が確認できるものにあっては、作動確認灯の点灯から受信機のガス漏れ灯が点灯するまでの時間が60秒以内であること。

◎加ガス試験器具の校正期間：３年

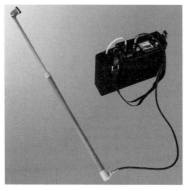

◀加ガス口

▲ガス取入口で標準ガスを取り入れ、排出口から標準ガスを排出する

▲ガスボンベ

【1】 下図の器具は、天井から 0.3m 以内に取り付けてあり、ある消防用設備等に使われるものである。次の各設問に答えなさい。

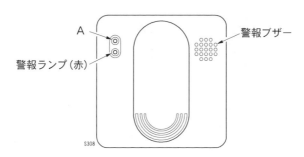

□ 1．法令基準で定められている、この器具の名称を答えなさい。
  2．Aで示す部分の名称を答えなさい。
  3．警報ランプが点灯したとき、この器具の機能（働き）を2つ答えなさい。

【2】 下の写真は、ガス漏れ火災警報装置の検知器（軽ガス用）である。①～④の名称を答えなさい。

□

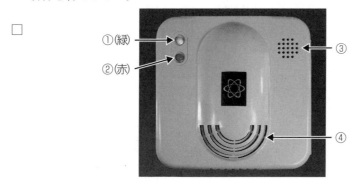

【3】 下の写真に示す機器について、次の各設問に答えなさい。

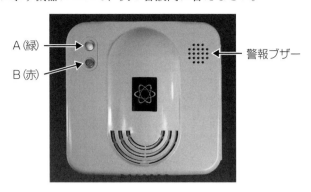

A（緑）
B（赤）
警報ブザー

☐ 　1．この機器を用いる消防用設備等の法令上の名称を答えなさい。
　　2．矢印A及びBで示す部分（ランプ）は、どのような状態を表示するものか。
　　　それぞれ1つ答えなさい。

【4】 下の図は、燃料用ガスを供給する導管が防火対象物の外壁を貫通する部分を
　　示したものである。この部分にガス漏れ検知器を設ける場合、図中A〜Dに示
　　す消防法令に定められている距離を語群ア〜コの中から選び、記号で答えなさ
　　い。なお、天井にはり等及び吸気口はない。（重複回答可）

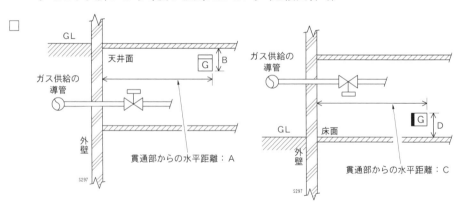

空気に対する比重が1未満のガス　　　空気に対する比重が1を超えるガス

〈語群〉
　ア．0.2m以内　　イ．0.3m以内　　ウ．0.4m以内　　エ．0.6m以内
　オ．0.8m以内　　カ．2m以内　　　キ．3m以内　　　ク．4m以内
　ケ．6m以内　　　コ．8m以内

【5】写真は、「ある機器」と点検用器具である。次の各設問に答えなさい。

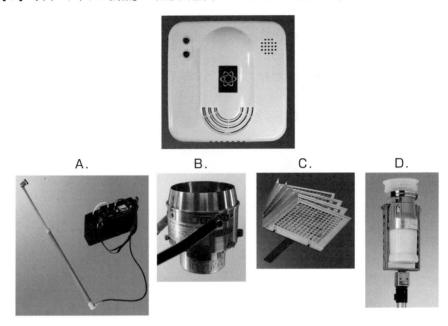

□　1.「ある機器」の点検に用いる点検用器具をA〜Dから選び、記号で答えな
　　　さい。
　　2. 設問1で答えた器具の名称と校正時期を答えなさい。

【6】下の図は、ガス漏れ火災警報装置の構成図を示したものである。次の記述に
　　ついて、正しいものには○を、誤っているものには×を記入しなさい。

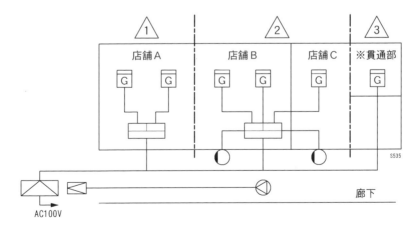

□　１．検知器の検知方式は、半導体式、接触燃焼式、気体熱伝導度式の３種類に
　　　　　　分類される。
　　　　２．有電圧出力方式の検知器は、通常監視時とガス漏れ検知時に異なる電圧を
　　　　　　出力する。
　　　　３．受信機は、ガス漏れ信号の受信開始からガス漏れ表示までの所要時間が10
　　　　　　秒以内であること。
　　　　４．検知器は、信号を発する濃度のガスに接したとき、90秒以内に信号を発す
　　　　　　ること。

▶▶正解＆解説‥‥‥‥‥‥‥‥‥‥‥‥‥‥‥‥‥‥‥‥‥‥‥‥‥‥‥‥‥‥‥‥‥‥‥‥‥

【１】正解

> １．ガス漏れ検知器（空気に対する比重が１未満のもの）
> ２．電源ランプ（通電表示灯）
> ３．①ガス漏れ信号を受信機に送る。
> 　　②ガス漏れの発生を音響（ブザー）により警報する。

　「天井から0.3m以内に取り付け」てあることから、空気に対する比重が１未満のもの
用のガス漏れ検知器となる。

【２】正解

> ①電源ランプ（通電表示灯）
> ②警報ランプ（作動確認灯）
> ③警報ブザー
> ④ガス検知部

　写真のガス漏れ検知器は、外観が同じで軽ガス用のものと重ガス用のものがある。
　警戒状態では、電源ランプ（緑）が点灯する。ガス漏れ信号を発すると、警報ランプ
（赤）を点灯するとともに、警報ブザーにより警報する。

【３】正解

> １．ガス漏れ火災警報設備
> ２．Ａ（緑色）：電源が正常に供給されている状態（通電状態）
> 　　Ｂ（赤色）：ガス漏れ信号を発した状態

　写真はガス漏れ検知器である。ガス漏れ検知器等の基準第３　１項によると、警報機
能（警報ブザー）を有するものは、通電状態にあることを容易に確認できる通電表示灯
（電源ランプ）を備えること。また、ガス漏れ信号を発した旨を容易に確認できる装置（警
報ランプ）を備えること。更に、警報機能（警報ブザー）の警報音の音圧は前方１ｍ離
れた箇所で70dB以上であること、等の基準がある。

法令では、［ガス漏れ信号を発する⇒警報ランプ・作動確認灯の点灯］となっていることから、設問２のBは、「ガス漏れを検知した状態」とすると、不正解とされる可能性がある（編集部）。

【4】正解

A：コ（8m以内）　　　B：イ（0.3m以内）
C：ク（4m以内）　　　D：イ（0.3m以内）

空気に対する比重が１未満（軽ガス）の場合、検知器は、燃焼器または外壁等の貫通部から水平距離で8m以内の位置に設けること。また、検知器の下端は、天井面等の下方0.3m以内の位置に設けること。

空気に対する比重が１を超える（重ガス）場合、検知器は、燃焼器または外壁等の貫通部から水平距離で4m以内の位置に設けること。また、検知器の上端は、床面の上方0.3m以内の位置に設けること。

水平距離は、軽ガスが8m以内となっているのに対し、重ガスは4m以内となっている。重ガスの方が、より厳しい基準となっている。

【5】正解

１．A
２．名称：加ガス試験器
　　校正期間：3年

A．加ガス試験器：ガス漏れ検知器の作動試験に使用
B．加熱試験器：スポット型熱感知器の作動試験に使用（東京防災設備保守協会）
C．減光フィルター：光電式分離型感知器の作動試験に使用
D．加煙試験器：スポット型煙感知器の作動試験に使用

【6】正解

１．○　　　２．○
３．×　　　４．×

１＆２．上巻の第4章「11. ガス漏れ火災警報設備」271P 参照。
２．例えば、通常監視時 DC 6V、ガス漏れ検知時 DC12V を出力する。
３＆４　第6章「17. ガス漏れ火災警報設備」46P 参照。
３．受信機は、ガス漏れ信号の受信開始からガス漏れ表示までの所要時間が［60秒］以内であること。
４．検知器は、信号を発する濃度のガスに接したとき、［60秒］以内に信号を発すること。

27. 火災通報装置

▶火災通報装置の例（能美防災）

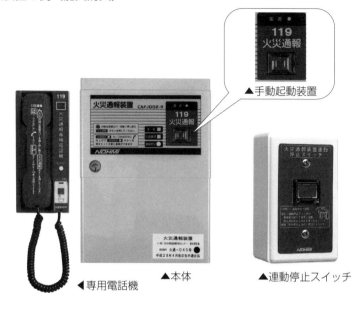

▲手動起動装置

◀専用電話機 ▲本体 ▲連動停止スイッチ

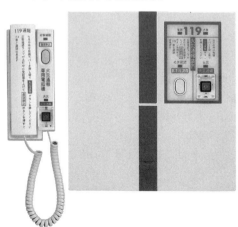

▼アツミ電氣の火災通報装置

▼パナソニックの
連動停止スイッチ

【1】下の写真に示す消防機関へ通報する火災報知設備（火災通報装置）について、説明文中の（A）～（D）に入る語句を答えなさい。

□　説明文

　これは、火災が発生した場合において、（A）を操作すること、又は（B）からの火災信号を受けることにより、電話回線を使用して消防機関を呼び出し、（C）により（D）するとともに通話を行うことができる装置である。

【2】下の写真（【1】と同じ）の機器について、名称を答えなさい。また、次の説明文の（A）～（D）に適切な語句を記入しなさい。

□　説明文

　写真の機器は、火災が発生した場合において、（A）を操作すると、あらかじめ音声で記憶させていた所在地や建物名称及び火災が発生した旨などの（B）情報を電話回線を使用して消防機関に通報するとともに、（C）も行うことができる装置である。また、発信の際、電話回線が使用中であった場合は、（D）的に発信可能な状態とする。

【3】下の写真（【1】と同じ）は消防用設備等の一部を示している。この設備について、次の文中の（　）に当てはまる語句を答えなさい。

□　　火災が発生した場合において（A）を操作すること、又は自動火災報知設備の感知器の作動等と（B）することにより、電話回線を使用して消防機関を呼び出し、蓄積音声情報により通報するとともに、通話を行うことができる。

【4】 下の写真は、消防用設備等の一部を示したものである。次の各設問に答えな
さい。

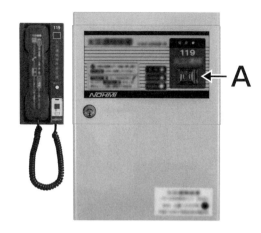

□ 1. この設備の名称を答えなさい。また、矢印Aで示す部分の名称を答えなさ
い。

2. この設備について述べた次の文中の（ ）に当てはまる語句を答えなさい。

> 火災が発生した場合において、Aを操作すること、又は （①） の （②）
> の作動等と連動することにより、電話回線を使用して消防機関を呼び出し、
> 蓄積音声情報により通報するとともに、通話を行うことができる。

【5】 下の図は、火災通報装置を使用した消防機関へ通報するシステムの一例であ
る。A及びBに当てはまる機器を下の写真から選び、記号で答えなさい。[★]

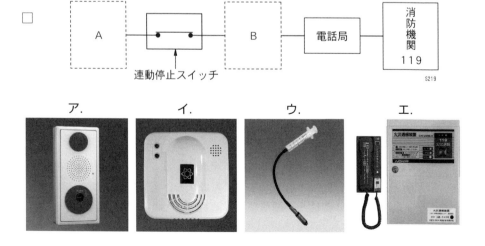

オ.  カ.  キ.  ク.

▶▶正解&解説┄┄┄┄┄┄┄┄┄┄┄┄┄┄┄┄┄┄┄┄┄┄┄┄┄┄┄┄┄┄┄┄┄┄

【1】正解

> A．手動起動装置　　B．自動火災報知設備の受信機
> C．蓄積音声情報　　D．通報

説明文は、火災通報装置の基準第2（用語の定義）1号の内容である。

「手動起動装置を操作する」とは、具体的に火災通報装置の119火災通報スイッチを押すことが該当する。

【2】正解

> 名称：火災通報装置
> A．手動起動装置　　B．蓄積音声　　C．通話　　D．強制

火災通報装置の基準第3（火災通報装置の構造、性能等）2号…発信の際、火災通報装置が接続されている電話回線が使用中であった場合には、強制的に発信可能の状態にすることができるものであること。

火災通報装置の設置にあたっては、既存の一般加入電話回線を使用する。従って、新たな回線に加入する必要がない。ただし、この規定により火災時は、火災通報機能が優先される。

【3】正解

> A．手動起動装置　　B．連動

【4】正解

> 1．設備の名称：火災通報装置　　Aの名称：手動起動装置
> 2．①．自動火災報知設備　　②．感知器

A. オ（自動火災報知設備の受信機）

B. エ（火災通報装置の本体と専用電話機）

ア. 機器収容箱とそれに収容されている発信機、地区音響装置、表示灯

イ. ガス漏れ検知器（軽ガス用のものと重ガス用のものがある）

ウ. ゴム管と試験ノズル付きのテストポンプ

カ. 配線遮断器（安全ブレーカー）

キ. 差動式分布型感知器（空気管式）の検知部

ク. 定温式スポット型感知器（金属膨張係数の差を利用したもの）、耐圧防爆型

28. 系統図（乙種）

◎自動火災報知設備の系統図の詳しい内容は、第8章「33. 系統図の基本」308P
を参照。

▶機器収容箱の例

表示灯付き発信機	表示灯付き発信機		

能美防災	ニッタン	ニッタン	パナソニック

【1】下の図は自動火災報知設備の系統図の一例である。次の各設問に答えなさい。

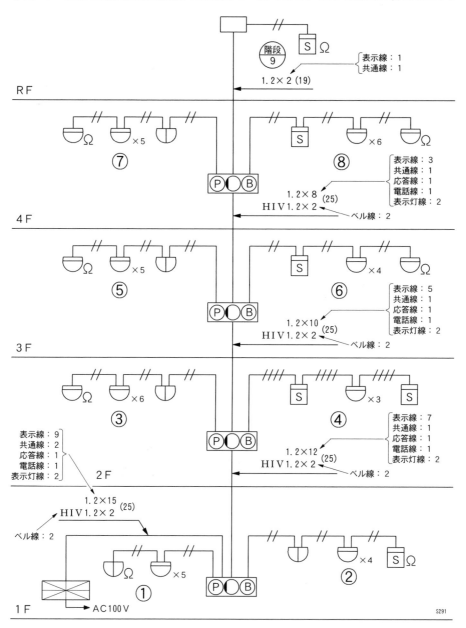

表示線：1
共通線：1

1.2×2 (19)

RF

⑦   ⑧

表示線：3
共通線：1
応答線：1
電話線：1
表示灯線：2

1.2×8 (25)
HIV1.2×2

ベル線：2

4F

⑤   ⑥

表示線：5
共通線：1
応答線：1
電話線：1
表示灯線：2

1.2×10 (25)
HIV1.2×2

ベル線：2

3F

③   ④

表示線：7
共通線：1
応答線：1
電話線：1
表示灯線：2

1.2×12 (25)
HIV1.2×2

ベル線：2

表示線：9
共通線：2
応答線：1
電話線：1
表示灯線：2

2F

1.2×15 (25)
HIV1.2×2

ベル線：2

①   ②

1F   → AC100V

S291

179

□ 1．図中 (P)( )(B) で示す機器の名称を答えなさい。

2．図中①〜⑧及び (階段/9) は何を示しているか答えなさい。

▶▶正解＆解説……………………………………………………………………

【1】正解

1．機器収容箱と箱内に取り付けてあるP型発信機・表示灯・地区音響装置

2．①〜⑧は警戒区域を表し、(階段/9) は警戒区域の番号が9番で、階段用であること。

　この問題は、乙種に出題されたものである。甲種の受験者にとっては、やさしい問題である。簡単に要点をまとめると、次のとおり。

◇図は自動火災報知設備の設備系統図と呼ばれているもので、一の防火対象物に対し、警戒区域ごとの機器の設置及び配線がわかるようにしたものである。

◇警戒区域は、①・②・③…で表し、下の階から上の階へ順番に番号を付けていく。

◇警戒区域の⑨は、階段用であることを表すために (階段/9) と表示する。

◇機器収容箱は [　　　　　] で表し、(P)はP型発信機、( )は表示灯、(B)は地区音響装置をそれぞれ表す。

第8章 実技 製図（甲種のみ）

第8章

第8章

1. 図記号

〔自動火災報知設備に関連する図記号〕

名　称	図記号	摘　要
差動式スポット型感知器		必要に応じ種別を傍記する
差動式スポット型感知器	W	防水型
定温式スポット型感知器		
定温式スポット型感知器	0	特種
定温式スポット型感知器	1	1種
定温式スポット型感知器		防水型
定温式スポット型感知器		耐酸型
定温式スポット型感知器		耐アルカリ型
定温式スポット型感知器	EX	防爆型
光電式スポット型感知器	S	
光電式分離型煙感知器　送光部	S→	光軸　------
光電式分離型煙感知器　受光部	→S	
炎感知器		
差動式分布型感知器 （空気管式）	———	貫通個所は —o—o— とする。
差動式分布型感知器 （熱電対式）	—■—	
差動式分布型感知器の検出部		
P型発信機	P	
回路試験器	⊙	導通試験装置
地区音響装置	B	

受信機		
副受信機		
中継器		
表示灯		
差動スポット試験器	T	
終端抵抗（付属記号）	Ω	例： (P) Ω　 ◯ Ω
機器収容箱	☐ または ▯	
警戒区域線	—　—　—	配線の図記号より太くする
警戒区域番号	(No)	※
配管配線　隠ぺい	——	
配管配線　露出	------	
配管配線　立上り		
配管配線　引下げ		
ジャンクションボックス	☐	
配管　2本	—//—	
配管　4本	—////—	

※警戒区域番号

◯ の中に警戒区域番号を記入する。例： (1) (2)
必要に応じ ⊖ とし、上部に警戒場所、下部に警戒区域番号を記入する。例： (階段/4)

〔用語〕傍記（ぼうき）：わきに書くこと。また、その書かれたもの。

　　　　貫通個所：自動火災報知設備の分野では「貫通個所」と表記されることが多い。

　　　　　　　　　個所は箇所（かしょ）とほぼ同じ意味である。

〔ガス漏れ火災報知設備に関連する図記号〕

名　称	図記号	摘　要
ガス漏れ検知器	G	
ガス漏れ検知器　壁掛形	G	
音声警報装置		
受信機		
中継器		
表示灯		
警戒区域線	— – —	配線の図記号より太くする
警戒区域番号	No	中に警戒区域番号を記入する

2. 感知器回路と配線

▶P型1級受信機

◎感知器回路は、いくつかのパターンに分類される。

◎P型1級受信機における感知器回路は、末端が終端器となる。

※以下、終端器は全て終端抵抗とする。

◎受信機から出ている表示線と共通線の2本配線は、機器収容箱の発信機⇒感知器⇒終端抵抗に接続してある。最も基本的な配線パターンである（パターン1）。

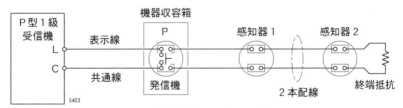

【P型1級　パターン1】

◎個々の自動火災報知設備で異なるのは、感知器1と感知器2の部分で、個数が異なってくる。

◎受信機から出ている表示線と共通線の2本配線が機器収容箱⇒感知器⇒機器収容箱の発信機⇒終端抵抗に接続してある。機器収容箱と末端の感知器間は4本配線となる（パターン2）。

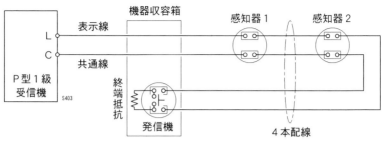

【P型1級　パターン2】

◎パターン2の配線では、パターン1より余分に電線が必要となる。ただし、設問で「終端抵抗は**機器収容箱に設置する**」という条件が設定される場合があり、理解しておく必要がある。

▶P型2級受信機

◎P型2級受信機における感知器回路は、末端がP型発信機または回路試験器（押しボタン）となる。

◎末端がP型発信機の回路（パターン1）では、受信機から出ている表示線と共通線の2本配線が、機器収容箱⇒感知器⇒機器収容箱の発信機に接続してある。機器収容箱と末端の感知器間は4本配線となる。

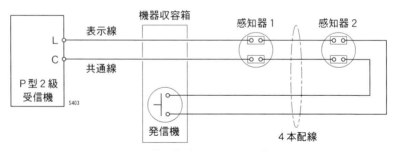

【P型2級　パターン1】

第8章

◎末端が回路試験器の回路（パターン２）では、受信機から出ている表示線と共通線の２本配線が、機器収容箱⇒感知器⇒回路試験器に接続してある。機器収容箱と感知器間は２本配線となる。

◎パターン２は、階段部分や屋根裏部分に使われることが多い。

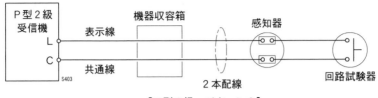

【Ｐ型２級　パターン２】

▶２本配線と４本配線

◎２本配線と４本配線は、感知器回路の末端と取り扱い方で異なってくる。しかし、任意で選択できる場合がある。

◎次の図は、事務室１・２・３の感知器回路の配線図である。

◎パターン１は、全て２本線で施工してある。パターン２は、事務室２〜３間を４本線で施工したものである。どちらを選択するかは、電線の長さや作業性を考慮して決定されている。

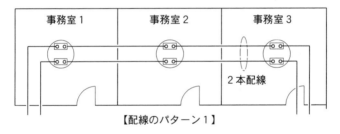

【配線のパターン１】

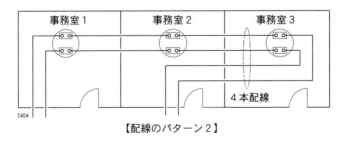

【配線のパターン２】

第８章

◎次の図は、配線のパターン1・2を設備図にまとめたものである。斜線の本数で
配線数を表すことができるため、簡素に描くことができる。

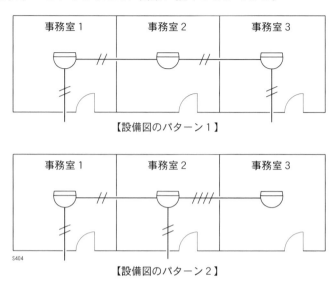

【設備図のパターン1】

【設備図のパターン2】

3. 設備図の例題（P型1級・地上階）

【1】次の図は、消防法施行令別表第1（15）項に該当する事務所ビルの2階平面
図である。条件に基づき、この建物に自動火災報知設備を設置する場合の設備
図を、凡例の記号を用いて完成させなさい。ただし、上下階への配線本数の記
入は不要とする。

＜条件＞
1．主要構造部は耐火構造であり、この階は無窓階には該当しない。
2．天井面の高さは、3.8mである。ただし、2箇所ではりが突き出ている。
3．押入れの側面及び天井は、いずれも木製とする。
4．感知器の設置は、法令上必要とされる最少の個数とする。
5．煙感知器は、法令上必要とされる場所以外には設置しない。
6．この階は、階段、EV（エレベーター）及びPS（パイプシャフト）を除き、
　1つの警戒区域とする。
7．階段、EV及びPSは、別の階で警戒している。
8．P型1級受信機は、1階に設置してある。
9．終端抵抗は、感知器の末端に設置する。

凡例

記号	名称	備考
▭	機器収容箱	
Ⓟ	P型発信機	1級
◖	表示灯	AC24V
Ⓑ	地区音響装置	DC24V
Ω	終端抵抗	
—・—	警戒区域線	

記号	名称	備考
⏆	差動式スポット型感知器	2種
⏄₀	定温式スポット型感知器	特種
⏇	定温式スポット型感知器	1種防水型
Ⓢ	光電式スポット型感知器	2種非蓄積型
∦	配線	2本
⫴	配線	4本

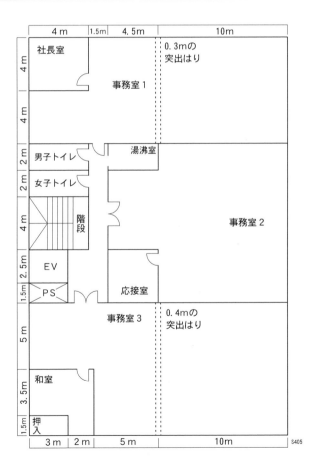

S405

189

▶設備図の作成手順

手順	作　業
1	警戒区域を設定する
2	機器収容箱の位置を決定する
3	感知器の設置を除外できる場所を確認する
4	はりの有無と長さを確認する
5	室ごとに感知器の種類と必要個数を決定する
6	終端抵抗に注意して配線する

▶手順1　警戒区域の設定

◎1つの警戒区域の面積は、600m²以下とし、その1辺の長さは50m以下としなければならない。設問の平面図は、この条件に適合している。従って、警戒区域は1つとなる。

　　▷計算：2階の面積　横：4m＋1.5m＋4.5m＋10m＝20m
　　　　　　　　　　縦：4m＋4m＋2m＋2m＋4m＋2.5m＋1.5m＋5m＋3.5m＋1.5m＝30m
　　　　　　　　　　面積：20m×30m＝600m²

◎なお、警戒区域の面積の算出に当たっては、別の警戒区域となる階段及びたて穴（EV・PS等）を除く。

　　　▷計算：階段及びたて穴の面積：4m×4m＋4m×3m＝28m²
　　　　　　　警戒区域の正確な面積：600m²－28m²＝572m²

◎階段、EV（エレベーター）、PS（パイプシャフト）を警戒区域線で明示する。これらは水平距離で50m以下となるため、別の同一警戒区域とすることができる。

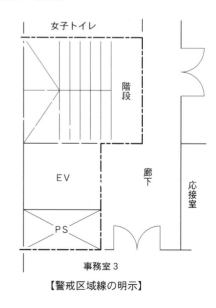

【警戒区域線の明示】

▶手順2　機器収容箱の位置

◎機器収容箱には、一般に発信機、表示灯、地区音響装置（ベル）を収納する。

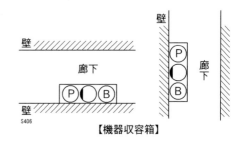

【機器収容箱】

◎P型発信機は、各階ごとにその階の部分から一の発信機までの**歩行距離が50m以下**となるように設ける。

◎また、地区音響装置は、各階ごとにその階の部分から一の地区音響装置までの**水平距離が25m以下**となるように設ける。

〔解説〕発信機は、人が移動してボタンを押すことから、歩行距離で基準が定められている。また、歩行途中にある机やテーブルを避ける必要があるため、歩行距離は最遠の長さで測定する。

〔解説〕地区音響装置から発する音は、廊下等による影響があるものの放射状に広がる特性があるため、水平距離で基準が定められている。

◎以上2つの基準を考慮して、機器収容箱は廊下に設置されることが多い。

◎例題のように階段付近の廊下に設置した場合、機器収容箱から最も遠い部分までの水平距離は、三平方の定理を利用すると、約21mとなる。一方、歩行距離は約15m＋約15m＝約30mとなる。

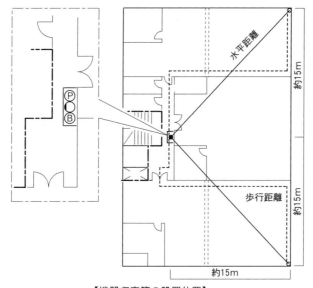

【機器収容箱の設置位置】

191

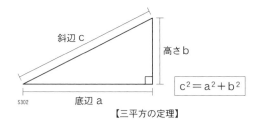

【三平方の定理】

▷計算：(水平距離)^2＝（15×15）＋（15×15）＝225×2＝450

水平距離≒21m

▶手順3　感知器の設置を除外できる場所

◇トイレ、浴室、洗面所、シャワー室
◇壁面及び天井面が不燃材料の押入れ

◎男子トイレ及び女子トイレは、感知器が不要
となる。

◎押入は、条件により木製であり、不燃材料に
該当しないため、感知器が必要となる。

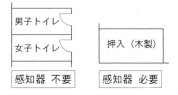

▶手順4　はりの有無と長さ

◎感知区域は、0.4m以上突出したはり等によって区画された部分である。例題で
は、事務室1が一の感知区域となり、事務室3がはりによって2の感知区域とな
る。

◎なお、「0.4m以上」の基準は熱スポット型感知器のものであり、煙スポット型感
知器及び差動式分布型感知器は「0.6m以上」が基準となる。

▶手順5　室ごとの感知器の種類と個数

〔差動式スポット型感知器（2種）〕

◎一般的な室は差動式スポット型感知器（2種）を設置する。

◎他の感知器でも設置可能なケースがあるが、試験対策としてはできるだけ暗記事
項を減らすため、一般的な室＝差動式スポット型（2種）と覚えておく。

◎機械室・変電室・電気室については、一般的な室と同様の環境下にあるものと判
断し差動式スポット型感知器（2種）を設置する。また、機械室・変電室につい
ては、点検が容易に行えないことが多く、この場合は差動スポット試験器を併用
する。

◎例題では、一般的な室として「事務室1・2・3」「社長室」「応接室」「和室」
が該当する。

◎差動式スポット型感知器（2種）の感知面積は、次のように定められている。

耐火構造　取り付け面の高さ　◇4m 未満　70m^2	
◇4m 以上8m 未満　35m^2	

◎例題では条件で天井面の高さが「3.8m」と指定されているため、［4m未満］の基準が適用され、感知面積は70m^{2}となる。

◎差動式スポット型感知器（2種）の必要個数は次のとおりとなる。

◇社長室　　　　4m×4m＝16m^2 …1個
◇事務室1　　　（8m×20m）－（4m×4m）＝144m^2 …3個
◇事務室2　　　（14.5m×12m）－（2m×4.5m＋4m×4.5m）＝147m^2 …3個
◇応接室　　　　4m×4.5m＝18m^2 …1個
◇事務室3右　　10m×10m＝100m^2 …2個
◇事務室3左　　（10m×10m）－（5m×5m）＝75m^2 …2個
◇和室　　　　　（5m×5m）－（1.5m×3m）＝20.5m^2 …1個

〔光電式スポット型感知器（2種）〕

◎廊下には、光電式スポット型感知器を設置する。ただし、階段に至るまでの歩行距離が10m以下の場合は、廊下に光電式スポット型感知器を設けないことができる。例題はこれに該当する。

◎階段、EV及びPSは、別の階で警戒しているため、光電式スポット型感知器及び配線を記入する必要はない。

◎警戒区域が地階及び無窓階である場合、一般的な室には光電式スポット型感知器を設置する。この場合、感知面積は天井面の高さが4m未満で150m^2、4m以上15m未満で75m^{2}となる。

◎ロビーやホールなど、風の影響を受けやすい場所には、光電式スポット型感知器を設置する。

◎通信機室や電算機室など、燻焼火災となるおそれのある場所には、光電式スポット型感知器を設置する。

〔用語〕燻焼：炎が生じない煙の多い燃焼を指す。煙草や線香の燃焼が該当する。

〔定温式スポット型感知器〕

◎湯沸室、脱衣室など、水蒸気が多量に滞留する場所には、定温式スポット型感知器（防水型）を設置する。

◎不燃材料以外の押入れには、定温式スポット型感知器（特種）を設置する。押入は、「じんあい、微粉等が多量に滞留する場所」に該当する。

◎厨房室や調理室など、煙が滞留する場所で、高温になるおそれのある場所には、定温式スポット型感知器（防水型）を設置する。

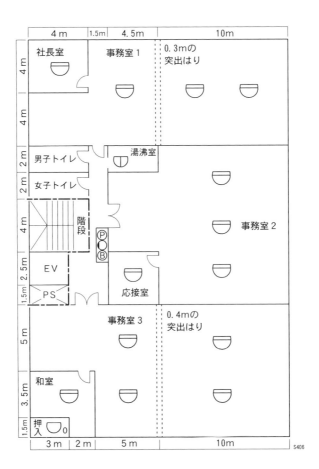

◎**バッテリー室**など、腐食性ガスが発生するおそれのある場所には、定温式スポット型感知器（耐酸型）を設置する。

◎**オイルタンク室**など、可燃性ガスが発生するおそれのある場所には、定温式スポット型感知器（防爆型）を設置する。

◎**ボイラー室**など、著しく高温となる場所には、定温式スポット型感知器（1種）を設置する。

◎**ポンプ室、水そう室**など、結露が発生する場所には、定温式スポット型感知器（防水型）または差動式スポット型感知器（防水型）を設置する。

▶手順6　終端抵抗に注意して配線

◎配線について指定がない場合は、一般に2本配線を主体にして、4本配線を適宜
　組み合わせて行う。

◎終端抵抗を機器収容箱内に設置する場合は、機器収容箱の図記号の近くに「Ω」
　を記載する。この場合、2本配線は機器収容箱から出て、各感知器を経由した後、
　機器収容箱に戻る。また、4本配線の場合は、同じ経路で機器収容箱に戻ること
　になる。

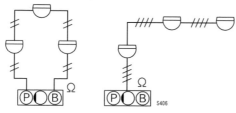

【終端抵抗を機器収容箱内に設置する場合】

[正解例]

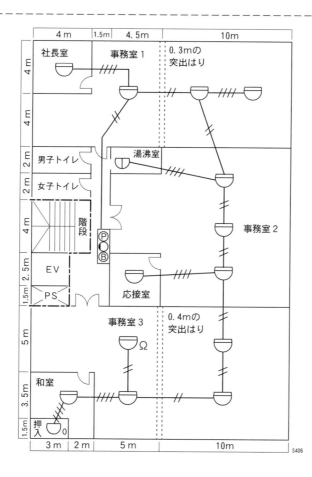

■感知器の適応場所

防火対象物 (令別表第1)		(1)～(4)、(5)イ、(6)、(9)イ、(15)、(16)イ、(16の2)、(16の3)		学校(7) 図書館・美術館(8) 駐車場(13)、倉庫(14)	
設置階		有窓階	地階・無窓階・11階以上	有窓階	地階・無窓階・11階以上
一般的な室	事務室・資料室・倉庫・和室	(2種)	S (2種)	(2種)	(2種)
	機械室・変電室・電気室・食堂	(2種)	S (2種)	(2種)	(2種)
じんあい・微粉が滞留	ごみ収集所・石材加工・押入	(特種)	(特種)	(特種)	(特種)
多量の水蒸気	湯沸室・脱衣室・洗浄室	(防水型)	(防水型)	(防水型)	(防水型)
腐食性ガスの発生	バッテリー室・蓄電池室	(耐酸型)	(耐酸型)	(耐酸型)	(耐酸型)
煙が滞留	厨房室・調理室・台所	(防水型)	(防水型)	(防水型)	(防水型)
著しく高温	ボイラー室・乾燥室	(1種)	(1種)	(1種)	(1種)
多量の排ガス	駐車所・車庫・自家発電室	(2種)	(2種)	(2種)	(2種)
結露が発生※	鉄板でふいた屋根の倉庫・工場	定温式スポット型（防水型）や差動式スポット型（防水型）など			
火炎が露出	溶接工場・ガラス工場	(1種)	(1種)	(1種)	(1種)
廊下等	廊下・通路・ホール	S (2種)	S (2種)	設置不要	S (2種)
たて穴等	階段・エレベーター	S (2種)	S (2種)	S (2種)	S (2種)

特殊な場所	オイルタンク室	⌒EX（防爆型）	⌒EX（防爆型）	⌒EX（防爆型）	⌒EX（防爆型）
	電算機室・通信機室・電話機械室	S（2種）	S（2種）	S（2種）	S（2種）

※結露が発生する場所として、他にポンプ室及び水そう室がある。これらの室に適合する感知器として、2種類のものが挙げられている。しかし、実際の問題では凡例として定温式スポット型（防水型）の方が示されているため、［ポンプ室・水そう室＝定温式スポット型（防水型）］と覚えるようにする（編集部）。

注意：1種及び2種は、広く使われているものを示す。

◆設置場所と感知面積のまとめ（暗記が必要な最低限の内容）

〔差動式スポット型感知器（2種）〕

⌒	◎事務室・資料室・倉庫・和室 ◎機械室・変電室・電気室・食堂	◎高さ4m未満　　　　…70m² ◎高さ4m以上8m未満…35m²

〔光電式スポット型感知器（2種）〕

S	◎地階・無窓階 ◎階段・廊下・ホール ◎通信機室・電算機室	◎廊下通路：歩行距離30mごとに1個 ◎高さ4m未満　　　　…150m² ◎高さ4m以上15m未満…75m²

〔定温式スポット型感知器〕

1種防水型	⊔	◎湯沸室・脱衣室・厨房 ◎ポンプ室	
1種	⌒	◎ボイラー室	◎高さ4m未満　　　　…60m² ◎高さ4m以上8m未満…30m²
1種耐酸型	⊎	◎バッテリー室	
1種防爆型	⌒EX	◎オイルタンク室	
特種	⌒₀	◎押入れ	◎高さ4m未満　　　　…70m² ◎高さ4m以上8m未満…35m²

> ▶編集部より
> 　設備図についての問題では、暗記しなければならない内容が多い。このため、問題を1回解いた程度では、なかなか暗記することができない。
> 　上の表の「設置場所と感知面積のまとめ」は、設備図の問題を解く上で最低限必要な暗記事項をまとめたものである。
> 　あらかじめ、まとめの内容をある程度暗記した上で問題を解いていくと、理解が早い。

【1】 次の図は、消防法施行令別表第1（15）項に該当する事務所ビルの３階平面図である。下の条件に基づき、次の各設問に答えなさい。なお、受信機はＰ型１級とする。

<条件>
1. 主要構造部は耐火構造であり、無窓階には該当しない。
2. 天井面の高さは、3.3mである。ただし、事務室Ａではりが突き出ている。
3. 階段、EV及びPSは、別の階で警戒している。
4. 感知器の設置は、法令上必要とされる最少の個数とする。
5. 煙感知器は、法令上必要とされる場所以外には設置しない。

□　1. 警戒区域⑩部分を、凡例の記号を用いて完成させなさい。ただし、感知器の配線は、電線数が４本のものを用いることとし、終端抵抗は機器収容箱に設置すること。

　　2. 警戒区域⑪部分を、凡例の記号を用いて完成させなさい。ただし、感知器の配線は、電線数が２本（２心）のものを用いることとし、終端抵抗は感知器に設置すること。

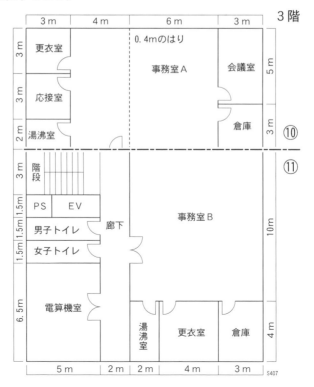

３階

凡例

記号	名称	備考	記号	名称	備考
▭	機器収容箱		⌓	差動式スポット型感知器	2種
Ⓟ	P型発信機	1級	⌴	定温式スポット型感知器	1種
◖	表示灯		⊍	定温式スポット型感知器	1種防水型
Ⓑ	地区音響装置		Ⓢ	光電式スポット型感知器	2種非蓄積型
Ω	終端抵抗		─//─	配線	2本
─ ─・─	警戒区域線		─///─	配線	4本

▶▶正解＆解説…………………………………………………………………………

▶手順1　警戒区域の設定

◇警戒区域⑩の面積は、128m² であり、1辺の長さは 16m である。

◇また、警戒区域⑪の面積は224m²－「階段及びたて穴」であり、1辺の長さは16m である。

◇警戒区域⑩及び⑪は、いずれも面積600m²以下、1辺の長さ50m以下の基準に適合している。

◇階段、EV（エレベーター）、PS（パイプシャフト）を警戒区域線で明示する。

▶手順2　機器収容箱の位置

◇機器収容箱を図面のほぼ中央の廊下に設置する。

◇発信機は「歩行距離で 50m 以下」、地区音響装置は「水平距離で 25m 以下」の基準が適用される。この2つの基準に適合していれば、たとえ警戒区域が複数であっても、機器収容箱は1つ設置すればよい。

▶手順3　感知器の設置を除外できる場所

◇男子トイレ及び女子トイレは、感知器が不要となる。

▶手順4　はりの有無と長さ

◇事務室Aにはりが設置されている。

◇事務室Aに設置する感知器は、差動式スポット型であり、この場合、0.4m 以上突出したはりで感知区域を分ける。

▶手順5　室ごとの感知器の種類と個数

〔警戒区域⑩〕

◇天井面の高さが 3.3m であるため、感知面積は［高さ4m 未満］の基準が適用。

◇湯沸室：定温式スポット型（1種防水型）、面積6m² で基準が 60m² のため1個

◇応接室：差動式スポット型（2種）、面積9m² で基準が 70m² のため1個

◇更衣室：差動式スポット型（2種）、面積9m² で基準が 70m² のため1個

◇事務室A左：差動式スポット型（2種）、面積 32m² で基準が 70m² のため 1 個

◇事務室A右：差動式スポット型（2種）、面積 48m² で基準が 70m² のため 1 個

◇会議室：差動式スポット型（2種）、面積 15m² で基準が 70m² のため 1 個

◇倉　庫：差動式スポット型（2種）、面積 9m² で基準が 70m² のため 1 個

〔警戒区域⑪〕

◇事務室B：差動式スポット型（2種）、面積 90m² で基準が 70m² のため 2 個

◇倉　庫：差動式スポット型（2種）、面積 12m² で基準が 70m² のため 1 個

◇更衣室：差動式スポット型（2種）、面積 16m² で基準が 70m² のため 1 個

◇湯沸室：定温式スポット型（1種防水型）、面積 8m² で基準が 60m² のため 1 個

◇電算機室：光電式スポット型（2種）、面積 32.5m² で基準が 150m² のため 1 個

◇廊　下：光電式スポット型（2種）、階段までの距離が 11m で基準の 10m を超えているため、感知器が必要となる。

▷計算：6.5m＋（1.5m×3）＝11m

▶手順6　終端抵抗に注意して配線

◇警戒区域⑩では、4 本線を使用して機器収容箱に終端抵抗を設置する。

◇いくつかのパターンが考えられるが、正解例では、感知器を直列的にたどる経路である。（次ページに続く）

_____

[設問1＆2　正解例]

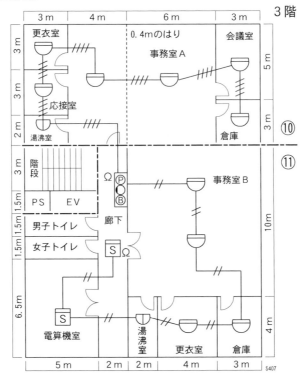

S407

200

◇警戒区域⑪では、2本線を使用して末端の感知器に終端抵抗を設置する。2本線を使用する場合、分岐して配線することはできない。分岐すると、その部分が4本線となってしまう。

◇正解例では、廊下の光電式スポット型感知器に終端抵抗を設置している。

5. 設備図の過去問題［2］（P型1級・地階）

【1】次の図は、消防法施行令別表第1（15）項に該当する地下1階、地上4階建て事務所ビルの地下1階平面図である。条件に基づき、この建物に自動火災報知設備を設置する場合の設備図を、凡例の記号を用いて完成させなさい。ただし、上階への配線本数の記入は不要とする。

<条件>
1. 主要構造部は耐火構造であり、この階は無窓階には該当しない。
2. 天井面の高さは、4.5mである。ただし、変電室でははりが突き出ている。
3. 押入れの側面及び天井は、いずれも木製とする。
4. 感知器の設置は、法令上必要とされる最少の個数とする。
5. 階段は別の階で警戒している。
6. P型1級受信機は、1階に設置してある。
7. 終端抵抗は、感知器の末端に設置する。

凡例

記号	名　称	備　考
▭	機器収容箱	
Ⓟ	P型発信機	1級
◗	表示灯	
Ⓑ	地区音響装置	
Ω	終端抵抗	
─//─	配線	2本
─///─	配線	4本
─ ─ ─	警戒区域線	

記号	名　称	備　考
⌣	差動式スポット型感知器	2種
⌣	定温式スポット型感知器	1種
⌣	定温式スポット型感知器	1種防水型
⌣	定温式スポット型感知器	1種耐酸型
⌣EX	定温式スポット型感知器	1種防爆型
⌣o	定温式スポット型感知器	特種
Ⓢ	光電式スポット型感知器	2種非蓄積型

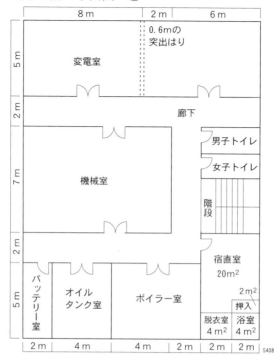

地下１階　平面図　①

8 m　　2 m　　6 m

0.6mの
突出はり

5 m　　変電室

2 m　　廊下

男子トイレ

女子トイレ

7 m　　機械室

階
段

2 m

宿直室
20m²

5 m　　バッテリー室　オイルタンク室　ボイラー室

2 m²
押入

脱衣室
4 m²

浴室
4 m²

2 m　　4 m　　4 m　　2 m　　2 m　　2 m　　S408

▶▶正解＆解説··

▶手順１　警戒区域の設定

◇警戒区域①の面積は、336m²－［階段部分］であり、１辺の長さは21mである。面積600m²以下、１辺の長さ50m以下の基準に適合している。

◇階段を警戒区域線で明示する。

▶手順２　機器収容箱の位置

◇機器収容箱を図面のほぼ中央の廊下に設置する。

◇発信機は「歩行距離で50m以下」、地区音響装置は「水平距離で25m以下」の基準が適用される。

▶手順３　感知器の設置を除外できる場所

◇男子トイレ、女子トイレ及び浴室は、感知器が不要となる。

◇押入は木製のため、感知器が必要となる。

▶手順４　はりの有無と長さ

◇変電室にはりが設置されている。

◇変電室に設置する感知器は、地階であるため光電式スポット型となる。この場合、0.6m以上突出したはりで感知区域を分ける。

202

▶手順5　室ごとの感知器の種類と個数

◇天井面の高さが4.5mであるため、感知面積は［高さ4m以上8m未満（光電式スポット型は15m未満）］の基準が適用。

◇変電室・機械室・宿直室は、地階のため差動式スポット型ではなく光電式スポット型を設置する。

◇変電室左：光電式スポット型（2種）、面積40m²で基準が75m²のため1個

◇変電室右：光電式スポット型（2種）、面積40m²で基準が75m²のため1個

◇機械室：光電式スポット型（2種）、面積70m²で基準が75m²のため1個

◇宿直室：光電式スポット型（2種）、面積20m²で基準が75m²のため1個

◇廊下：光電式スポット型（2種）、歩行距離は最も長い経路で計測する。11m＋9m＋11m＝31mとなり、基準の30mを超えているため2個

◇脱衣室：定温式スポット型（1種防水型）、面積4m²で基準が30m²のため1個

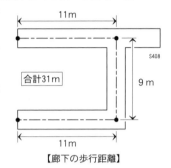

【廊下の歩行距離】

◇押入：定温式スポット型（特種）、面積2m²で基準が35m²のため1個

◇ボイラー室：定温式スポット型（1種）、面積30m²で基準が30m²のため1個

◇オイルタンク室：定温式スポット型（1種防爆型）、面積20m²で基準が30m²のため1個

◇バッテリー室：定温式スポット型（1種耐酸型）、面積10m²で基準が30m²のため1個

▶手順6　終端抵抗に注意して配線

◇配線について指定がない場合は、一般に2本配線を主体にして、4本配線を適宜組合せて行う。

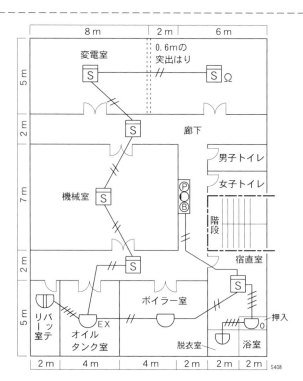

8 m 2 m 6 m

0.6mの
突出はり

変電室

S Ω

5 m

2 m

廊下

男子トイレ

女子トイレ

7 m

機械室

P
O
B

階
段

宿直室

2 m

S

5 m

リバッテ室

EX
オイル
タンク室

ボイラー室

押入

脱衣室

浴室

2 m 4 m 4 m 2 m 2 m 2 m

S408

【1】 次の図は、政令別表第1 （15）項に該当する地上5階建ての事務所ビル3階の設備図である。下の条件に基づき、次の各設問に答えなさい。

```
＜条件＞
1．主要構造部は耐火構造である。
2．3階は無窓階ではない。
3．天井の高さは、事務室の部分は4.2m、その他の部分は3.6mである。いずれの
   部分も天井面から突き出したはり等はない。
4．事務室には、煙感知器を設置する。
5．各機器は、法令上必要とされる最少の個数を設置する。
6．エレベーターシャフト及び階段は、別の階に設置した機器により警戒する。
7．終端抵抗などの各機器の位置は移動させない。
8．P型1級受信機を1階に設置する。
```

凡例

記号	名　称	摘要
 ⌒	差動式スポット型感知器	2種
 ⌒₀	定温式スポット型感知器	特種
 ⌒	定温式スポット型感知器	1種防水型
S	光電式スポット型感知器	2種非蓄積型
P	P型発信機	
◗	表示灯	
 B	地区音響装置	

記号	名　称	摘要
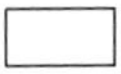 ▭	機器収容箱	
Ω	終端抵抗	
 ─╫─	配線	2本
 ─╫╫─	配線	4本
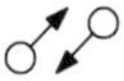 ⤤	配管配線立上り引下げ	
─ ─ ─	警戒区域線	
No	警戒区域番号	⑫〜⑮

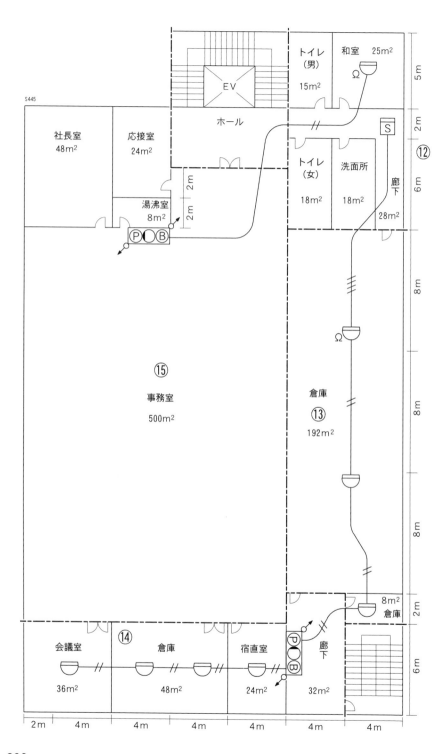

S445

社長室
48m²

応接室
24m²

ホール

EV

トイレ
（男）
15m²

和室　25m²
Ω

S

湯沸室
8m²
2m
2m

P B

トイレ
（女）
18m²

洗面所
18m²

廊下
28m²

⑮

事務室

500m²

Ω

倉庫
⑬
192m²

⑫

5m

2m

6m

8m

8m

8m

2m

8m²
倉庫

会議室

⑭

倉庫

宿直室

廊下

P B

36m²

48m²

24m²

32m²

6m

2m　4m　　4m　　4m　　4m　　4m　　4m

☐ 1．警戒区域⑫～⑭部分には誤りがある。機器又は配線の設置が不要な箇所には×印を付し、必要な箇所には凡例の記号を用いて記入しなさい。

2．警戒区域⑮部分を、凡例の記号を用いて完成させなさい。ただし、感知器の配線は、電線数が2本（2心）のものを用いることとし、終端抵抗は感知器に設置すること。

▶▶**正解＆解説**··

◇設問の「政令」は、「施行令」と同じである。過去問では、「政令」と「施行令」の2つが使われている（編集部）。

▶**手順1　警戒区域の設定**

◇警戒区域⑫の面積は8m×13m＝104m²で、1辺の長さは13mである。面積600m²以下、1辺の長さ50m以下の基準に適合している。

◇警戒区域⑬の面積は8m×24m＋8m²＝200m²で、1辺の長さは26mである。面積600m²以下、1辺の長さ50m以下の基準に適合している。

◇警戒区域⑭の面積は6m×18m＋32m²＝140m²で、1辺の長さは22mである。面積600m²以下、1辺の長さ50m以下の基準に適合している。

◇警戒区域⑮の面積は500m²＋48m²＋24m²＋8m²＝580m²で、1辺の長さは2m＋4×8m＝34mである。面積600m²以下、1辺の長さ50m以下の基準に適合している。

◇ホールについては、階段を使用する際に通過するため、階段の一部と見なす。

▶**手順2　機器収容箱の位置**

◇設問で示されている機器収容箱の位置では、発信機は歩行距離50m以下の基準に適合している。

◇また、地区音響装置は、各階ごとに、その階の各部分から一の地区音響装置までの水平距離が25m以下となるように設けることになっている。

◇設問の事務所ビル3階は、2箇所に機器収容箱が設置され、それぞれ地区音響装置が収容されている。水平距離25m以下の基準に適合している。

▶**手順3　感知器の設置を除外できる場所**

◇トイレ（男）、トイレ（女）及び洗面所は、感知器が不要となる。

◇ホールは階段の一部とみなし別の階で警戒するため、感知器が不要となる。

▶**手順4　はりの有無と長さ**

◇はりは設置されていない。

▶手順5　室ごとの感知器の種類と個数

◇警戒区域⑫⑬⑭では、天井の高さが3.6mであるため、感知面積は［高さ4m未満］の基準が適用。

◇警戒区域⑫の和室：差動式スポット型（2種）、面積25m²で基準が70m²のため1個

◇警戒区域⑫の廊下：光電式スポット型（2種）、階段までの距離が10mを超えているため、感知器が必要となる。

◇警戒区域⑬の倉庫（大）：差動式スポット型（2種）、面積192m²で基準が70m²のため3個

◇警戒区域⑬の倉庫（小）：差動式スポット型（2種）、面積8m²で基準が70m²のため1個

◇警戒区域⑭の廊下：光電式スポット型（2種）、階段までの距離が10m以下であるため、感知器は不要となる。

◇警戒区域⑭の宿直室：差動式スポット型（2種）、面積24m²で基準が70m²のため1個

◇警戒区域⑭の倉庫：差動式スポット型（2種）、面積48m²で基準が70m²のため1個

◇警戒区域⑭の会議室：差動式スポット型（2種）、面積36m²で基準が70m²のため1個

◇警戒区域⑮の事務室では、天井の高さが4.2mであるため、感知面積は［高さ4m以上8m未満（光電式スポット型は15m未満）］の基準が適用。

◇警戒区域⑮の事務室：条件により、煙感知器である光電式スポット型（2種）を設置。面積500m²で基準が75m²のため7個

◇警戒区域⑮の湯沸室・応接室・社長室は、天井の高さが3.6mであるため、感知面積は［高さ4m未満］の基準が適用。

◇警戒区域⑮の湯沸室：定温式スポット型（1種防水型）、面積8m²で基準が60m²のため1個

◇警戒区域⑮の応接室：差動式スポット型（2種）、面積24m²で基準が70m²のため1個

◇警戒区域⑮の社長室：差動式スポット型（2種）、面積48m²で基準が70m²のため1個

▶手順6　終端抵抗に注意して配線

◇警戒区域⑮は、設問の指定により2本線を使用し、最後の感知器に終端抵抗を設置する。

◇警戒区域⑮の正解例では、機器収容箱から湯沸室に向けて配線しているが、逆ルートも配線可能である。

[設問1＆2　正解例]

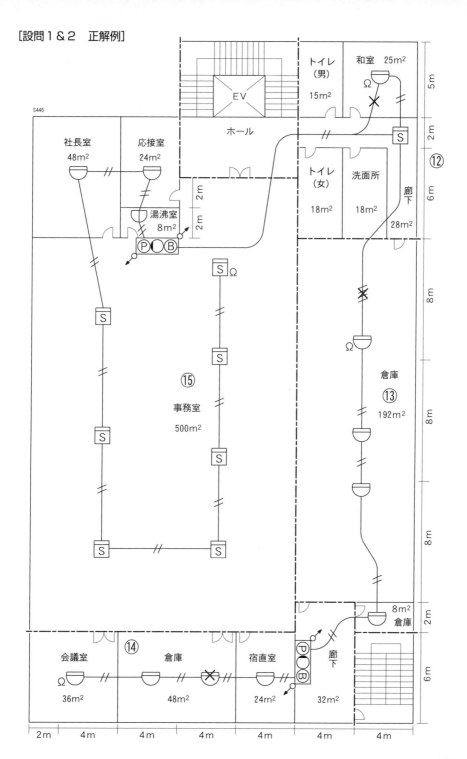

209

[設問1　正解]

◇不要な箇所

　　1．警戒区域⑬の差動式スポット型感知器（終端抵抗付き）と警戒区域⑫の光電式ス
　　　　ポット型感知器間の４本配線。

　　2．警戒区域⑫の差動式スポット型感知器につながる２本配線。

　　3．警戒区域⑭の倉庫内の差動式スポット型感知器１個。

◇必要な箇所

　　1．警戒区域⑫の光電式スポット型感知器間につながる２本配線。

　　2．警戒区域⑫の光電式スポット型感知器と差動式スポット型感知器間の２本配線。

　　3．警戒区域⑬の倉庫内に差動式スポット型感知器を１個追加。

　　4．警戒区域⑭の会議室に設置されている差動式スポット型感知器に終端抵抗を付け
　　　　る。

【1】図は、政令別表第1（15）項に該当する事務所ビルの1階平面図である。条件に基づき、凡例の記号を用いて自動火災報知設備の設備図を完成させなさい。

<条件>

1．主要構造部は耐火構造であり、この階は無窓階に該当しない。

2．天井面の高さは、展示室が4.5mで、それ以外の部分は3.8mである。また、はり等の突き出しはない。

3．感知器の設置は、法令上必要とされる最少の個数とする。

4．煙感知器は、法令上必要とされる場所以外には設置しない。

5．階段、エレベーター及びパイプシャフトは別の警戒区域とし、解答の必要はない。

6．発信機等必要機器及び終端抵抗は、図中に記載された機器収容箱に設置する。

7．受信機と機器収容箱の間の配線は、記入する必要がない。

凡例

記号	名　称	備考	記号	名　称	備考
⏝	差動式スポット型感知器	2種	Ⓑ	地区音響装置	
⏝₀	定温式スポット型感知器	特種	▭	機器収容箱	
⏝	定温式スポット型感知器	1種防水型	Ω	終端抵抗	
⏝	定温式スポット型感知器	1種耐酸型	⫽	配線	2本
S	光電式スポット型感知器	2種	⫰⫰⫰	配線	4本
Ⓟ	P型発信機	1級	⌀↗⌀	配管配線立上り引下げ	
◖	表示灯		— - —	警戒区域線	

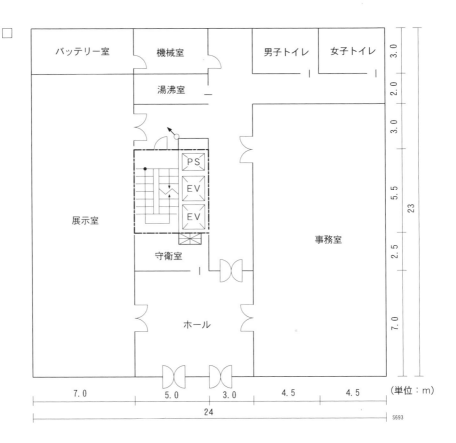

バッテリー室　機械室　男子トイレ　女子トイレ

3.0

2.0

湯沸室

3.0

PS

EV

5.5

展示室

EV

事務室

守衛室

2.5

23

ホール

7.0

7.0　　5.0　　3.0　　4.5　　4.5　　（単位：m）

24

S693

▶▶正解＆解説……………………………………………………………………………

▶手順1　警戒区域の設定

　　◇警戒区域の面積は、552m²－［階段・EV等］であり、1辺の長さは24mである。
　　面積600m²以下、1辺の長さ50m以下の基準に適合している。

　　　▷計算：面積　24m×23m＝552m²

▶手順2　機器収容箱の位置

　　◇設問で示されている機器収容箱は、PSに接して設置されている。

　　◇歩行距離50m以下の基準及び水平距離25m以下の基準にいずれも適合しているもの
　　とする。

▶手順3　感知器の設置を除外できる場所

　　◇男子トイレ及び女子トイレは、感知器が不要となる。

　　◇階段・EV・PSは別の警戒区域であり、設問の条件により解答は必要ない。

▶手順4　はりの有無と長さ

　　◇条件により、はり等の突き出しはない。

▶手順5　室ごとの感知器の種類と個数

◇天井面の高さは、展示室が4.5mで、展示室以外が3.8mとなっている。感知面積は
　　[高さ4m以上8m未満] と [高さ4m未満] の基準が適用。

◇湯沸室：定温式スポット型（1種防水型）、面積10m²で基準が60m²のため1個

◇機械室：差動式スポット型（2種）、面積15m²で基準が70m²のため1個

◇バッテリー室：定温式スポット型（1種耐酸型）、面積21m²で基準が60m²のた
　　め1個

◇展示室：差動式スポット型（2種）、面積140m²で基準が35m²のため4個

◇ホール：光電式スポット型（2種）、面積56m²で基準が150m²のため1個

◇守衛室：差動式スポット型（2種）、面積
　　12.5m²で基準が70m²のため1個

◇事務室：差動式スポット型（2種）、面積
　　162m²で基準が70m²のため3個

◇廊下：光電式スポット型（2種）、歩行距
　　離は中心線にそって最も長い経路で計測
　　する。22.5mで30m以下のため1個
　　▷計算：2.5m＋5.5m＋3.0m＋1.0m＋
　　　　　1.5m＋4.5m＋4.5m＝22.5m

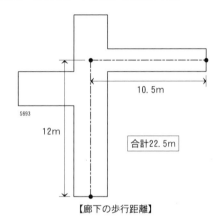

【廊下の歩行距離】

▶手順6　終端器に注意して配線

◇設問の条件により、機器収容箱に終端抵抗を設置する。また、機器収容箱に発信機、
　　表示灯、地区音響装置を設置する。

◇2本線を次の順に配線する。機器収容箱⇒湯沸室⇒機械室⇒バッテリー室⇒展示室⇒
　　ホール⇒守衛室⇒ホール⇒事務室⇒廊下⇒機器収容箱。

◇[ホール⇒守衛室⇒ホール] は、4本線となる。

[設備図の正解例]

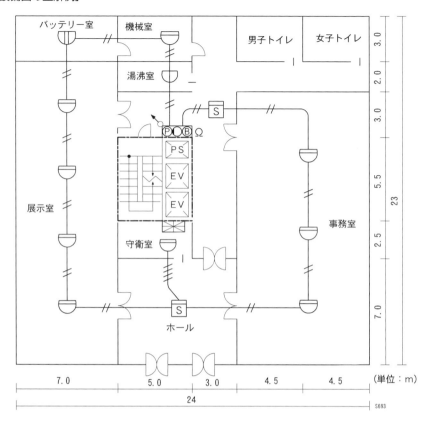

（単位：m）

214

【1】 次の図は、自動火災報知設備が設置された、政令別表第1 （15）項に該当す
る事務所ビルの2階設備図を示したものである。下の条件に基づき、感知器の
設置（配線本数を含む）について、図中の不適切な箇所に×印をつけなさい。
また、それらのうち、感知器の種別が不適切であるものについては、×印付近
に適切な感知器を凡例の記号を用いて記入しなさい。

<条件>
1. 主要構造部は、耐火構造であり、2階は無窓階に該当する。
2. 天井面の高さは、3.6m である。
3. 事務室2のはりは、天井下に 60cm 突き出している。
4. P型1級受信機は、1階に設置してある。
5. 2階は、階段を除き1つの警戒区域とする。
6. 階段は、別の階で警戒している。
7. 感知器等は、法令上必要とされる最少の個数を設置する。
8. 終端器は、移設をしない。

凡例

記号	名　　称	備考
⏝	差動式スポット型感知器	2種
⏝₀	定温式スポット型感知器	特種
⏝	定温式スポット型感知器	1種防水型
S	光電式スポット型感知器	2種
P	P型発信機	1級
◖	表示灯	
B	地区音響装置	

記号	名　　称	備考
▭	機器収容箱	
Ω	終端器	
─//─	配線	2本
─///─	配線	4本
⤪⤨	配管配線立上り引下げ	
─ ─ ─	警戒区域線	
No	警戒区域番号	

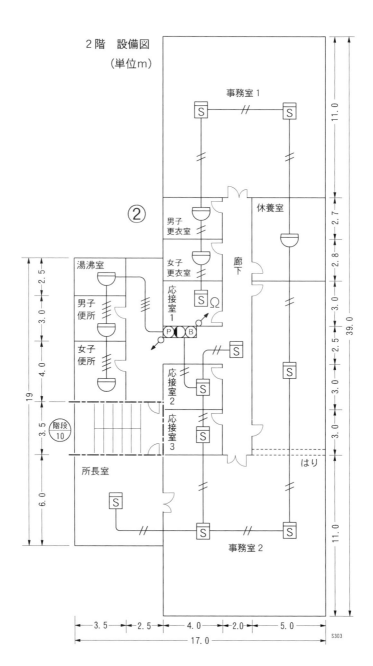

2階　設備図
（単位m）

事務室1

休養室

② 男子
更衣室

女子
更衣室

廊下

湯沸室

男子
便所

応
接
室
1

女子
便所

応
接
室
2

階段
10

応
接
室
3

はり

所長室

事務室2

11.0

2.7
2.8

39.0

3.0

2.5

3.0

3.0

11.0

2.5

3.0

4.0

19

3.5

6.0

3.5　2.5　4.0　2.0　5.0

17.0

S303

▶▶正解＆解説……………………………………………………………………………

▶手順1　警戒区域の設定

　　◇警戒区域②の面積は、543m²−［階段］であり、1辺の長さは39mである。面積
　　600m²以下、1辺の長さ50m以下の基準に適合している。

▷計算：左面積：19m×6m＝114m²
　　　　　　右面積：11m×39m＝429m²　合計543m²

▶ 手順2　機器収容箱の位置

◇設問で示されている機器収容箱は、2階設備図のほぼ中央に設置されている。

◇歩行距離50m以下の基準及び水平距離25m以下の基準にいずれも適合しているものとする。

　　（水平距離²＝19.5×19.5＋11×11　⇒　水平距離≒22.4m）

▶ 手順3　感知器の設置を除外できる場所

◇女子便所及び男子便所は、感知器が不要となる。

◇階段は別の階で警戒しているため、この階では感知器が不要となる。

▶ 手順4　はりの有無と長さ

◇事務室2にはりが設置されている。

◇事務室2に設置する感知器は、光電式スポット型であり、この場合、0.6m以上突出しているはりで感知区域を分ける。

▶ 手順5　室ごとの感知器の種類と個数

◇無窓階のため一般的な室には差動式スポット型ではなく、光電式スポット型を設置する。

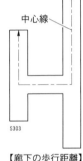

【廊下の歩行距離】

◇天井面の高さは3.6mであるため、感知面積は［高さ4m未満］の基準が適用。

◇湯沸室：定温式スポット型（1種防水型）、面積8.75m²で基準が60m²のため1個

◇廊下：光電式スポット型（2種）、歩行距離は中心線にそって最も長い経路で計測する。21.75mで30m以下のため1個

　　▷計算：2.7m＋2.8m＋3.0m＋1.25m＋1.0m＋4.0m＋1.25m＋
　　　　　　1.25m＋3.0m＋1.5m＝21.75m

◇応接室2：光電式スポット型（2種）、面積12m²で基準が150m²のため1個

◇応接室3：光電式スポット型（2種）、面積12m²で基準が150m²のため1個

◇事務室2（下）：光電式スポット型（2種）、面積121m²で基準が150m²のため1個

◇所長室：光電式スポット型（2種）、面積36m²で基準が150m²のため1個

◇事務室2（上）：光電式スポット型（2種）、面積57.5m²で基準が150m²のため1個

◇休養室：光電式スポット型（2種）、面積27.5m²で基準が150m²のため1個

◇事務室1：光電式スポット型（2種）、面積121m²で基準が150m²のため1個

◇男子更衣室：光電式スポット型（2種）、面積10.8m²で基準が150m²のため1個

◇女子更衣室：光電式スポット型（2種）、面積11.2m²で基準が150m²のため1個

◇応接室1：光電式スポット型（2種）、面積12m²で基準が150m²のため1個

▶手順6　終端器に注意して配線

◇機器収容箱と湯沸室間の配線は4本線であり、機器収容箱に戻っている。

◇応接室2の感知器と廊下の感知器間は4本線となる。また、事務室2の感知器と所長室の感知器間も4本線となる。

◇条件により、応接室1の終端器は移設しないため、その感知器が最終のものとなる。

[設備図の正解例]　　2階　設備図
（単位m）

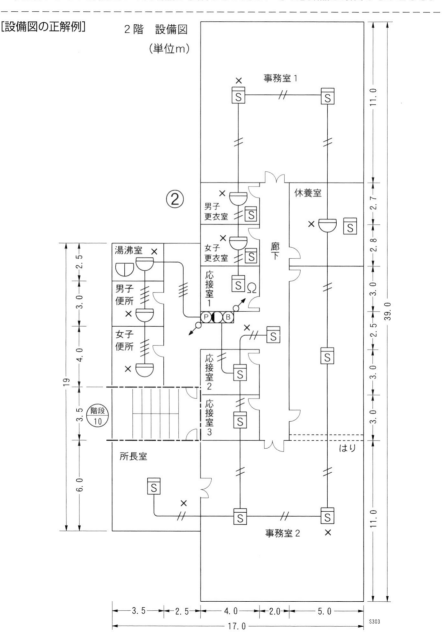

218

[正解の内容]
◇誤っている部分
   1．女子便所及び男子便所に感知器は不要
   2．応接室2の感知器と廊下の感知器間は4本線
   3．事務室2の感知器と所長室の感知器間は4本線
   4．事務室2（下）は感知器2個のうち1個が不要
   5．事務室1は感知器2個のうち1個が不要

◇誤っている感知器と正しい感知器
   1．湯沸室：差動式スポット型（2種）⇒定温式スポット型（1種防水型）
   2．休養室：差動式スポット型（2種）⇒光電式スポット型（2種）
   3．男子更衣室：差動式スポット型（2種）⇒光電式スポット型（2種）
   4．女子更衣室：差動式スポット型（2種）⇒光電式スポット型（2種）

▌9．設備図の過去問題［6］（P型1級・病院）

【1】次の図は、消防法施行令別表第1（6）項に該当する病院の2階平面図である。
   条件に基づき、この建物に自動火災報知設備を設置する場合の設備図を、凡例
   の記号を用いて完成させなさい。ただし、上下階への配線本数の記入は不要と
   する。

<条件>
1．主要構造部は耐火構造であり、この階は無窓階には該当しない。
2．天井面の高さは、リハビリ室が8mで、それ以外の部分は3.8mである。
3．煙感知器は、法令上必要とされる場所以外には設置しない。
4．感知器の設置は、法令上必要とされる最少の個数とする。
5．この階は、階段、エレベーター及びパイプシャフトを除き、1つの警戒区域と
   する。
6．階段、エレベーター及びパイプシャフトは、別の階で警戒している。
7．終端抵抗は、「病室A」に設置する。

凡例

記号	名　称	備考	記号	名　称	備考
▭	機器収容箱		◡	差動式スポット型感知器	2種
Ⓟ	P型発信機	1級	◡	定温式スポット型感知器	1種
◖	表示灯	AC24V	◡	定温式スポット型感知器	1種、防水型

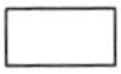

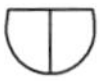

B	地区音響装置	DC24V	S	光電式スポット型感知器	2種、非蓄積型
//	配線	2本	Ω	終端抵抗	
///	配線	4本	---	警戒区域境界線	

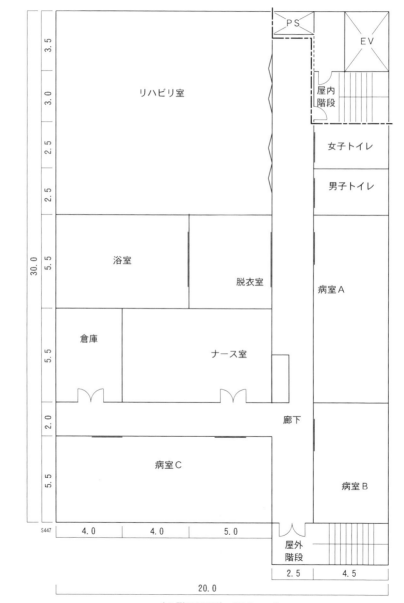

〈2階平面図〉［単位：m］

▶感知器の取付け面の高さと感知面積

取付け面の高さ / 感知器種別		4m未満	4m以上 8m未満	8m以上
差動式スポット型	1種	90m^2	45m^2	－
	2種	70m^2	35m^2	－
定温式スポット型	特種	70m^2	35m^2	－
	1種	60m^2	30m^2	－

取付け面の高さ / 感知器種別		4m未満	4m以上 15m未満	15m以上 20m未満
光電式スポット型	1種	150m^2	75m^2	75m^2
	2種	150m^2	75m^2	－
	3種	50m^2	－	－

注：耐火構造とする。「－」は感知器が適応しない。

▶手順1　警戒区域の設定

◇警戒区域の面積は、600m^2－［階段・EV・PS］であり、1辺の長さは30mである。面積600m^{2}以下、1辺の長さ50m以下の基準に適合している。

▶手順2　機器収容箱の位置

◇設問の平面図で指定されている。

◇発信機の歩行距離50m以下の基準は適合している。地区音響装置の水平距離25m以下の基準は、地区音響装置の取付位置によって判断が分かれる。ここでは、地区音響装置が平面図の上端より縦方向21mの位置にあるものとして計算してみる。リハビリ室最遠部から地区音響装置までの水平距離は約24.7mとなり、基準に適合する。（水平距離^2＝21×21＋13×13　⇒　水平距離≒24.7m）

▶手順3　感知器の設置を除外できる場所

◇女子・男子トイレ及び浴室は、感知器が不要となる。

◇屋内階段・EV・PSは別の階で警戒しているため、この階では感知器が不要となる。

◇屋外階段は感知器が不要である。たとえ設置しても熱及び煙が周囲に拡散するため、火災の感知は非常に困難となる。

▶手順4　はりの有無と長さ

◇2階にははりが設置されていない。

▶手順5　室ごとの感知器の種類と個数

◇リハビリ室以外は、天井面の高さが 3.8m であるため、感知面積は［高さ4m 未満］の基準が適用。

◇病室Ａ：差動式スポット型（2種）、面積 49.5m² で基準が 70m² のため1個

◇病室Ｂ：差動式スポット型（2種）、面積 33.75m² で基準が 70m² のため1個

◇病室Ｃ：差動式スポット型（2種）、面積 71.5m² で基準が 70m² のため2個

◇ナース室：差動式スポット型（2種）、面積 49.5m² で基準が 70m² のため1個

◇倉庫：差動式スポット型（2種）、面積 22m² で基準が 70m² のため1個

◇脱衣室：定温式スポット型（1種防水型）、面積 27.5 m² で基準が 60m² のため1個

◇リハビリ室は、天井面の高さが8mであるため、感知面積は光電式スポット型の［高さ4m以上15m未満］の基準が適用。

◇リハビリ室：光電式スポット型（2種）、面積 149.5 m² で基準が 75m² のため2個

◇廊下：光電式スポット型（2種）、歩行距離は中心線にそって最も長い経路で計測する。歩行距離 36.25m。30m ごとに1個であるため、2個

▷計算：2.0m＋3.0m＋2.5m＋2.5m＋5.5m＋5.5m＋1 m＋1.25m＋5.0m＋4.0m＋4.0m＝36.25m（PS部分は1.5mと仮定）

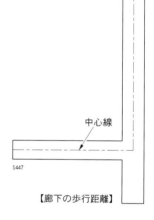

中心線

S447

【廊下の歩行距離】

▶手順6　終端抵抗に注意して配線

◇配線について指定がない場合は、一般に2本配線を主体にして、4本配線を適宜組合せて行う。

◇病室Ａに終端抵抗を設置することから、正解例では機器収容箱からの配線を左回り方向とした。

[正解例]

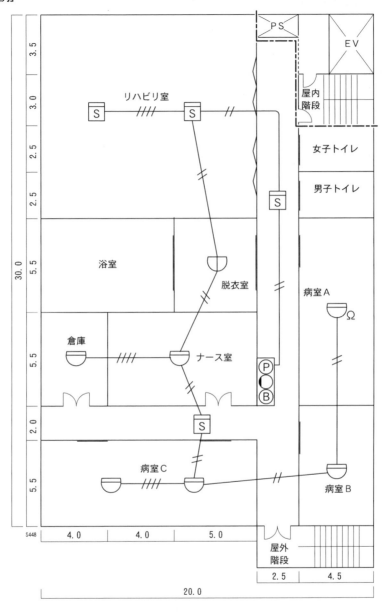

S448

223

10. 設備図の過去問題［7］（Ｐ型１級・無窓階）

【1】次の図は、自動火災報知設備が設置された消防法施行令別表第１（15）項に該当する事務所ビルの２階設備図を示したものである。次の条件に基づき、感知器の設置に関して、不適切な部分（配線本数を含む。）に×印をつけなさい。また、それらの部分のうち、感知器の種別が不適切であるものについては、適切な感知器を×印付近に、凡例の記号を用いて記入しなさい。

<条件>
1．主要構造部は、耐火構造であり、２階は無窓階に該当する。
2．天井面の高さは、すべて 3.2m である。
3．Ｐ型１級受信機は、１階に設置してある。
4．この階は、階段を除き１つの警戒区域とする。
5．階段は、別の階で警戒している。
6．感知器等は、法令上必要とされる最少の個数を設置する。
7．終端抵抗は、移設をしない。

凡例

記　号	名　　称	備　考
⏝	差動式スポット型感知器	2種
⏝₀	定温式スポット型感知器	特種
⏝	定温式スポット型感知器	1種防水型
S	光電式スポット型感知器	2種
P	Ｐ型発信機	1級
◗	表示灯	
B	地区音響装置	

記　号	名　　称	備　考
▭	機器収容箱	
Ω	終端抵抗	
─#─	配線	2本
─##─	配線	3本
─###─	配線	4本
─ ─ ─	警戒区域境界線	
No	警戒区域番号	

2階　設備図

（単位m）

②

湯沸室

女子
便所

男子
便所

階段
10

所長室

事務室

更衣室

休憩室

廊
下

応接室

応接室

応接室

事務室

S

3.5　2.5

2.5

19

3.5

6

11

5.5

3.5

2

3

3

11

39

4　2　5

S302

225

▶▶正解＆解説……………………………………………………………………………………………………

▶手順1　警戒区域の設定

　◇警戒区域の面積は、543m²－［階段］であり、1辺の長さは39mである。面積600m²以下、1辺の長さ50m以下の基準に適合している。

　　▷計算：（39m×11m）＋（19m×6m）＝429m²＋114m²＝543m²

▶手順2　機器収容箱の位置

　◇設問の設備図で指定されている。

　◇発信機までの歩行距離について、概算を計算してみる。

　　右上の最遠部分：11m＋5m＋1m＋5.5m＋3.5m＋1m＋1m＋4m＋2.5m＝34.5m

　　右下の最遠部分：11m＋5m＋1m＋3m＋3m＋1m＋1m＋4m＋2.5m＝31.5m

　◇地区音響装置までの水平距離について、概算を計算してみる。

　　右上の最遠部分

　　（水平距離)² ＝ (2.5 ＋4＋2＋5)² ＋ (11 ＋ 5.5 ＋ 3.5 ＋1)²

　　　　　　　　＝ (13.5 × 13.5) ＋ (21 × 21) ＝ 623.25

　　　水平距離≒25m

　◇歩行距離50m以下の基準及び水平距離25m以下の基準にいずれも適合している。

　◇この問題は、「感知器の設置」に関するものであるため、発信機及び地区音響装置に関する距離の基準は考えなくてもよい。なお、水平距離で三平方の定理を使う場合、底辺の2乗と高さの2乗の和が625（25×25）以下であれば、斜辺の水平距離は25m以下と判断できる。

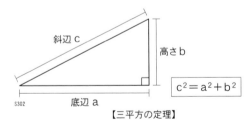

【三平方の定理】

▶手順3　感知器の設置を除外できる場所

　◇女子便所及び男子便所は、感知器が不要となる。

　◇階段は別の階で警戒しているため、この階では感知器が不要となる。

▶手順4　はりの有無と長さ

　◇2階にははりが設置されていない。

▶手順5　室ごとの感知器の種類と個数

◇無窓階のため一般的な室には差動式スポット型ではなく、光電式スポット型を設置する。

◇天井面の高さは 3.2m であるため、感知面積は［高さ4m 未満］の基準が適用。

◇湯沸室：定温式スポット型（1種防水型）、面積 8.75 m² で基準が 60m² のため 1 個

◇廊下：光電式スポット型（2種）、歩行距離は中心線にそって最も長い経路で計測する。22.25m で 30m 以下のため 1 個

▷計算：5.5m＋3.5m＋1 m＋1 m＋4 m＋1.25m＋1 m
　　　＋3.5m＋1.5m＝22.25m

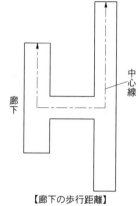

【廊下の歩行距離】

◇応接室（下）：光電式スポット型（2種）、面積 12m² で基準が 150m² のため 1 個

◇応接室（中）：光電式スポット型（2種）、面積 12m² で基準が 150m² のため 1 個

◇所長室：光電式スポット型（2種）、面積 36m² で基準が 150m² のため 1 個

◇事務室（下）：光電式スポット型（2種）、面積 178.5m² で基準が 150m² のため 2 個

▷計算：（11m×11m）＋（5 m×11.5m）＝121m²＋57.5m²＝178.5m²

◇休憩室：光電式スポット型（2種）、面積 27.5m² で基準が 150m² のため 1 個

◇事務室（上）：光電式スポット型（2種）、面積 121m² で基準が 150m² のため 1 個

◇更衣室：光電式スポット型（2種）、面積 22m² で基準が 150m² のため 1 個

◇応接室（上）：光電式スポット型（2種）、面積 14m² で基準が 150m² のため 1 個

▶手順6　終端抵抗に注意して配線

◇機器収容箱と湯沸室間の配線は 4 本線であり、機器収容箱に戻っている。

◇応接室の感知器と廊下の感知器間は 4 本線となる。

◇条件により、応接室の終端抵抗は移設しないため、その感知器が最終のものとなる。

［正解の内容］

◇誤っている部分

1．女子便所及び男子便所に感知器は不要

2．機器収容箱と湯沸室の感知器間は 4 本線

3．廊下の感知器 2 個のうち、機器収容箱に近いものは不要。廊下の感知器は、各部分から中央付近になる位置に設ける。

4．応接室（中）の感知器と廊下の感知器間は 4 本線

5．事務室（上）は感知器 2 個のうち 1 個が不要

◇誤っている感知器と正しい感知器

1. 湯沸室　差動式スポット型（2種）⇒定温式スポット型（1種防水型）
2. 休憩室　差動式スポット型（2種）⇒光電式スポット型（2種）
3. 更衣室　差動式スポット型（2種）⇒光電式スポット型（2種）
4. 応接室（上）　差動式スポット型（2種）⇒光電式スポット型（2種）

[設備図の正解例]

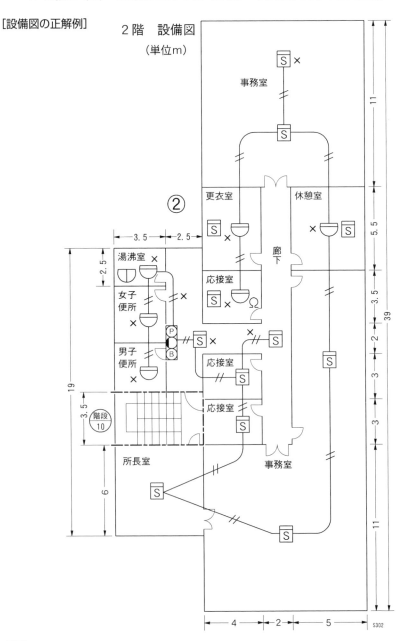

2階　設備図
（単位m）

【1】次の図は、消防法施行令別表第1 (15) 項に該当する地上4階建て事務所ビルの3階設備図である。下の条件に基づき、凡例の記号を用いてこの図を完成させなさい。

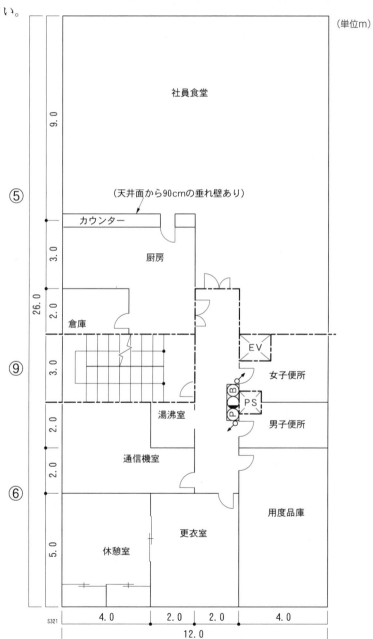

（単位m）

社員食堂

9.0

⑤

（天井面から90cmの垂れ壁あり）

カウンター

3.0

厨房

2.0

26.0

倉庫

3.0

⑨

EV

女子便所

湯沸室

PS

2.0

男子便所

通信機室

2.0

⑥

用度品庫

5.0

休憩室

更衣室

S321

4.0　2.0　2.0　4.0

12.0

<条件>

1．主要構造部は、耐火構造であり、各階とも無窓階ではない。

2．天井の高さは各室とも 3.2m であり、押入は側壁、天井ともに木製である。

3．受信機は1階に設置してあり、階段室は別の警戒区域に含まれる。

4．感知器は、法令上必要とされる最少の個数を設置する。

5．煙感知器は、これを設けなければならない場所以外には設置しない。

凡例

記　号	名　　　称	備　考		記　号	名　　　称	備　考
⌓	差動式スポット型感知器	2種		Ω	終端抵抗	
⌓₀	定温式スポット型感知器	特種		//	配線	2本
⌤	定温式スポット型感知器	1種防水型		///	配線	3本
S	光電式スポット型感知器	2種非蓄積型		////	配線	4本
P	P型発信機	1級		↗↘	配管配線立上り引下げ	
◖	表示灯			— – —	警戒区域線	
B	地区音響装置			No	警戒区域番号	
▭	機器収容箱					

□　1．⑤警戒区域の感知器回路を、凡例の記号を用いて図中に記入しなさい。た
　　　　だし、終端抵抗は倉庫に設置すること。

　　2．⑥警戒区域の感知器回路を、凡例の記号を用いて図中に記入しなさい。た
　　　　だし、終端抵抗は用度品庫に設置すること。

▶▶正解＆解説………………………………………………………………………………………

▶食堂・レストランの取り扱い

　◇食堂（レストラン）は、原則として「一般的な室」として取り扱う。事務所ビルの場合、
　　地上階であれば差動式スポット型（2種）を設置する。地階や無窓階であれば、光電
　　式スポット型（2種）を設置する。

　◇設問の厨房と社員食堂間のカウンターについて、「天井面から90cmの垂れ壁あり」
　　の注意書きは、厨房内で発生する煙の取り扱いが関係している。

　◇施行規則第23条4項1号ニでは、煙感知器が設置できない場所として、「煙が多量に
　　流入するおそれのある場所」を挙げている。消防庁予防課長通知により、具体例とし
　　て「配膳室、厨房の前室、厨房内にある食品庫、ダムウェーター（小荷物専用昇降機）、
　　厨房周辺の廊下及び通路、食堂等」となっている。

◇垂れ壁は、「下がり壁」ともいう。厨房（キッチン）と他
の室との間に天井から垂れている壁で、建築基準法では
50cm以上のものを「防煙壁」と呼ぶ。

◇通常、厨房内の煙は垂れ壁等で他の室（食堂など）に「多
量に流入するおそれ」はないため、食堂は一般的な室とし
て取り扱うことができる。

▶**手順1　警戒区域の設定**

◇警戒区域⑤の面積は、12m×14m－4m²＝164m²であり、1辺の長さは14mで
ある。

◇警戒区域⑥の面積は、144m²＋4m²－［階段・EV・PS］であり、1辺の長さは
12mである。いずれも面積600m²以下、1辺の長さ50m以下の基準に適合している。

▶**手順2　機器収容箱の位置**

◇設問の設備図で指定されている。

▶**手順3　感知器の設置を除外できる場所**

◇女子便所及び男子便所は、感知器が不要となる。

◇階段・EV・PS は別の階で警戒しているため、この階では感知器が不要となる。

▶**手順4　はりの有無と長さ**

◇3階にははりが設置されていない。

▶**手順5　室ごとの感知器の種類と個数**

◇天井面の高さは 3.2m であるため、感知面積は［高さ4m 未満］の基準が適用。

◇警戒区域⑤の社員食堂：差動式スポット型（2種）、面積 134m² で基準が 70m² の
ため2個
▷計算：9.0m×12m＋5.0m×6.0m－4m＝134m²

◇厨房：定温式スポット型（1種防水型）、面積 22m² で基準が 60m² のため1個

◇倉庫：差動式スポット型（2種）、面積8m² で基準が 70m² のため1個

◇警戒区域⑥の廊下：階段（ドア）までの歩行距離が 10m 以下であるため、光電式ス
ポット型（2種）は設けないことができる。

◇湯沸室：定温式スポット型（1種防水型）、面積4m² で基準が 60m² のため1個

◇通信機室：光電式スポット型（2種）、面積 20m² で基準が 150m² のため1個

◇休憩室：差動式スポット型（2種）、面積約 16m² で基準が 70m² のため1個

◇押入：定温式スポット型（特種）、面積は各約2m² で基準が 70m² のため各1個

◇更衣室：差動式スポット型（2種）、面積 20m² で基準が 70m² のため1個

◇用度品庫：差動式スポット型（2種）、面積 28m² で基準が 70m² のため1個

▶**手順6　終端抵抗に注意して配線**

◇警戒区域⑤は、機器収容箱⇒社員食堂⇒厨房⇒倉庫の順に2本線とする。

◇警戒区域⑥は、機器収容箱⇒湯沸室⇒通信機室⇒休憩室⇒押入⇒更衣室⇒用度品庫の順に2本線とする。

[設問1＆2　正解例]

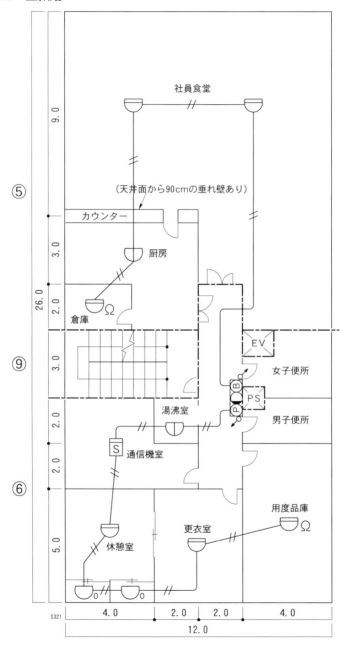

【1】 次の図は、消防法施行令別表第1（16）項イに該当する地上5階、地下1階の防火対象物の地下1階平面図である。下の条件に基づき、この階の自動火災報知設備の設備図を完成させなさい。

〈地下1階平面図〉

(単位m)

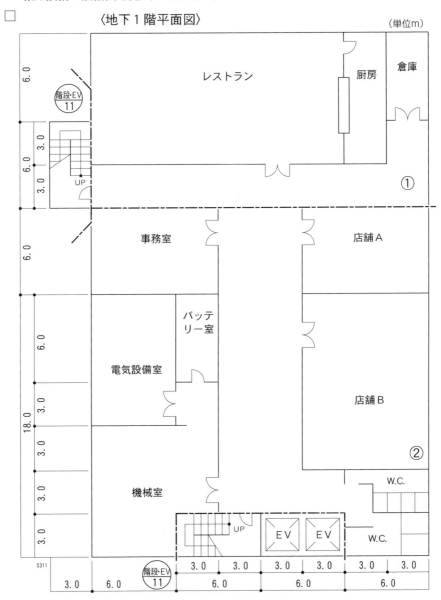

S311

<条件>
1. 主要構造部は、耐火構造である。
2. 天井面の高さは、各室とも 3.2m であり、天井面からのはり等の突き出しはない。
3. 階段及びエレベーターは、別の階で警戒している。
4. 1階にP型1級受信機を設置する。
5. 機器収容箱は、警戒区域ごとに設置する。
6. 感知器は、法令上必要とされる最少の個数を設置する。
7. 煙感知器は、法令上必要とされる場所以外には設置しない。
8. 感知器配線の電線数は、2本（2心）とする。

凡例

記　号	名　　称	備　考
▽	差動式スポット型感知器	2種
▽	定温式スポット型感知器	1種
▽	定温式スポット型感知器	1種、防水型
▽	定温式スポット型感知器	1種、耐酸型
S	煙感知器	2種
▢	機器収容箱	
P	P型発信機	1級

記　号	名　　称	備　考
◐	表示灯	AC24V
B	地区音響装置	DC24V
Ω	終端抵抗	
↗	配線立上がり	
⫻	配線	2本
— — —	警戒区域境界線	
No	警戒区域番号	①、②

▶▶正解＆解説···

◇令別表第1（16）項イに該当するのは、特定用途をもつ複合用途防火対象物である。
事務所ビルと同様に、地階や無窓階の場合は、一般的な室に光電式スポット型を設置
する。

▶手順1　警戒区域の設定

◇警戒区域①の面積は、12m×24m＝288m² であり、1辺の長さは24mである。

◇警戒区域②の面積は、576m²（24m×24m）－ ［階段・EV］であり、1辺の長さ
は24mである。いずれも面積600m²以下、1辺の長さ50m以下の基準に適合して
いる。

▶手順2　機器収容箱の位置

◇条件により、機器収容箱は警戒区域ごとに設置する。

◇警戒区域①の機器収容箱は、廊下のレストラン側で、ドアの左側に設置する。

◇警戒区域②の機器収容箱は、廊下の店舗B側、またはバッテリー室・機械室側に設ける。
正解例ではバッテリー室・機械室側に設置した。

◇地下１階であるため、機器収容箱の近くに配線立上がりの記号を付ける。

◇警戒区域②について、発信機までの歩行距離の概算を計算してみる。

　　店舗Aの最遠部分：６m＋６m＋３m＋６m＋６m＝27m

◇警戒区域②について、地区音響装置までの水平距離の概算を計算してみる。

　　店舗Aの最遠部分：

　　(水平距離)^2＝（３＋６＋６）^{2}＋（６＋６）^{2}＝225＋144＝369

　　　水平距離≒19.2m

◇警戒区域②の機器収容箱は、歩行距離50m以下の基準及び水平距離の25m以下の基準にいずれも適合している。

▶手順３　感知器の設置を除外できる場所

◇W.C.は、感知器が不要となる。

〔用語〕W.C.［Water Closet］：水洗式便所の略。

◇階段・EVは別の階で警戒しているため、この階では感知器が不要となる。

▶手順４　はりの有無と長さ

◇地下１階にははりが設置されていない。

▶手順５　室ごとの感知器の種類と個数

◇地階のため一般的な室には差動式スポット型ではなく、光電式スポット型を設置する。

◇天井面の高さは3.2mであるため、感知面積は［高さ４m未満］の基準が適用。

◇警戒区域①の廊下：光電式スポット型（２種）、歩行距離は、６m＋６m＋６m＋３m＋1.5m＋1.5m＋３m＝27mとなる。30mにつき１個であるため、１個設置する。

◇倉庫：光電式スポット型（２種）、面積18m^{2}で基準が150m^{2}のため１個

◇厨房：定温式スポット型（１種防水型）、面積27m^{2}で基準が60m^{2}のため１個

◇レストラン：厨房との間には、カウンターと思われるものが設置されている。この場合、上部に垂れ壁が設置されていると判断し、レストランは一般的な室として取り扱う。光電式スポット型（２種）、面積162m^{2}で基準が150m^{2}のため２個

◇警戒区域②の廊下：光電式スポット型（２種）、歩行距離は、６m＋６m＋６m＋1.5m＋３m＋３m＝25.5mとなる。30mにつき１個であるため、１個設置する。

◇店舗B：光電式スポット型（２種）、面積108m^{2}で基準が150m^{2}のため１個

◇店舗A：光電式スポット型（２種）、面積54m^{2}で基準が150m^{2}のため１個

◇事務室：光電式スポット型（２種）、面積54m^{2}で基準が150m^{2}のため１個

◇電気設備室：光電式スポット型（２種）、面積54m^{2}で基準が150m^{2}のため１個

◇バッテリー室：定温式スポット型（１種耐酸型）、面積18m^{2}で基準が60m^{2}のため１個

◇機械室：光電式スポット型（２種）、面積81m^{2}で基準が150m^{2}以下のため１個

▶手順6　終端抵抗に注意して配線

　◇警戒区域①は、機器収容箱⇒廊下⇒倉庫⇒厨房⇒レストランの順に２本線とする。

　◇警戒区域②は、機器収容箱⇒廊下⇒店舗Ｂ⇒店舗Ａ⇒事務室⇒電気設備室⇒バッテリー室⇒機械室の順に２本線とする。

［正解例］

〈地下１階平面図〉

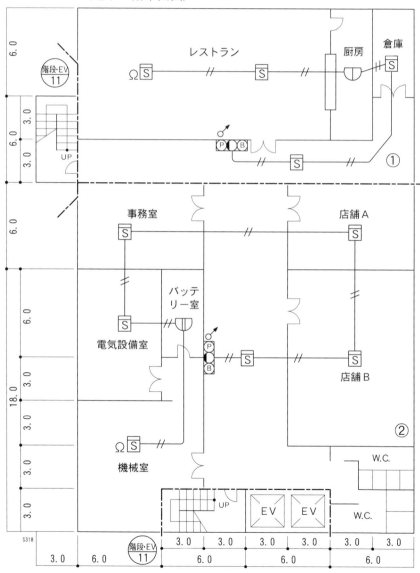

【1】 次の図は、政令別表第1 （15）項に該当する事務所ビルの自動火災報知設備の5階設備図である。下の条件に基づき、各設問に答えなさい。

<条件>
1. 主要構造部は耐火構造で、この階は無窓階には該当しない。
2. 天井の高さは3.2mで、はり等の突き出しはない。
3. 受信機は1階に設置されており、階段、EV及びPSは別の警戒区域に含まれる。
4. 設置する感知器は、法令上必要とされる最少の個数とする。
5. 煙感知器は、法令上必要とされる場所以外には設置しない。
6. 湯沸室は、水蒸気が多量に滞留する場所とする。
7. 警戒区域は図のように設定する。

凡例

記 号	名 称	備 考
⌓	差動式スポット型感知器	2種
⌴	定温式スポット型感知器	1種防水型
S	光電式スポット型感知器	2種
P	P型発信機	1級
◖	表示灯	
B	地区音響装置	

記 号	名 称	備 考
▭	機器収容箱	
Ω	終端抵抗	
No	警戒区域番号	
—·—·—	警戒区域線	
⫫	配線	2本
⫴	配線	4本

□ 1. 警戒区域⑨を凡例の記号を用いて適応する感知器で警戒し、設備図を完成させなさい。ただし、配線本数は2本とし、終端抵抗を適切な位置に設置すること。

2. 警戒区域⑩を凡例の記号を用いて適応する感知器で警戒し、設備図を完成させなさい。ただし、配線本数は4本とし、終端抵抗を適切な位置に設置すること。

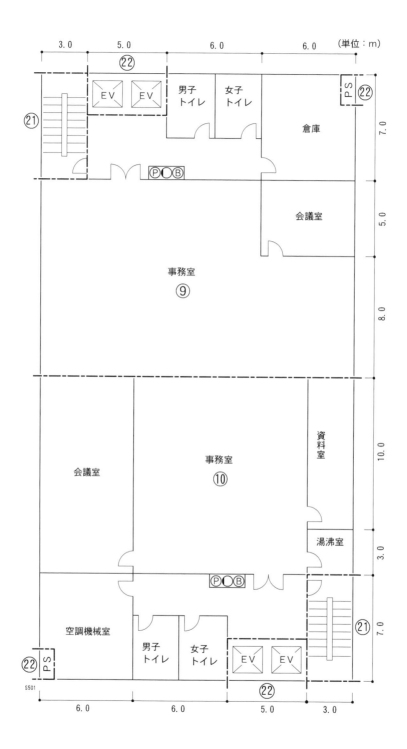

（単位：m）

3.0　　5.0　　　6.0　　　6.0

㉒

㉑　EV　EV　男子トイレ　女子トイレ

倉庫

7.0

PS ㉒

PⒷ

会議室

5.0

事務室
⑨

8.0

会議室　事務室
⑩　資料室

10.0

湯沸室

3.0

PⒷ

空調機械室　男子トイレ　女子トイレ　EV　EV　㉑

7.0

㉒ PS

㉒

S501

6.0　　6.0　　5.0　　3.0

▶▶正解＆解説…………………………………………………………………………………………………

▶手順1　警戒区域の設定

　◇警戒区域⑨及び⑩の面積は、ともに20m×20m＝400m²－［階段・EV・PS］であり、1辺の長さは20mである。いずれも面積600m²以下、1辺の長さ50m以下の基準に適合している。

▶手順2　機器収容箱の位置

　◇機器収容箱の位置は、警戒区域⑨及び⑩ともに設問で指定されている。

▶手順3　感知器の設置を除外できる場所

　◇男子トイレ及び女子トイレは、感知器が不要となる。

　◇階段・EV・PSは別の警戒区域となり、警戒区域階で⑨及び⑩では感知器の記載が不要となる。

▶手順4　はりの有無と長さ

　◇はりは設置されていない。

▶手順5　室ごとの感知器の種類と個数

　◇天井面の高さは3.2mであるため、感知面積は［高さ4m未満］の基準が適用。

［警戒区域⑨］

　◇事務室：差動式スポット型（2種）、面積230m²で基準が70m²のため4個

　◇会議室：差動式スポット型（2種）、面積30m²で基準が70m²のため1個

　◇倉庫：差動式スポット型（2種）、面積約42m²で基準が70m²のため1個

　◇廊下：光電式スポット型（2種）、歩行距離は、5m＋6m＝11mとなる。廊下及び通路から階段に至るまでの歩行距離が10mを超えているため、感知器を1個設置する。

［警戒区域⑩］

　◇湯沸室：定温式スポット型（1種防水型）、面積9m²で基準が60m²のため1個

　◇資料室：差動式スポット型（2種）、面積30m²で基準が70m²のため1個

　◇事務室：差動式スポット型（2種）、面積143m²で基準が70m²のため3個

　◇会議室：差動式スポット型（2種）、面積78m²で基準が70m²のため2個

　◇空調機械室：差動式スポット型（2種）、面積約42m²で基準が70m²のため1個

　◇廊下：光電式スポット型（2種）、歩行距離は、5m＋6m＝11mとなる。廊下及び通路から階段に至るまでの歩行距離が10mを超えているため、感知器を1個設置する。

▶手順6　終端抵抗に注意して配線

　◇警戒区域⑨は、機器収容箱⇒事務室⇒会議室⇒倉庫⇒廊下の順に2本線とする。終端抵抗は廊下の光電式スポット型（2種）に設置する。

　◇警戒区域⑩は、機器収容箱⇒湯沸室⇒資料室⇒事務室⇒会議室⇒空調機械室⇒廊下の順に4本線とする。終端抵抗は機器収容箱内に設置する。

[設問1＆2　正解例]

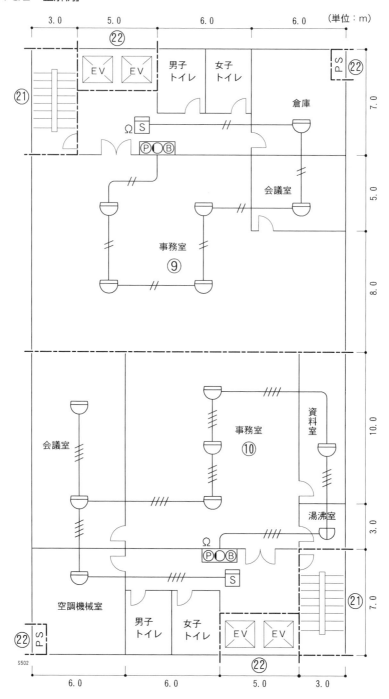

240

【1】次の図は、政令別表第1 (15)項に該当する事務所ビルの地下1階平面図である。
下の条件に基づき、凡例の記号を用いて自動火災報知設備の設備図を完成させ
なさい。

<条件>
1. 主要構造部は耐火構造である。
2. 天井面の高さは3.5mであり、はり等の突き出しはない。
3. 設置する感知器は、法令上必要とされる最少の個数とし、機能は最低限のもの
   とする。
4. 階段、エレベーター及びパイプシャフトは別の警戒区域とし、解答の必要はな
   い。
5. ポンプ室は、結露が発生する場所である。
6. オイルタンク室は、可燃性ガス又は可燃性蒸気が滞留するおそれのある場所で
   ある。
7. 倉庫は密閉された場所ではない。
8. 感知器の配線本数は4本とする。
9. 発信機等必要機器及び終端抵抗は、図中に記載された機器収容箱に設置する。
10. 受信機と機器収容箱の間の配線は、記入する必要はない。

凡例

記号	名称	備考	記号	名称	備考
▷◁	受信機	P型1級	Ⓟ	P型発信機	1級
▭	機器収容箱		◖	表示灯	AC24V
▽	差動式スポット型感知器	2種	Ⓑ	地区音響装置	DC24V
▽	定温式スポット型感知器	1種	↗	配管配線立上り	
▼	定温式スポット型感知器	1種防水型	—#—	配線	2本
▼	定温式スポット型感知器	特種耐酸型	—#—	配線	4本
▽EX	定温式スポット型感知器	特種防爆型	Ω	終端抵抗	
Ⓢ	光電式スポット型感知器	2種非蓄積型	———	警戒区域線	

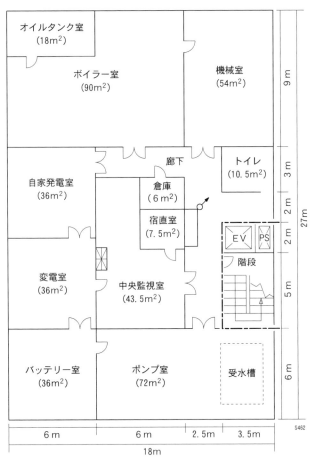

オイルタンク室
(18m²)

ボイラー室
(90m²)

機械室
(54m²)

9 m

廊下

トイレ
(10.5m²)

3 m

自家発電室
(36m²)

倉庫
(6 m²)

2 m

宿直室
(7.5m²)

EV PS

2 m

2 m

27m

階段

変電室
(36m²)

中央監視室
(43.5m²)

5 m

バッテリー室
(36m²)

ポンプ室
(72m²)

受水槽

6 m

6 m   6 m   2.5m   3.5m   S462

18m

地下1階 平面図

▶▶正解&解説……………………………………………………………………

▶手順1　警戒区域の設定

　◇警戒区域の面積は、18m×27m＝486m²−［階段・EV・PS］であり、1辺の長さは27mである。面積600m²以下、1辺の長さ50m以下の基準に適合している。

▶手順2　機器収容箱の位置

　◇機器収容箱の位置は、設問により指定されている。発信機、表示灯、地区音響装置の記号を書き込む。

　◇発信機は「歩行距離で50m以下」、地区音響装置は「水平距離で25m以下」の基準が適用される。

▶手順3　感知器の設置を除外できる場所

　◇トイレは、感知器が不要となる。

▶手順4　はりの有無と長さ

◇設問により、はりは設置されていない。

▶手順5　室ごとの感知器の種類と個数

◇天井面の高さが 3.5m であるため、感知面積は［高さ4m 未満］の基準が適用。

◇機械室・変電室・中央監視室・宿直室・倉庫は、**地階**のため差動式スポット型ではなく光電式スポット型を設置する。

◇機械室：光電式スポット型（2種）、面積 54m^2 で基準が 150m^2 のため1個

◇自家発電室は排気ガスが多量に滞留する場所となるため、光電式スポット型は使用できない。自家発電室を含めた駐車場等では、一般に差動式スポット型を使用する。

〔参考〕排気ガスが多量に滞留する場所の具体例として、「駐車場、車庫、荷物取扱所、車路、自家発電室、トラックヤード、エンジンテスト室等」が挙げられている。

◇自家発電室：差動式スポット型（2種）、面積 36m^2 で基準が 70m^2 のため1個

◇変電室：光電式スポット型（2種）、面積 36m^2 で基準が 150m^2 のため1個

◇中央監視室：光電式スポット型（2種）、面積 46.5m^2 で基準が 150m^2 のため1個

◇宿直室：光電式スポット型（2種）、面積 7.5m^2 で基準が 150m^2 のため1個

◇倉　庫：光電式スポット型（2種）、面積6m^2 で基準が 150m^2 のため1個

◇廊　下：光電式スポット型（2種）、歩行距離は中心線に沿って計測する。階段までの距離は、6m + 1.25m + 1m + 1m + 2m + 2m = 13.25m となり、10m を超えているため1個

◇ボイラー室：定温式スポット型（1種）、面積 90m^2 で基準が 60m^2 のため2個

◇［高さ4m未満］の場合、定温式スポット型（1種）の感知面積は60m^{2}であるのに対し、（特種）の感知面積は70m^{2}となる。

◇オイルタンク室：定温式スポット型（特種防爆型）、面積 18m^2 で基準が 70m^2 のため1個

◇バッテリー室：定温式スポット型（特種耐酸型）、面積 36m^2 で基準が 70m^2 のため1個

◇ポンプ室：定温式スポット型（1種防水型）、面積 72m^2 で基準が 60m^2 のため2個

▶手順6　終端抵抗に注意して配線

◇設問の条件により、4本配線を使用して機器収容箱に終端抵抗を配置する。

[正解例]

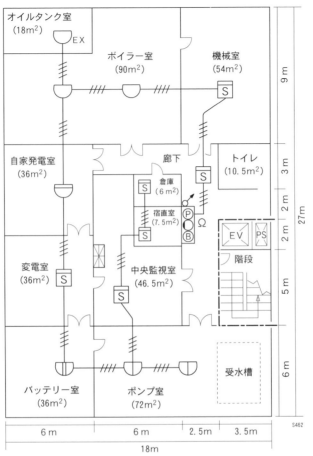

地下1階 平面図

S462

244

【1】図は地下１階、地上５階の特定防火対象物の地下１階の平面図である。条件に基づき、下の凡例記号のみを用いて、自動火災報知設備の設備図を完成させなさい。

<条件>

1．主要構造部は耐火構造とし、天井の高さは4.1mである。

2．階段室は別の階で警戒し、その他の部分は、一の警戒区域（No.①）として警戒する。

3．受信機は１階に設置してある。

4．立上り配線の本数は記入しないこと。

5．終端抵抗は、図中に記載された機器収容箱に設置すること。

6．感知器は、法令の基準に従い、適応する種別で、必要とされる最少の個数を設置する。

7．倉庫は密閉された場所ではない。

凡例

記 号	名 称	備 考	記 号	名 称	備 考
⊠	受信機	Ｐ型１級	Ⓟ	Ｐ型発信機	１級
▭	機器収容箱		●	表示灯	AC24V
▽	差動式スポット型感知器	２種	Ⓑ	地区音響装置	DC24V
▽	定温式スポット型感知器	１種	↗	配管配線立上り	
▽	定温式スポット型感知器	１種防水型	─//─	配線	２本
▽₀	定温式スポット型感知器	特種	─///─	配線	４本
▽ᴇx	定温式スポット型感知器	１種防爆型	Ω	終端抵抗	
S	光電式スポット型感知器	２種非蓄積型	─ ‥ ─	警戒区域線	

245

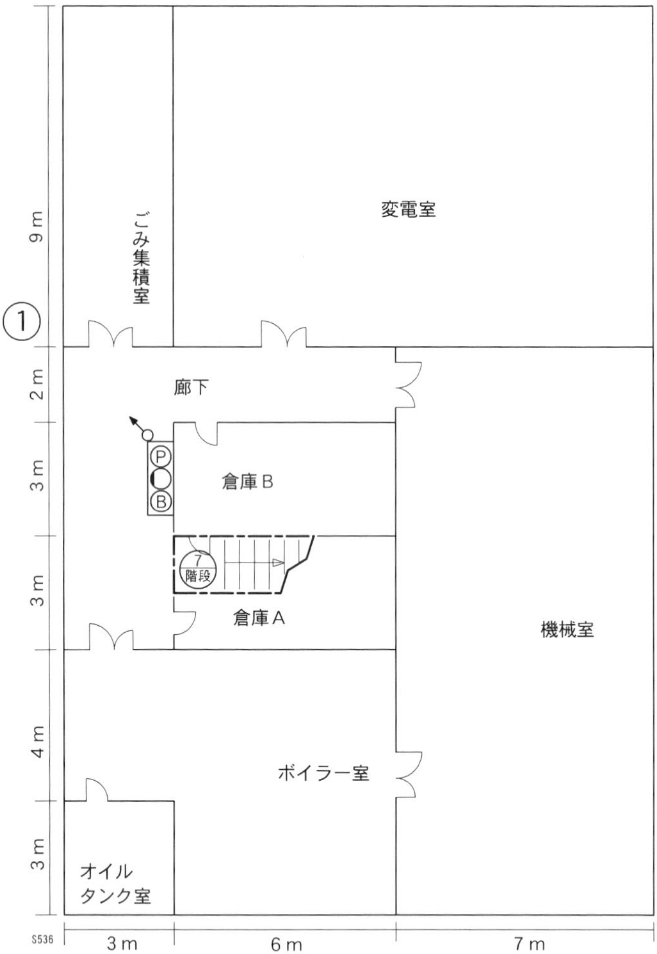

地下1階 平面図

▶▶正解＆解説···

▶手順1　警戒区域の設定

　◇警戒区域の面積は、16m×24m＝384m²－［階段］であり、1辺の長さは24mである。面積600m²以下、1辺の長さ50m以下の基準に適合している。

▶手順2　機器収容箱の位置

　◇機器収容箱の位置は、設問により指定されている。

　◇発信機は「歩行距離で50m以下」、地区音響装置は「水平距離で25m以下」の基準が適用される。

▶手順3　感知器の設置を除外できる場所

◇設問の平面図では、除外できる場所がない。

▶手順4　はりの有無と長さ

◇設問の条件により、はりは設置されていない。

▶手順5　室ごとの感知器の種類と個数

◇天井面の高さが4.1mであるため、感知面積は［高さ4m以上8m未満（光電式スポット型は15m未満）］の基準が適用。

◇機械室・変電室・倉庫は、**地階**のため差動式スポット型ではなく光電式スポット型を設置する。

◇機械室：光電式スポット型（2種）、面積105m^{2}で基準が75m^{2}のため2個

◇変電室：光電式スポット型（2種）、面積117m^{2}で基準が75m^{2}のため2個

◇倉庫A：光電式スポット型（2種）、面積18m^{2}で基準が75m^{2}のため1個

◇倉庫B：光電式スポット型（2種）、面積18m^{2}で基準が75m^{2}のため1個

◇ごみ集積室：定温式スポット型（特種）、面積27m^{2}で基準が35m^{2}のため1個

◇［高さ4m以上8m未満］の場合、定温式スポット型（1種）の感知面積は30m^{2}であるのに対し、（特種）の感知面積は35m^{2}となる。

◇廊下：光電式スポット型（2種）、歩行距離は中心線に沿って計測する。階段までの距離は、6m＋1.5m＋1m＋3m＝11.5mとなり、10mを超えているため1個

◇ボイラー室：定温式スポット型（1種）、面積54m^{2}で基準が30m^{2}のため2個

◇オイルタンク室：定温式スポット型（1種防爆型）、面積9m^{2}で基準が30m^{2}のため1個

▶手順6　終端抵抗に注意して配線

◇設問の条件により、終端抵抗は機器収容箱に設置する。

◇正解例では、4本線を使用した。2本線を使用する場合、機器収容箱から出た2本線を再び機器収容箱に戻すように配線する。

- -

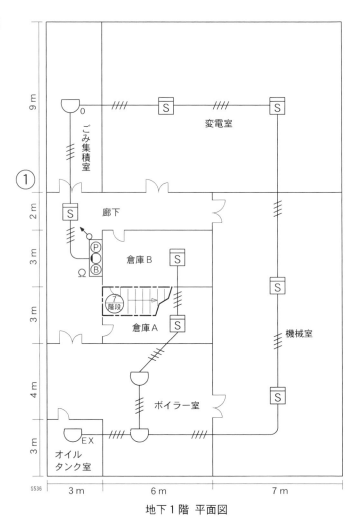

地下1階 平面図

▶基本的な内容

◎空気管式の設置基準については、次の基本的な内容がある。

①空気管の露出部分は、1の感知区域ごとに**20m以上**とする。露出長が20mに満たない場合は、コイル巻き又は2重巻きとして20m以上とする。

②空気管の接続長は、1の**検出部**につき**100m以下**とする。従って、感知区域が複数にわたる場合は、100m以下であれは、継続して空気管を設置することができる。1の検出部⇒2の感知区域、1の検出部⇒3の感知区域…が可能とある。なお、取付け面から検出部に接続するまでの引き込み部分も接続長（全長）に含める。

③空気管は、感知区域の取付け面の**各辺から1.5m以内**の位置とすること。

④相対する空気管の**相互間隔**は、主要構造部を耐火構造とした防火対象物又はその部分にあっては**9m以下**、その他の構造の防火対象物又はその部分にあっては6m以下となるように設ける。

〔注意〕出題される場合、ほとんどが耐火構造であるため、以下、本書では耐火構造であることを前提として説明する（編集部）。

▶空気管式の設置例1

◎図は工場における作業場の平面図を示したものである。

◎空気管式の設備図では、空気管の設置位置を表す際に、各辺からの距離ℓと相互間隔Lを用いる（ℓ＝1.5m以内、L＝9m以下など）。更に、検出部はボックスに収納し廊下に設置するケースが多い。ただし、設問で特に指定されていない場合は、検出部の記号 ⊠ をそのまま用いる。

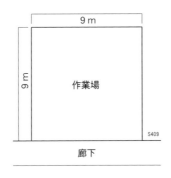

◎各辺から1.5m以内、相互間隔が9m以下、この2つの基準に従って設置したものを基本形状とする。図の作業場では、単純に正方形に設置すれば、2つの基準に適合する。

◎なお、空気管は ── 、検出部は ⊠ 、貫通部は ○ で表す。

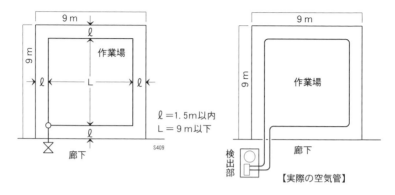

▶空気管式の設置例2

◎図は、作業場を横方向に広げたものである。この場合、壁面に沿う1辺（------部分）の空気管を省略することができる。ただし、「ℓ＝1.5m以内、L＝9m以下」とする。この規定による空気管式の設置を「1辺省略」と呼ぶ。

◎一の感知区域が横長又は縦長の形状である場合、この「1辺省略」を使用することで、効率よく空気管を設置することができる。

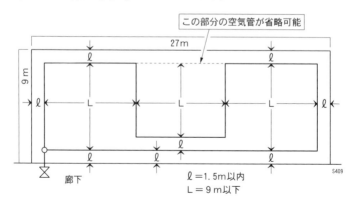

250

▶空気管式の設置例3

◎図は、「2辺省略」と呼ばれる空気管式の設置例を示したものである。

◎「2辺省略」では、空気管の短い方の相互間隔（L′の方向）を6m以下とした場合は、他の相互間隔（L1の方向）を9m以上とすることができる。

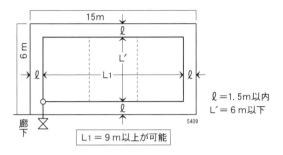

ℓ＝1.5m以内
L′＝6m以下

L1＝9m以上が可能

▶空気管式の設置例4

◎図は、「1辺省略」と「2辺省略」を組み合わせた空気管を設置例である。工場、倉庫、体育館などに幅広く使われている。なお、空気管式は取付け面の高さが15m未満であれば、設置可能である。

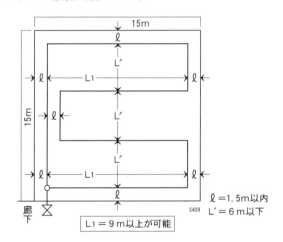

ℓ＝1.5m以内
L′＝6m以下

L1＝9m以上が可能

▶空気管式の設置例5

◎図は、0.6m以上突出したはりによって、感知区域が2つに区分されている場合の空気管の設置例である。

◎はりの部分で感知区域が分かれるため、空気管は「各辺から1.5m以内、相互間隔が9m以下」という2つの基準に従った基本形状となる。

◎図では空気管の接続長が100m未満となるため、検出部は1個とする。実際の問題では「感知器の設置は、法令上必要とされる最少の個数とする」と条件が付けられるため、検出部を2個とした場合は不正解となる。

◎はりの部分では、空気管を下から通して境界部をまたぐようにする。

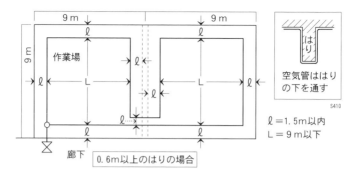

ℓ＝1.5m以内
L＝9m以下

0.6m以上のはりの場合

▶空気管式の設置例6

◎図は、はりの突き出しが**0.6m未満**である場合の空気管の設置例である。

◎「1辺省略」または「1辺省略と2辺省略の組合せ」の両方が考えられる。

◎どちらであっても、空気管の接続長は十分に100m未満となる。ただし、「1辺省略と2辺省略の組合せ」では、検出部に接続するまでの引込部分を加えると、検出部の位置によっては100mを超える可能性もあるため、注意が必要となる。

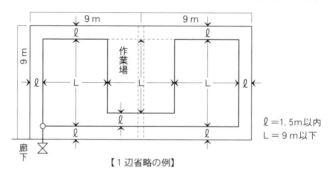

ℓ＝1.5m以内
L＝9m以下

【1辺省略の例】

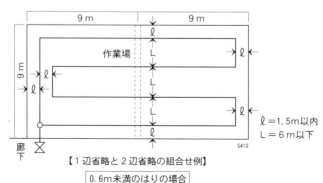

ℓ＝1.5m以内
L＝6m以下

【1辺省略と2辺省略の組合せ例】

0.6m未満のはりの場合

▶空気管式の設置例7

◎図は、感知区域に小感知区域が接続している場合の空気管式の設置例である。

◎右の小感知区域では、空気管の露出部分が20m未満となり、20m以上とするために一部でコイル巻きとする。

◎左の感知区域と右の小感知区域において、接続長が100m以下となる場合は、空気管を接続した上で検出部を1個とする。

◎左の感知区域と右の小感知区域間の貫通部は、設備図で空気管を表すと1本線となるが、実際は2本の空気管が貫通している。

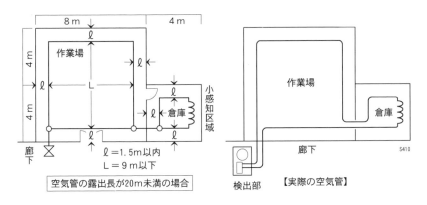

空気管の露出長が20m未満の場合

ℓ＝1.5m以内
L＝9m以下

検出部　【実際の空気管】

【1】 次の図は、消防法施行令別表第1 （12）項イに該当する平家建の工場の平面
図である。条件に基づき、この建物に自動火災報知設備を設置する場合の設備
図を、凡例の記号を用いて完成させなさい。

<条件>
1. 主要構造部は耐火構造であり、この建物は無窓階には該当しない。
2. 天井面の高さは、工場部分が8mで、それ以外の部分は4.5mである。
3. 警戒区域は、工場部分とその他の部分に分ける。その他の部分の天井裏高さは
45cmである。
4. 工場部分は、差動式分布型感知器（空気管式）を設置し、それ以外の部分はス
ポット型感知器を設置する。
5. 感知器の設置は、法令上必要とされる最少の個数とする。
6. 煙感知器は、法令上必要とされる場所以外には設置しない。
7. 受信機は、事務所に設置してある。
8. 受信機と機器収容箱の間の配線は、本数の表示を省略する。
9. 終端抵抗は、工場部分については検出部付近に設置し、その他の部分は機器収
容箱に収納する。

凡例

記号	名　称	備考
▭	機器収容箱	
Ⓟ	P型発信機	1級
◖	表示灯	
Ⓑ	地区音響装置	
Ω	終端抵抗	
─ ─ ─	警戒区域線	
─//	配線	2本
─///	配線	4本

記号	名　称	備考
▽	差動式スポット型感知器	2種
▽	定温式スポット型感知器	1種
▽	定温式スポット型感知器	1種防水型
Ⓢ	光電式スポット型感知器	2種非蓄積型
(No)	警戒区域番号	
▨	受信機	
──	差動式分布型感知器（空気管式）	貫通個所 ─o─
⊠	差動式分布型感知器の検出部	空気管式

254

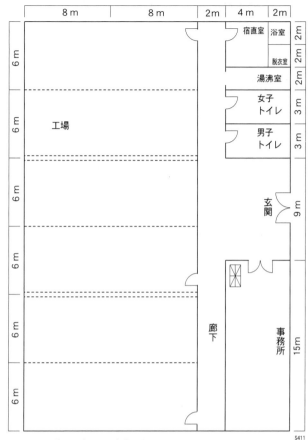

------: 天井面から60cm突出したはり

------: 天井面から40cm突出したはり

S411

▶▶ 正解＆解説··

▶手順1　警戒区域の設定

◇工場部分を警戒区域②とし、それ以外の部分を警戒区域①とする。平家建の場合、一般に受信機が設置されている側を警戒区域①とする。

◇警戒区域②の面積は、576m²（16m×36m）であり、また1辺の長さは36mである。

◇警戒区域①の面積は、288m²（8m×36m）となり、また1辺の長さは36mとなる。いずれも、面積600m²以下、1辺の長さ50m以下の基準に適合している。

▶手順2　機器収容箱の位置

◇機器収容箱は、廊下の工場側中央に設置してみる。

◇発信機までの歩行距離について、概算を計算してみる。

　左上の最遠部分：8m＋8m＋6m＋6m＋6m＝34m

◇地区音響装置までの水平距離について、概算
　を計算してみる。
　左上の最遠部分
　(水平距離)^2＝(8＋8)^2＋(6＋6＋6)^2
　　　　　　　＝256＋324＝580
　　　水平距離≒24m
　試験では、(水平距離)^{2}が625以内であれば、
　水平距離は25m以内と判断する。
◇発信機の歩行距離50m以下の基準及び地区
　音響装置の水平距離25m以下の基準につい
　て、いずれも適合している。

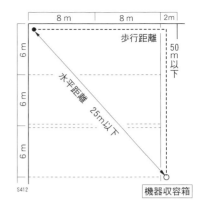

▶手順3　感知器の設置を除外できる場所

　◇女子・男子トイレ及び浴室は、感知器が不要となる。

▶手順4　はりの有無と長さ

　◇工場部分に2種類のはりが設置されている。

　◇はりの基準は、0.4mと0.6mの2種類ある。差動式分布型は0.6mの基準が適用
　　されるため、設問の工場部分は上・中・下の3感知区域に区分される。

▶手順5　室ごとの感知器の種類と個数

〔工場部分〕

　◇差動式分布型は、天井面の高さが15m未満まで設置できる。設問の工場は天井面の
　　高さが8mであるため、設置可能となる。

　◇空気管式の基本形状を設問の工場に当てはめてみる。Lは横方向で9mを超える。ま
　　た、縦方向はℓ＝1.5mとすると、L＝9mとなるが、わずかなズレで不適合とな
　　るため、このような設置は避ける。

　◇空気管式の「1辺省略」を設問の工場に当てはめてみる。Lは横方向で9m以下とな
　　る。ただし、縦方向はわずかなズレで不適合となるため、この設置も避ける。

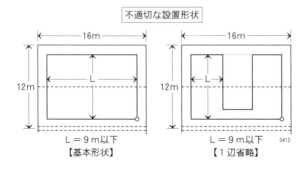

◇空気管式の「2辺省略」では、短い方の相互間隔が6mを超えてしまう。以上の結果、設問の工場に適用できるのは「1辺省略と2辺省略の組合せ」のみとなる。

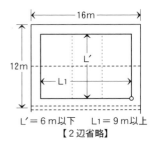

L'＝6m以下　　L1＝9m以上
【2辺省略】

◇「組合せ」による方法で設置した場合、空気管の長さは1感知区域あたりおよそ82m（15m×4＋11m×2）となる。従って、2感知区域を1本の空気管でカバーすることはできない（空気管の接続長が100m超となる）。1感知区域ごとに空気管及びその検知部を設置する必要がある。それぞれ廊下に、検出部を設置する。

〔その他の部分〕

◇天井面の高さは4.5mであるため、感知面積は［高さ4m以上8m未満（光電式スポット型は15m未満）］の基準が適用。

◇廊下：廊下の歩行距離は、最も長い経路で計測する。15m＋9m＋12m＝36mとなり、基準の30mを超えているため、2個設置する。なお、廊下の煙感知器については、倉庫や学校は設置しなくてよい。一方で工場や作業場は、廊下に煙感知器を設置しなければならない。

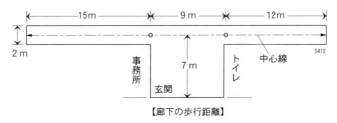

【廊下の歩行距離】

◇湯沸室：定温式スポット型（1種防水型）、面積12m²で基準が30m²のため1個
◇宿直室：差動式スポット型（2種）、面積16m²で基準が35m²のため1個
◇脱衣室：定温式スポット型（1種防水型）、面積4m²で基準が30m²のため1個
◇事務室：差動式スポット型（2種）、面積90m²で基準が35m²のため3個
◇天井裏：高さが0.5m未満であるため、感知器を設置しなくてもよい。

▶手順6　終端抵抗に注意して配線

◇工場部分の警戒区域②では、機器収容箱⇒空気管式（上）の検出部⇒機器収容箱⇒空気管式（中）の検出部⇒空気管式（下）の検出部、の順に2本配線とする。ただし、機器収容箱と空気管式（上）の検出部間は電線が往復するため、4本配線となる。

◇終端抵抗は、空気管式（下）の検出部付近に設置する。

◇その他の部分の警戒区域①では、機器収容箱に終端抵抗を設置するため、感知器回路を4本配線とする。受信機と機器収容箱間を配線する（本数の表示は省略）。

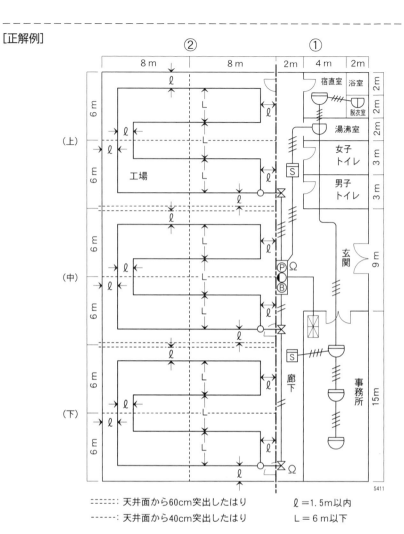

- ⁝⁝⁝⁝⁝⁝ ： 天井面から60cm突出したはり
- ------ ： 天井面から40cm突出したはり

ℓ＝1.5m以内
L＝6m以下

※工場左側の（上）（中）（下）は解説用のものであり、答案用紙には記入しない。

258

【1】 次の図は、消防法施行令別表第1 （15）項に該当する防火対象物の地下1階
　　　の平面図である。下記の条件に基づき、凡例に示す記号を用いて、自動火災報
　　　知設備の設備図を完成させなさい。

<条件>
1. 主要構造部は耐火構造である。
2. 天井面の高さは、4.2m である。
3. 機械室及び倉庫のはりは天井面から1m突き出している。
4. 感知器は、法令上必要とされる最少の個数を設置する。
5. 終端抵抗は、機器収容箱内に設ける。
6. 受信機は1階に設置してあり、階段及びエレベーターは、別の階で警戒してい
　 る。
7. 変電室は、上部の大部分に高圧線が配置されており、下部からの感知器の点検
　 が容易に行えない場所とする。
8. 倉庫は密閉された場所ではない。
9. 消火ポンプ室は、結露が発生する場所である。

凡例

記号	名　　称	備　考	記号	名　　称	備　考
▭	機器収容箱		Ⓑ	地区音響装置	
▽	差動式スポット型感知器	2種	T	差動スポット試験器	
▯	定温式スポット型感知器	特種耐酸型	–//–	配線	2本
▯	同上	1種防水型	–///–	配線	4本
S	光電式スポット型感知器	2種	Ω	終端抵抗	
Ⓟ	P型発信機		——	差動式分布型感知器	空気管式
◗	表示灯		— – —	警戒区域線	

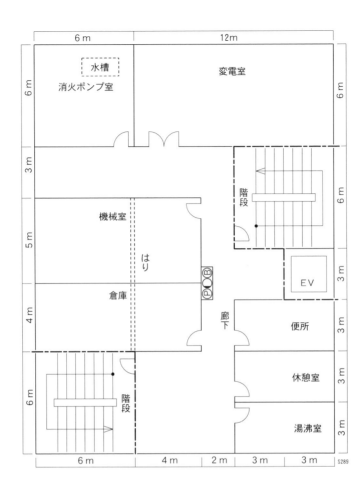

S289

▶▶正解&解説··

▶試験・点検が容易に行えない場合の対応

◇室内の状況によっては、感知器設置後に試験・点検が容易に行えないことが予測できる場合がある。具体的には、工場や倉庫等で足場が確保できない、変電室で高圧電線が天井付近に配線されている、などである。

◇このような場合は、差動式分布型感知器または［差動式スポット型＋差動スポット試験器の組み合わせ］を使う。

◇設問では、変電室の感知器設置にあたり、凡例でこれら空気管式と組み合わせの2種類の感知器が示されている。ただし、事務所ビルの地階で、変電室等の一般的な室の場合は、差動式スポット型を使うことができない。

◇従って、設問の変電室で使用できる感知器は、差動式分布型（空気管式）のみとなる。ところが、設問の凡例では差動式分布型感知器の検出部の記号 ▷◁ が示されていない。

◇当初、出題者側の「ミス」を疑ったが、過去に複数回、凡例に差動式分布型感知器の検出部の記号がないまま出題されていることから、意図的であると判断した。変電室は差動式分布型感知器ではないとすると、［差動式スポット型＋差動スポット試験器］が正解として考えられる。根拠は、［正解例］の後にまとめて収録した（編集部）。

▶結露が発生する場所の適応感知器

　◇施行規則第23条4項1号ニでは、煙感知器が設置できない場所として、「結露が発生する場所」を挙げている。消防庁予防課長通知や条例では、具体例として「スレート又は鉄板で葺いた屋根の倉庫・工場、パッケージ型冷却機専用の収納室、密閉された地下倉庫、冷凍室の周辺、鮮魚加工室、ポンプ室、水そう室、その他これらに類する場所」としている。

　◇同通知では、煙感知器の代わりに適応する熱感知器として、定温式スポット型（防水型）の他に差動式スポット型（防水型・ ⌣w ）を挙げている。

　◇設問の凡例では、定温式スポット型（1種防水型）のみ示されているため、消火ポンプ室にはこの感知器を使用する。

▶手順1　警戒区域の設定

◇警戒区域の面積は、432m^2（18m×24m）－［階段・EVの面積］であり、また1辺の長さは24mである。面積600m^{2}以下、1辺の長さ50m以下の基準に適合している。

▶手順2　機器収容箱の位置

◇設問の平面図で指定されている。

◇発信機までの歩行距離（50m以下）について、概算を計算してみる。

　左上の最遠部分：6m＋6m＋4m＋3m＋5m=24m

◇地区音響装置までの水平距離（25m以下）について、概算を計算してみる。

　左上の最遠部分

（水平距離）^{2}＝（6＋4）^{2}＋（6＋3＋5）^{2}＝100＋196＝296

　　水平距離≒17m

▶手順3　感知器の設置を除外できる場所

◇便所は、感知器が不要となる。

◇階段・EVは別の階で警戒しているため、この階では感知器が不要となる。

▶手順4　はりの有無と長さ

◇機械室及び倉庫に1mのはりが設置されている。

◇光電式スポット型は0.6m以上の基準が適用されるため、機械室及び倉庫ははりで感知区域を分ける。

▶手順5　室ごとの感知器の種類と個数

〔変電室部分〕

◇天井面の高さは4.2mであるため、感知面積は［高さ４m以上８m未満］の基準が適用。

◇変電室：差動式スポット型（２種）、面積 72m² で基準が 35m² のため３個

◇正解例の設備図中の「Ｐ×２」等は空気管等の本数を表す。設備図では１本線となっ
　ているが、実際は差動式スポット型感知器の数に応じて、空気管等が束になっている。
　なお、束の空気管等は保護管に収められている。

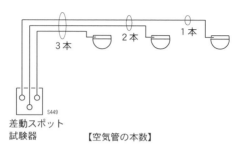

3本　　　2本　　　1本

S449
差動スポット
試験器　　　　　【空気管の本数】

◇正解例の設備図中の「Ⓣ×３」は、試験器を３つ使用していること、すなわち、３本
　の空気管が試験器に接続してあることを表す。また、試験器には２個や４個の試験孔
　が設置されているものが多い。

◇差動スポット試験器は、感知器を設置してい
　る室の入口付近等、試験の容易な場所に設け
　る。変電室の例では室側に設けてあるが、１
　組の例では廊下側に設けてある。どちら側で
　あってもかまわないが、入口付近でなければ
　ならない。

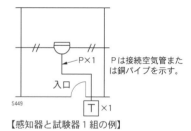

Ｐ×１

入口

S449

Ⓣ×１

Ｐは接続空気管また
は銅パイプを示す。

【感知器と試験器１組の例】

〔その他の部分〕

◇地階のため一般的な室には差動式スポット型ではなく、
　光電式スポット型を設置する。

◇天井面の高さは 4.2m であるため、感知面積は［高さ
　４m 以上８m 未満（光電式スポット型は 15m 未満）］
　の基準が適用。

◇廊下：廊下の歩行距離は、中心線に沿って最も長い経
　路で計測する。6m ＋4m ＋1m ＋ 1.5m ＋5m ＋
　4m ＋3m ＋1m ＋4m ＝ 29.5m となり、基準の
　30m 以内であるため、１個設置する。

中心線

廊
下

【廊下の歩行距離】

◇消火ポンプ室：定温式スポット型（１種防水型）、面積 36m² で基準が 30m² のた
　め２個

◇機械室（左）：光電式スポット型（2種）、面積30m²で基準が75m²のため1個
◇機械室（右）：光電式スポット型（2種）、面積20m²で基準が75m²のため1個
◇倉庫（左）：光電式スポット型（2種）、面積24m²で基準が75m²のため1個
◇倉庫（右）：光電式スポット型（2種）、面積16m²で基準が75m²のため1個
◇休憩室：光電式スポット型（2種）、面積18m²で基準が75m²のため1個
◇湯沸室：定温式スポット型（1種防水型）、面積18m²で基準が30m²のため1個

▶**手順6　終端抵抗に注意して配線**

◇条件により、終端抵抗は機器収容箱内に設置する。このため、感知器回路は4本線または、2本線で出発して2本線で戻ってくるというパターンのいずれかとなる。

◇正解例では、後者の2本線を採用している。

[正解例]

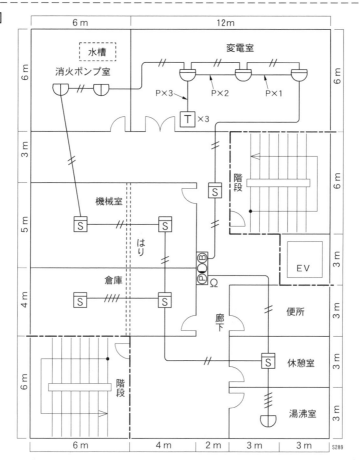

▶変電室に差動式分布型を設置する場合

◇差動式分布型は、天井面の高さが 15m 未満まで設置できる。設問の変電室は天井面の高さが 4.2m であるため、設置可能となる。

◇空気管式の基本形状を設問の変電室に当てはめてみる。横方向は、ℓ＝1.5m とすると、L＝9m となるが、わずかなズレで不適合となるため、このような設置は避ける。

◇次に、空気管式の「1辺省略」「2辺省略」「1辺省略と2辺省略の組み合わせ」を設問の変電室に当てはめてみる。いずれも適合する。

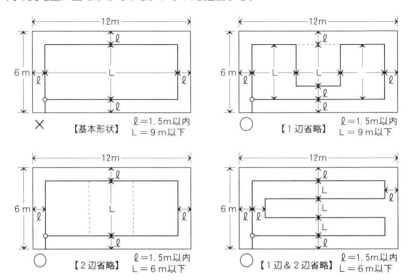

◇ここでは作業性を考慮して「2辺省略」を例として、変電室に設置した設備図をまとめてみた。

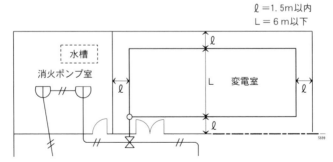

◇設問では、「凡例に示す記号を用いて」設備図を完成するよう指示している。凡例に示す記号以外の記号（ ⊠ ）を用いて設備図を作成した場合は、不正解とされる可能性が高い。

▶ ［差動式スポット型＋差動スポット試験器］の設置基準

◇規則第23条5項6号により、令別表第1（15）項の事務所ビル等は、地階の一般的な室に煙感知器、熱煙複合式スポット型感知器又は炎感知器を設けなければならない。

◇この規定に従うと、地階の変電室には差動式スポット型を設置できなくなる。

◇各市町村では、消防用設備等について法令基準だけでは適切に運用できないため、行政指導などを加えたものをまとめている。京都市の「基準24　自動火災報知設備の設置及び維持に関する基準」では、感知器の選択について次のようにまとめている。

◇「工場、倉庫等で足場が容易に確保できない場所や、電気室等の危険が伴う場所で維持管理が十分期待できない場合は、差動式分布型、差動式スポット型と試験器の組合せ、自動試験機能等対応型感知器等による試験、点検等が可能なものを使用すること」。

◇この基準を設問の変電室に適用すると、［差動式スポット型＋差動スポット試験器］が使えるようになる。

【1】 次の図は、自動火災報知設備を設置した地上5階建て結婚式場の3階平面図を示したものである。下の条件に基づき、次の各設問に答えなさい。

<条件>
1. 主要構造部は耐火構造で、地上階は無窓階に該当しない。
2. 天井面の高さは、宴会場及び厨房にあっては4.2m、その他の部分にあっては3.5mである。
3. 煙感知器は、法令上必要とされる場所のみ設置する。
4. 差動式分布型感知器（空気管式）は、神殿室のみ設置する。
5. 感知器の設置は、法令上必要とされる最少の個数とする。
6. 厨房カウンターの上部には、天井面から1m突き出した垂れ壁がある。
7. 受信機はP型1級を使用し、1階事務室に設置されている。

凡例

記　号	名　　称	備　考
⏝	差動式スポット型感知器	2種
⏟	定温式スポット型感知器	1種防水型
──	差動式分布型感知器	空気管式
⊠	差動式分布型感知器の検出部	空気管式
S	光電式スポット型感知器	2種非蓄積型
▭	機器収容箱	
Ⓟ	P型発信機	1級

記　号	名　　称	備　考
◖	表示灯	
Ⓑ	地区音響装置	
Ω	終端抵抗	
(No)	警戒区域番号	
─・─	警戒区域線	
─∦	配線	2本
─∦∦	配線	4本

☐　1. 警戒区域⑦を適応する感知器で警戒し、凡例記号を用いて配線回路を完成させなさい。ただし、終端抵抗は感知器に設置すること。
　　2. 警戒区域⑧を適応する感知器で警戒し、凡例記号を用いて配線回路を完成させなさい。ただし、神殿室は除く。
　　3. 神殿室の矢印Aは、空気管がコイル巻の状態になっていることを示しているが、このような状態としなければならない理由を答えなさい。

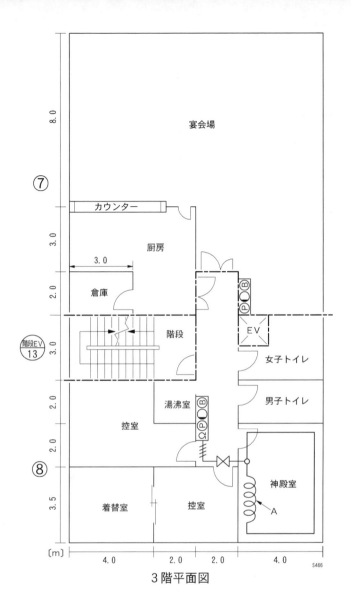

3 階平面図

▶▶正解＆解説‥‥‥‥‥‥‥‥‥‥‥‥‥‥‥‥‥‥‥‥‥‥‥‥‥‥‥‥‥‥‥‥‥‥

▶手順1　警戒区域の設定

　◇3階の面積は、23.5m×12m＝282m²であり、1辺の長さは23.5mである。この
　　中に、警戒区域⑦と⑧、それに階段・EVの⑬が含まれている。

　◇面積600m²以下、1辺の長さ50m以下の基準に適合している。

267

▶手順２　機器収容箱の位置

◇設問の平面図で指定されている。

◇各警戒区域内の歩行距離 50m 以下（発信機）と水平距離 25m 以下（地区音響装置）の基準に適合している。

▶手順３　感知器の設置を除外できる場所

◇男子トイレ及び女子トイレは、感知器が不要となる。

◇階段・EV は別の警戒区域（⑬）であり、設問では配線回路の書き込みを指示していない。

▶手順４　はりの有無と長さ

◇３階にはりはない。

◇ただし、警戒区域⑦の厨房カウンター上部に垂れ壁が設置されている。この垂れ壁により、宴会場は「煙が多量に流入するおそれのある場所」には該当せず、「一般的な室」として取り扱う。

▶手順５　室ごとの感知器の種類と個数

◇宴会場及び厨房は、天井面の高さが 4.2m であり、感知面積は［高さ４m 以上８m 未満（光電式スポット型は 15m 未満）］の基準が適用。

◇宴会場：差動式スポット型（２種）、面積 122m² で基準が 35m² のため４個

◇厨　房：定温式スポット型（１種防水型）、面積 24m² で基準が 30m² のため１個

◇宴会場及び厨房以外は、天井面の高さが 3.5m であり、感知面積は［高さ４m 未満］の基準が適用。

◇倉　庫：差動式スポット型（２種）、面積６m² で基準が 70m² のため１個

◇湯沸室：定温式スポット型（１種防水型）、面積４m² で基準が 60m² のため１個

◇控室（左上）：差動式スポット型（２種）、面積 20m² で基準が 70m² のため１個

◇控室（右下）：差動式スポット型（２種）、面積 14m² で基準が 70m² のため１個

◇着替室：差動式スポット型（２種）、面積 14m² で基準が 70m² のため１個

◇廊　下：歩行距離が 10m 以下の廊下、または階段に至るまでの歩行距離が 10m 以下の廊下は、煙感知器を設けないことができる。警戒区域の⑧の廊下は、このいずれにも該当するため、廊下に光電式スポット型感知器を設けてはならない。

▶手順６　終端抵抗に注意して配線

◇警戒区域⑦は、設問の指示により倉庫内の感知器に終端抵抗を設置する。

◇警戒区域⑧は、機器収容箱に終端抵抗があらかじめ設置されている。更に、空気管式の検出部と機器収容箱間が４本配線となっている。以上のことから、機器収容箱と各感知器間は２本配線とし、再び機器収容箱に戻るようにする。

◇この結果、警戒区域⑧の２本配線は次のように経由する。機器収容箱⇒各感知器⇒機器収容箱⇒空気管式の検出部⇒機器収容箱⇒終端抵抗。

[設問1＆2　正解例]

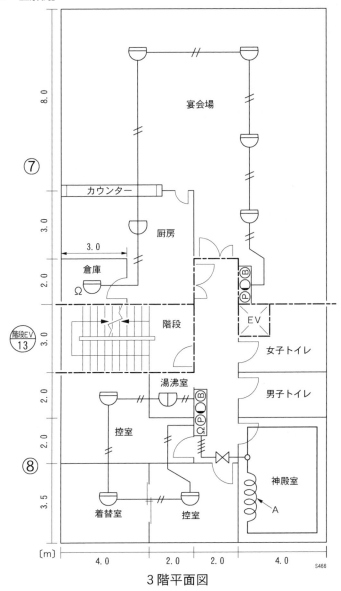

3階平面図

[設問3　正解]

　空気管の露出部分は、感知区域ごとに20m以上としなければならないため。

20. 光電式分離型の設備図

▶基本的な内容

◎光電式分離型感知器の光軸は、平行する壁から**0.6m以上**離れた位置に設ける。

◎感知器の送光部及び受光部は、その背部の壁から**1m以内**の位置に設ける。

◎感知器は、壁によって区画された区域ごとに、当該区域の各部分から一の光軸までの水平距離が**7m以下**となるように設ける。

　〔解説〕この「7m以下」の基準により、壁によって区画された区域に2組の光電式分離型を設置する場合、2つの光軸間は14m以下であること、が導き出される。

　※設置基準については、上巻の第5章「7. 光電式分離型煙感知器の設置基準」302P参照。

▶光電式分離型の設置例1

◎下図は、工場に光電式分離型感知器1組を設置する場合の設備図を示したものである。

◎光電式分離型の公称監視距離は、範囲を5〜50mとする。壁から0.6m以上、背部の壁から1m以内、光軸まで7m以下、の3つの基準全てに適合している。

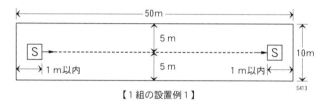

【1組の設置例1】

◎下図は、工場の縦方向の大きさを10m⇒15mに拡大した場合の設備図である。1組の感知器では「7m以下」の基準に適合させることができない（光軸までの水平距離が7.5mとなる）。このため、感知器は2組必要となる。

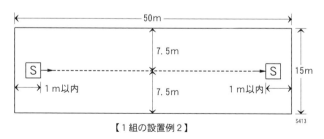

【1組の設置例2】

▶光電式分離型の設置例2

◎感知器を2組以上設置する場合は、隣接する感知器に影響を与えないようにするため、一般に逆向きに設置する。

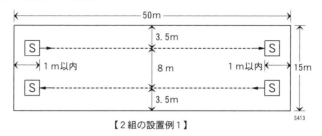

【2組の設置例1】

◎下図は、工場の縦方向の大きさを20mに拡大した場合の設備図である。2組の感知器でも基準に適合させることができる。

◎なお、光軸から壁までの水平距離及び光軸間の水平距離は、いずれも例であり、それぞれ0.6m以上7m以下、14m以下であればよい。

◎実際の設問では次の内容を問うことが多い。

　　[0.6m以上7m以下]　[14m以下]　[1m以内]

　　[5m以上55m以下]（公称監視距離の例）

　　[80%以上]（天井の高さに対する光軸の高さ）

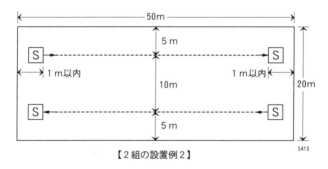

【2組の設置例2】

▶光電式分離型の警戒区域

◎警戒区域については、面積600m²以下、長さ50m以下というのが基本的な基準である。

◎ところが、光電式分離型感知器を設置する場合は、「長さ50m以下」の基準を長さ100m以下とすることができる。

◎また、面積については感知器の種類によらず、「防火対象物の主要な出入口からその内部を見通すことができる場合は」1,000m²以下とすることができる。

【1】次の図は、消防法施行令別表第1（12）項イに該当する平家建工場の平面図である。条件に基づき、この建物に自動火災報知設備を設置する場合の設備図を、凡例の記号を用いて完成させなさい。

<条件>

1. 主要構造部は耐火構造であり、無窓階には該当しない。

2. 天井面の高さは、12m である。

3. 感知器は光電式分離型感知器（公称監視距離は5～55m）を設置する。ただし、その配線については省略する。

4. 工場は、主要な出入口からその内部を見通すことができない。

5. 感知器の設置は、法令上必要とされる最少の個数とする。

凡例

記　号	名　　称	備　考
$\boxed{S}$ ▸	光電式分離型感知器　送光部	2種
▸ $\boxed{S}$	光電式分離型感知器　受光部	2種

記　号	名　　称	備　考
------	光軸	
(No)	警戒区域番号	
———	警戒区域境界線	

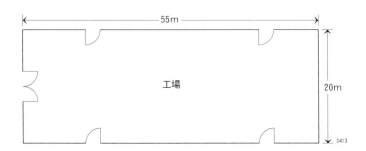

▶▶正解＆解説‥‥

▶手順1　警戒区域の設定

　◇光電式分離型の警戒区域設定については、注意が必要となる。長さの基準が50m以下ではなく100m以下となる。

　◇面積については、条件により主要な出入口から内部を見通すことができないため、600m²以下のままとなる。

　◇横方向の中央に警戒区域境界線を設定してみる。それぞれの面積は、550m²となり、基準に適合する。また、光電式分離型感知器の公称監視距離は最大55mであることから、光軸が横方向となるように設置でき、警戒区域境界線を光軸がまたぐこともない。

▶手順2・3・4　省略

▶手順5　室ごとの感知器の種類と個数

　◇光電式分離型（2種）は、天井面の高さが15m未満まで設置できる。設問の工場は天井面の高さが12mであるため、設置可能となる。なお、感知器が1種である場合は、天井面の高さが20m未満まで設置できる。

　◇感知器の種類は指定されている。ここでは組数を決定する。

　◇上下の警戒区域ごとに、それぞれ1組の感知器を設置し、光軸を書き込んでみる。上下方向の光軸位置は、壁面から5mの距離とする。この結果、光軸間の水平距離は10mとなる。

　◇0.6m以上、7m以下の基準に適合する。

　◇感知器の送光部及び受光部について、「1m以内」と書き込む。

- -

［正解例］

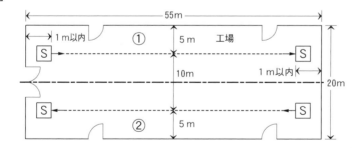

【1】 図は主要構造部が耐火構造の政令別表第1 (12) 項イに該当する工場の1階平面図である。下の条件に基づき、以下の各設問に答えなさい。

<条件>

1. この工場の1階は、無窓階ではない。

2. 工場A及び工場Bの部分は、光電式分離型感知器により警戒され、この感知器の公称監視距離は5m以上35m以下である。

3. 工場A及び工場B以外の部分の感知器等は、法令で必要とされる最少の個数を設置するものとする。

4. 工場A及び工場B以外の部分の煙感知器は、法令で必要とされる場所以外には設置しないものとする。ただし、この部分の天井の高さは3.5mである。

凡例

記 号	名 称	備 考	記 号	名 称	備 考
S →	光電式分離型感知器 送光部	2種	(P)	P型発信機	1級
→ S	光電式分離型感知器 受光部	2種	(●)	表示灯	
�	差動式スポット型感知器	2種	(B)	地区音響装置	
⌴	定温式スポット型感知器	1種防水型	Ω	終端抵抗	
⌴o	定温式スポット型感知器	特種	(No)	警戒区域番号	① ② …
S	光電式スポット型感知器	2種	— — —	警戒区域線	
▯	機器収容箱		—//—	配線	2本
------	光軸		—///—	配線	4本

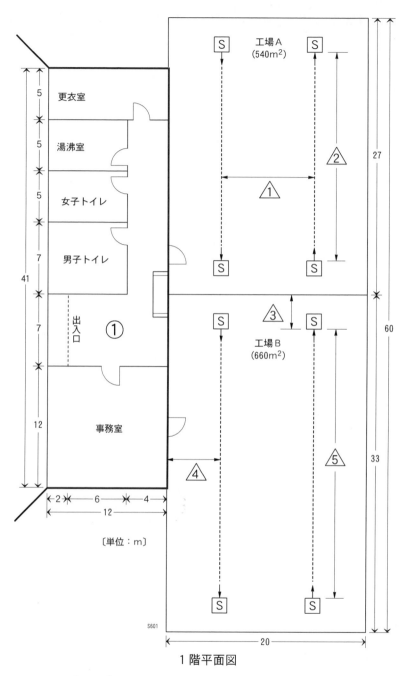

［単位：m］

1 階平面図

□ 1. 図中の $\triangle$〜$\triangle$ に示す距離は、法令上どのようになっているか。例にならって答えなさい。

例：○m以上、○m以下、○m以内、○m以上○m以下

275

2．工場A及び工場Bの部分に、警戒区域線及び警戒区域番号を凡例の記号を用いて記入し、警戒区域図を完成させなさい。ただし、警戒区域は法令上必要とされる最小の数とすること。

3．工場A及び工場B以外の部分に、必要とされる機器を凡例の記号を用いて記入し、設備図を完成させなさい。ただし、配線は図中に記載されている機器収容箱からの感知器回路とし、終端抵抗、P型発信機、表示灯及び地区音響装置は機器収容箱に設置するものとする。

▶▶正解＆解説··

[設問1　正解]

△1：14m以下　　△2：5m以上35m以下　　△3：1m以内

△4：0.6m以上7m以下　　△5：5m以上35m以下

[設問2＆3]

▶手順1　警戒区域の設定

◇光電式分離型であっても警戒区域は、面積600m^{2}以下、1辺の長さ50m以下が適用される。工場Aはこれらの基準に適合する。しかし、工場Bは面積が600m^{2}を超えるため、警戒区域を2つに区分する必要がある。警戒区域線は、光軸をまたがないように縦の中央に設定する。

◇警戒区域①の面積は、12m×41m＝492m^{2}であり、1辺の長さは41mである。面積600m^{2}以下、1辺の長さ50m以下の基準に適合している。

▶手順2　機器収容箱の位置

◇機器収容箱の位置は、設問により指定されている。発信機、表示灯、地区音響装置の記号を書き込む。

◇発信機は「歩行距離で50m以下」、地区音響装置は「水平距離で25m以下」の基準が適用される。

▶手順3　感知器の設置を除外できる場所

◇女子トイレ及び男子トイレは、感知器が不要となる。

▶手順4　はりの有無と長さ

◇設問により、はりは設置されていない。

▶手順5　室ごとの感知器の種類と個数

◇天井面の高さが3.5mであるため、感知面積は［高さ4m未満］の基準が適用。

◇廊下：光電式スポット型（2種）、歩行距離は中心線に沿って計測する。5m＋5m＋7m＋3.5m＋2m＋6m＝28.5mとなり、30m以下のため1個

◇更衣室：差動式スポット型（2種）、面積60m^{2}で基準が70m^{2}のため1個

◇湯沸室：定温式スポット型（1種防水型）、面積40m^{2}で基準が60m^{2}のため1個

◇事務室：差動式スポット型（2種）、面積144m^{2}で基準が70m^{2}のため3個

276

▶手順6　終端抵抗に注意して配線

◇設問の指示により、機器収容箱に終端抵抗を配置する。

[設問2＆3　正解例]

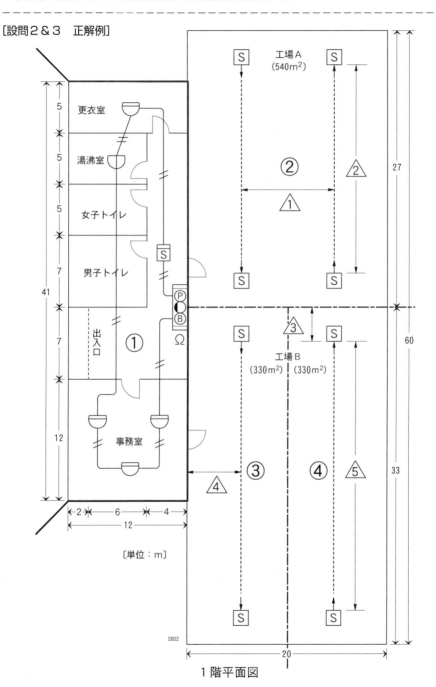

〔単位：m〕

1 階平面図

277

▶警戒区域の基本的な内容

◎一の警戒区域は面積が600m²以下、1辺の長さが50m以下とする。

◎水平距離で50m以下の範囲内にある階段、エレベーター昇降路、パイプダクト等は同一警戒区域とすることができる。

▶感知器設置の基本的な内容

◎階段は垂直距離15mにつき、1個以上のスポット型煙感知器を頂部等に設ける。

　※15mは1種・2種の基準で、3種は垂直距離10mが基準となる。

◎地下階がある場合は、地階の階数が1の場合を除き、地上階と地下階の階段は別の警戒区域とする。このため、階段用のスポット型煙感知器は地上階と地下階に分けて設ける。

◎特定1階段等防火対象物の場合は、1種又は2種のスポット型煙感知器を垂直距離7.5mにつき1個以上を頂部等に設ける。

▶例題1（垂直距離と水平距離の基準）

◎下の図は、地上7階建て防火対象物の断面図である。図の階段室、EV昇降路及びパイプスペースの適切な位置に、感知器（2種）の記号を記入しなさい。

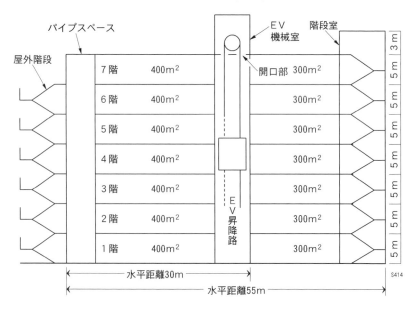

◎階段は、垂直距離15mにつき1個以上を設ける。ただし、設問では条件で「法令上必要とされる最少の個数」を求められることが多いため、この場合は、2個以上設けると不正解となる。

◎階段に設置する煙感知器は、「室内に面する部分又は上階の床の下面若しくは頂部」に設けるよう規定されている。従って、階段の裏側や階段踊場の下面に設けてはならない。

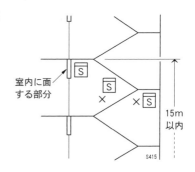

◎EV昇降路、パイプダクト、リネンシュート等の**たて穴**には、**最頂部**にスポット型煙感知器を設ける。

◎ただし、**EVの昇降路**については、昇降路の頂部とEV機械室との間にワイヤーを通すための開口部が一般にあり、この場合、開口部の面積に関係なく、エレベーター機械室の天井面に煙感知器を設置すれば、EV昇降路の頂部に煙感知器を設けないことができる。この規定により、一般には**EV機械室の天井面**にスポット型煙感知器が設置される。

◎屋外階段については、感知器を設置する必要がない。たとえ設置したとしても煙が外気によって拡散するため、感知が困難となる。

- -

[例題1の正解例]

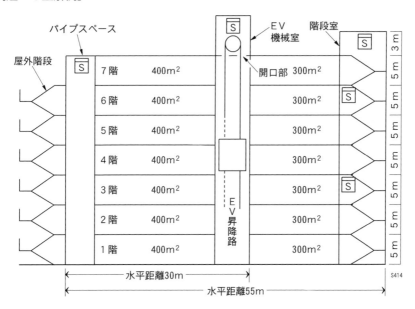

279

◎同じ図で、この建物の警戒区域の数は、法令上、最低限いくつ必要とされるか。ただし、各階の警戒区域の1辺の長さは50m以下とする。

◎各階の床面積は600m²を超えるため、階ごとに2つの警戒区域となる。従って、階段及びたて穴部分を除いた警戒区域は、**14**となる。

◎パイプスペース及びEV昇降路は、水平距離が30mで基準の50m以下であることから、同一の警戒区域とする。また、階段とパイプスペース間の水平距離は55mであり、基準の50mを超えているため、階段は別の警戒区域とする。

◎階段は、**垂直距離45m以内**ごとに別の警戒区域とする。図の建物は、階段室の頂部までの垂直距離が38mであることから、一の警戒区域とする。垂直距離があと7mをこえると、階段は二の警戒区域となる。実際の問題では、垂直距離が45m以下であることが多い。

◎以上により、警戒区域の最低数は「**16**」となる。

▶例題2（地階の基準）

◎下の図は、地下2階、地上7階建て防火対象物の断面図である。図の西階段、東階段、EV昇降路及びダクトの適切な位置に、感知器（2種）の記号を記入しなさい。

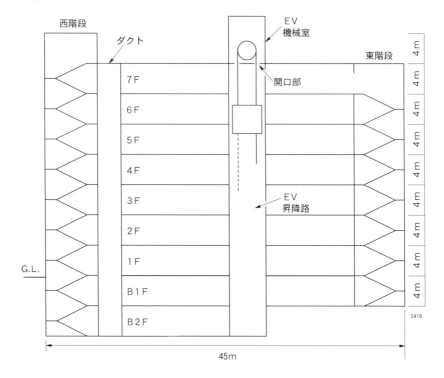

280

[例題２の正解例]

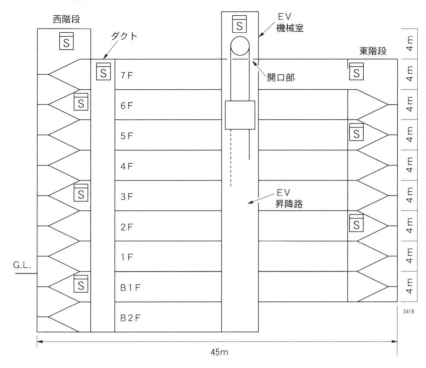

◎地下階を含む階段は、地階の階数が１の場合を除き、地上階と地下階を**別の警戒区域**とし、感知器は地上階と地下階とを分けて設置する。

◎地階の階数が１の場合は、地下１階を含めて、垂直距離15mにつき１個以上のスポット型煙感知器を設置する。

◎同じ図で、西階段、東階段、EV昇降路及びダクトを対象とした警戒区域の最低数は、法令上、いくつになるか。

◎ ［西階段の地下１階及び地下２階］が一の警戒区域となり、［西階段の１階〜７階・ダクト・EV昇降路・東階段］は水平距離50m以下であるため、一の警戒区域となる。このため、たて部分の警戒区域の最低数は「２」となる。

【1】 下の図は、主要構造部を耐火構造とした消防法施行令別表第1 (15) 項に該当する事務所ビルの断面図である。下の条件に基づき、次の各設問に答えなさい。

<条件>
1. 感知器等は、法令上必要とされる最少の個数を設置する。
2. EV昇降路の頂部とEV機械室との間に開口部がある。
3. EV昇降路及びダクトの水平断面積は1m² 以上である。
4. 各階の床面積は1,100m² で、各階の警戒区域の1辺の長さは50m以下である。

凡例

記 号	名 称	備 考
⌓	差動式スポット型感知器	2種
S	光電式スポット型感知器	2種
⌓	定温式スポット型感知器	2種

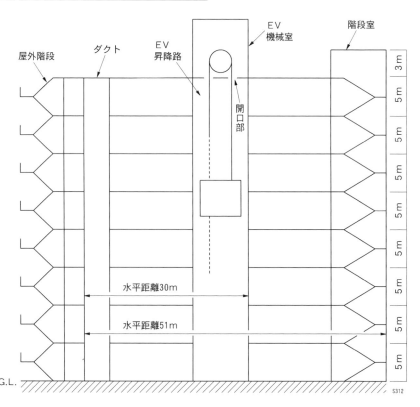

　1．図の階段室、EV 昇降路及びダクトの適切な位置に、凡例の記号を用いて感知器を記入しなさい。なお、電気配線図等の記入は不要とする。

　2．この建物の警戒区域の数は、法令上、最低限いくつ必要とされるか答えなさい。

　3．この建物の感知器回路の共通線について、必要最少本数を答えなさい。

　4．この建物に使用するのに適する受信機の種別を答えなさい。

▶▶正解＆解説……………………………………………………………………………

[設問1]

◇ EV の昇降路及びパイプダクト等のたて穴には、最頂部に煙感知器を設置する。

◇ただし、EV 昇降路の頂部と EV 機械室との間に開口部がある場合は、開口部の面積に関係なく、EV 機械室の天井面に煙感知器を設置すれば、EV 昇降路の頂部に煙感知器を設けないことができる。この規定に従って、EV 機械室の天井面に煙感知器を設置する。

◇ダクト（縦方向）で水平断面積が 1 m² 以上ある場合は、最頂部に煙感知器を設置する。

[設問1　正解例]

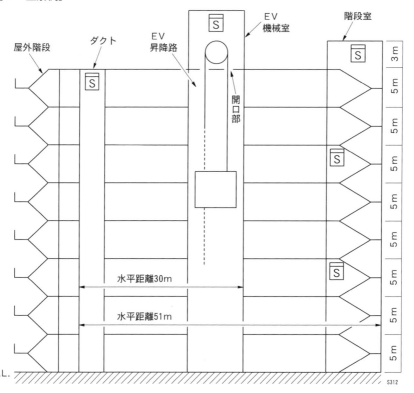

◇階段は、垂直距離 15m（3種は 10m）につき、1個以上を室内に面する部分または上階の床の下面もしくは頂部に設ける。

◇屋外階段については、煙感知器を設ける必要がない。

［設問2　正解：18］

◇一の警戒区域の面積は、600m² 以下とし、その1辺の長さは 50m 以下とする。設問の事務所ビルは、各階の床面積が 1,100m² であるため、階ごとに2つの警戒区域とする。

◇階段及び EV 昇降路、パイプダクト等（たて穴）は、各階の居室、廊下等と別の警戒区域とする。

◇水平距離で 50m 以下の範囲にある EV 昇降路等は、同一の警戒区域とすることができる。

◇階段の地上部分は、垂直距離が 45m 以下ごとに別の警戒区域とする。

◇設問では、ダクトと EV 昇降路は同一の警戒区域とすることができる。ただし、階段は水平距離で 50m を超えているため、別の警戒区域とする。また、階段は垂直距離が 43m であるため、1つの警戒区域とする。

◇以上の結果、警戒区域は18となる。

　　1階〜8階…①〜⑯　　ダクト＆ EV 昇降路…⑰　　階段…⑱

［設問3　正解：3本］

◇感知器回路の配線は、表示線（L）と共通線（C）から成る。ただし、共通線1本につき、表示線は7警戒区域以下としなければならない。設問の事務所ビルは 18 警戒区域であるため、18 本の表示線と**3本の共通線**が必要となる。

［設問4　正解：P型1級受信機］

◇ガス漏れ火災警報設備は、主に地階で床面積の合計が 1,000m² 以上の場合に設置しなければならない。

◇設問の事務所ビルでは、ガス漏れ火災警報設備を設置する必要がない。このため、**P型1級受信機**を設置する。

◇R型受信機やアナログ式受信機については、設問3で「共通線」としていることから、除外した方がよい（編集部）。R型受信機及びアナログ式受信機に共通線はない。

【1】政令別表第1（15）項に該当する防火対象物に設置する自動火災報知設備について、次の各設問に答えなさい。

□　1．下の図に示す廊下に煙感知器（光電式スポット型2種）を設置する場合の感知器相互間の歩行距離Aの数値を答えなさい。

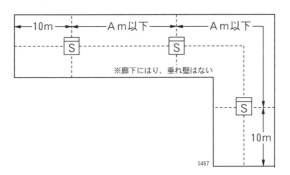

2．下の図は、煙感知器を設けないことができる廊下を示したものである。図中の歩行距離Bの数値を答えなさい。

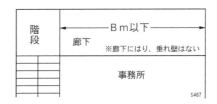

3. 下の図に示す防火対象物の階段部分に、凡例の記号を用いて感知器を記入しなさい。ただし、感知器は法令上必要とされる最少の個数とし、配線を記入する必要はない。

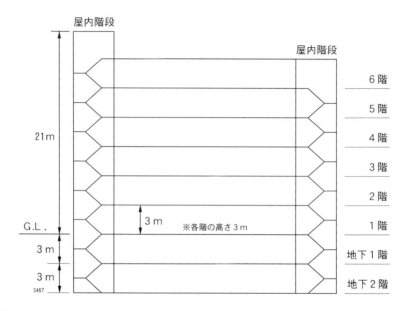

凡例

記　号	名　　　称	備　考
⌣	差動式スポット型感知器	2種
⊔	定温式スポット型感知器	1種防水型

記　号	名　　　称	備　考
⌣₀	定温式スポット型感知器	特種
S	光電式スポット型感知器	2種

▶▶正解＆解説···

[設問1　正解：30（m以下）]

　◇廊下に設ける煙感知器は、歩行距離30m（3種は20m）ごとに1個以上とする。

　◇歩行距離は、原則として廊下の中心線に沿って測定する。

[設問2　正解：10（m以下）]

　◇歩行距離が10m以下の廊下、または階段に至るまでの歩行距離が10m以下の廊下は、煙感知器を設けないことができる。

[設問3]

　◇階段には、垂直距離15m（3種は10m）までの間に1個以上の煙感知器を設ける。

　◇地階の階数が1の場合を除き、階段は地上階と地下階を別の警戒区域とする。従って、煙感知器は地上階と地下階を分けて設置する。

　◇階段で室内に面する部分がある場合は、その部分に煙感知器を設置する。また、設問の右側屋内階段の頂部のように、階段頂部が最上階の天井面と同一の場合は、できるだけ室内に近い部分で維持管理上支障のない位置に設ける。

[設問3の正解例]

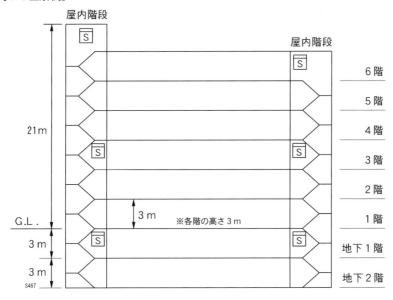

※上記の正解例では、3階に煙感知器を設置しているが、3階ではなく4階または5階に設置しても問題ない。本書では、他の感知器とのバランスを考慮して3階に配置した。

26. 断面図の過去問題 ［3］

【1】 次の図は、4階建て防火対象物の断面図を示したものである。それぞれ警戒区域の数は、法令上、最低限いくつ必要とされるか答えなさい。

☐ 防火対象物Ａ

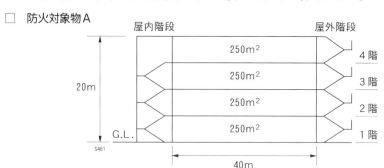

防火対象物Ｂ

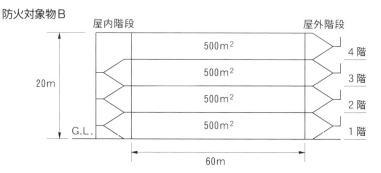

▶▶正解＆解説……………………………………………………………………………

［防火対象物Ａ　正解：警戒区域の数３］

　◇一の警戒区域は、2以上の階にわたらず、面積600m² 以下、1辺の長さ50m 以下が原則規定となる。

　◇防火対象物Ａは、階と面積について例外規定が適用される。すなわち、面積の合計が500m² 以下であれば、2の階にわたることができる。

　◇屋外階段は警戒区域から除外する。

　◇屋内階段、EV の昇降路及びパイプダクト等のたて穴は、各階の居室、廊下等とは別の警戒区域とする。

　◇地上部分の屋内階段は、垂直距離で45m 以下ごとに別の警戒区域とする。

　◇以上から、1階部分＋2階部分で警戒区域①、3階部分＋4階部分で警戒区域②、屋内階段で警戒区域③となる。

［防火対象物Ｂ　正解：警戒区域の数９］

　◇1辺の長さが50m を超えているため、各階の警戒区域の数は2となる。

　◇以上から、1階部分から4階部分で警戒区域①から⑧、屋内階段で警戒区域⑨となる。

【1】 図A～Cは、それぞれ主要構造部が耐火構造の政令別表第1 （15）項に該当
する事務所ビルの断面図である。自動火災報知設備の設置について、次の各設
問に答えなさい。

□ 1. 図A～Cの図中に、警戒区域番号を記入例にならって記入しなさい。ただ
し、警戒区域は消防法令上必要とされる最少の数とし、設置される感知器は、
差動式スポット型感知器、定温式スポット型感知器及び光電式スポット型感
知器とする。

(記入例)

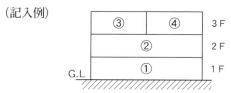

2. 図A～Cの防火対象物に、消防法令上必要とされる最低限の機能を有する
受信機の種別と回線数を答えなさい。

[図A]

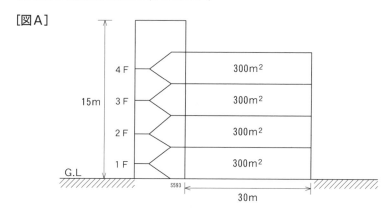

[図B]

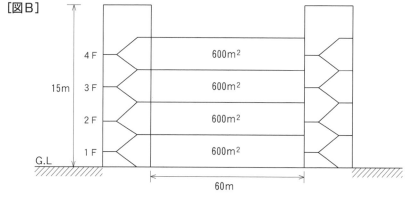

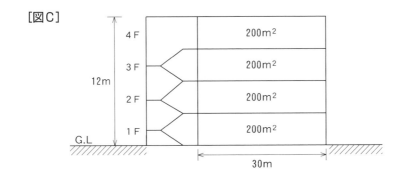

[図C]

4 F 200m²
3 F 200m²
2 F 200m²
1 F 200m²

12m

G.L

30m

▶▶正解＆解説··

[設問1　正解]

図A

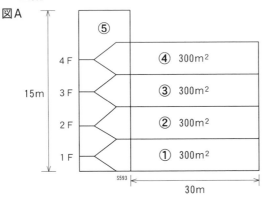

⑤

4 F ④ 300m²
3 F ③ 300m²
2 F ② 300m²
1 F ① 300m²

15m

S593

30m

図B

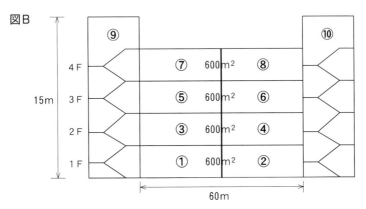

⑨

4 F ⑦ 600m² ⑧
3 F ⑤ 600m² ⑥
2 F ③ 600m² ④
1 F ① 600m² ②

⑩

15m

60m

290

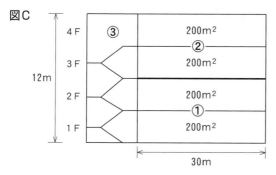

図C

◇一の警戒区域は、2以上の階にわたらず、面積600m²以下、1辺の長さ50m以下が原則規定となる。

◇防火対象物の図Bは、2つの階段の水平距離が50mを超えているため、別の警戒区域とする。

◇防火対象物の図Cは、階と面積について例外規定が適用される。すなわち、面積の合計が500m²以下であれば、2の階にわたることができる。

[設問2　正解]

　図A：P型2級受信機…5回線

　図B：P型1級受信機…10回線

　図C：P型2級受信機…3回線

【1】図は、政令別表第1 （15）項に該当する事務所ビルの断面図を示したものである。自動火災報知設備の設置について、次の各設問に答えなさい。

□　1．図に、消防法令基準に基づき最も少ない数の警戒区域を設定し、その警戒区域番号を記入例にならって記入しなさい。

（記入例）

2．図中の階段室、EV昇降路及びパイプシャフト部分に、凡例の記号を用いて感知器を記入しなさい。ただし、感知器は消防法令上必要とされる最少の個数とし、配線については記入の必要はない。

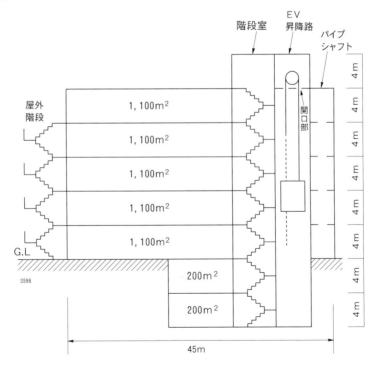

凡例

記 号	名 称	備 考
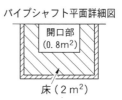	差動式スポット型感知器	2種
S	光電式スポット型感知器	2種
	定温式スポット型感知器	1種防水型

パイプシャフト平面詳細図

開口部
(0.8m²)

床（2m²）

3．この防火対象物の感知器回路における共通線の必要最少本数を答えなさい。

4．この防火対象物に使用することができる受信機の種別を1つ答えなさい。

▶▶正解＆解説……………………………………………………………………………

［設問1&2　正解例］

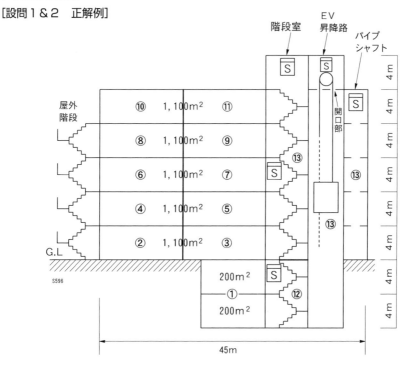

▶手順1　警戒区域の設定

◇一の警戒区域は、2以上の階にわたらず、面積600m²以下、1辺の長さ50m以下が原則規定となる。

◇防火対象物の地階は、原則として地上階の警戒区域に組み入れずに、別の警戒区域とする。

◇地上階及び地階は、階と面積について例外規定が適用される。すなわち、面積の合計が500m²以下であれば、2の階にわたることができる。

◇**地下１階及び地下２階**は、面積の合計が 400m² となるため、一の警戒区域とすることができる。

◇１階〜５階については、面積が 600m² を超えるため、それぞれ２つの警戒区域に分ける必要がある。

◇屋内階段、EV 昇降路及びパイプシャフト等のたて穴は、各階の居室、廊下等とは別の警戒区域とする。

◇屋外階段は警戒区域から除外する。

◇**階段**は、地上部分と地下部分を原則として別の警戒区域とする。

◇地上部分の屋内階段は、垂直距離で 45m 以下ごとに別の警戒区域とする。

◇水平距離で 50m 以下の範囲内にある階段及びたて穴は、まとめて同一の警戒区域とすることができる。

▶**手順２　感知器の設置と個数**

◇階段の煙感知器は、垂直距離 15m につき１個以上、室内に面する部分または頂部等に設ける。

◇地下階がある場合、地階の階数が１の場合を除き、階段は地上階と地下階を別の警戒区域とするため、煙感知器は地上階と地下階を分けて設ける。

◇ EV 昇降路の頂部と EV 機械室との間に開口部がある場合は、EV 機械室の頂部に煙感知器を設ける。

◇パイプシャフト等は、開口部の面積が１m² 未満であっても、床面積との合計値が１m² 以上である場合は、最頂部に煙感知器を設ける。

[設問３　正解　２本]

◇感知器回路では、信号線及び共通線の２本で受信機と送り配線により接続されている。

◇共通線は、７警戒区域まで１本で共通に使用することができる。

◇設問の警戒区域は 13 であることから、共通線は２本必要となる。

[設問４　正解　P型１級受信機]

◇P型２級受信機は、５回線が上限となっているのに対し、P型１級受信機は回線数に制約が設けられていない。P型２級受信機は使用できない。

◇R型受信機も使用可能であるが、「受信機の種別を１つ」答えることから、「P型１級受信機」を正解とした（編集部）。

【1】図は、政令別表第1（15）項に該当する事務所ビルの3階断面図及び平面図である。以下の各設問に答えなさい。

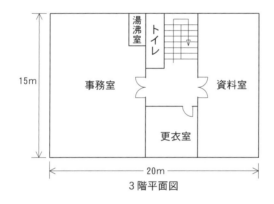

5F（床面積300㎡）　会議室　事務室　階段ホール　倉庫
4F（床面積300㎡）　事務室　階段ホール　会議室
3F（床面積300㎡）　事務室　トイレ　階段ホール　資料室
2F（床面積300㎡）　休憩室　応接室　階段ホール　事務室
1F（床面積300㎡）　車庫　階段ホール　玄関ホール

15m
3m
S603

湯沸室　トイレ
事務室　資料室
更衣室
15m
20m
3階平面図

　　1．この防火対象物に自動火災報知設備を設置する場合、法令上必要とされる最少の警戒区域の数を答えなさい。

　　2．次のア～オの受信機のうち、この防火対象物に設置することができるものには「○」を、設置することができないものには「×」を記入しなさい。ただし、受信機の複数設置は考慮しないものとする。

　　　　ア．P型1級受信機

　　　　イ．P型2級受信機

　　　　ウ．P型3級受信機

　　　　エ．R型受信機

　　　　オ．G型受信機

　　3．この防火対象物の感知器回路において、共通線の必要最少本数を答えなさい。

▶▶正解＆解説……………………………………………………………………………………

[設問1　正解　警戒区域の数：6]

◇一の警戒区域は、2以上の階にわたらず、面積600m² 以下、1辺の長さ50m 以下が原則規定となる。

◇例外規定によると、警戒区域の面積の合計が500m² 以下であれば、警戒区域は2の階にわたることができる。

◇設問では例外規定が適用されないため、1F〜5Fが警戒区域①〜⑤となる。

◇「階段ホール」は別の警戒区域となる。垂直距離45m 以下ごとに別の警戒区域とする。設問の垂直距離は15m であることから、「階段ホール」の警戒区域は1つで、警戒区域⑥となる。

[設問2　正解　ア：○　　イ：×　　ウ：×　　エ：○　　オ：×]

◇P型3級受信機は感知器回路が1回線となっている。また、P型2級受信機は、5回線が上限となっている。一方、P型1級受信機は回線数に制約が設けられていない。以上の理由から、P型受信機で設置できるのは、1級のみとなる。

◇また、R型受信機も設置できる。G型受信機はガス漏れ火災警報設備に使用する受信機である。

[設問3　正解　1本]

◇共通線は、7警戒区域まで1本で共通に使用することができる。

◇設問の警戒区域は6であることから、共通線は1本必要となる。

【1】図1〜3は、それぞれ異なる防火対象物の断面図及び平面図を示したものである。条件に基づき、凡例の記号を用いて、それぞれの図に感知器を記入しなさい。なお、すべての図において電気配線を記入する必要はなく、図2には事務所に感知器を設置する必要はない。

<条件>

1. これらの防火対象物は、すべて消防法施行令別表第1（15）項に該当する事務所ビルである。
2. これらの防火対象物は、すべて主要構造部を耐火構造としてある。
3. 地階、無窓階はない。
4. 感知器は、法令上必要とされる最少の個数を設置する。
5. 煙感知器は、法令上必要とされる場所以外には設置しない。

凡例

記号	名称	備考
⏢	差動式スポット型感知器	2種
⏝₀	定温式スポット型感知器	特種

記号	名称	備考
⏲	定温式スポット型感知器	1種防水型
S	光電式スポット型感知器	2種

□　図1

〈断面図〉

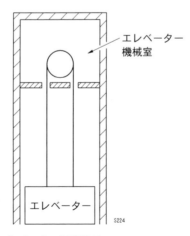

エレベーター
機械室

エレベーター

S224

※エレベーター昇降路の
水平断面積は1m²以上である。

図2
〈断面図〉

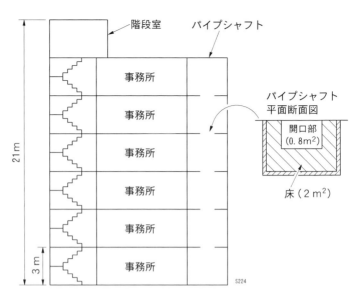

図3
〈平面図〉

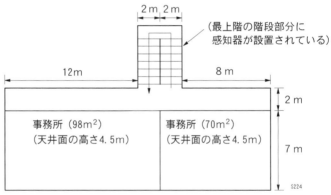

▶▶正解&解説···

[図1　正解例]

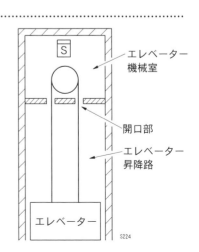

　◇図1は、エレベーター昇降路である。昇降路の頂部とエレベーター機械室との間に開口部がある場合は、一般にエレベーター機械室の天井面に光電式スポット型感知器を設置する。なお、エレベーター機械室の天井面に感知器を設置した場合は、エレベーター昇降路の頂部に感知器を設けないことができる。

◇図2は、階段とパイプシャフトである。階段は、垂直距離で15m以下ごとに1個の光電式スポット型感知器（2種）を設置する（警戒区域は垂直距離で45m以下）。

◇パイプシャフト（パイプダクト等）は、水平断面積で1m²（内寸）以上である場合に、最頂部に光電式スポット型感知器を設置する。ただし、開口部の面積が1m²未満であっても、床面積との合計が1m²以上ある場合は、感知器を設置する。設問の図2では、面積の合計が2.8m²となる。

[図2　正解例]

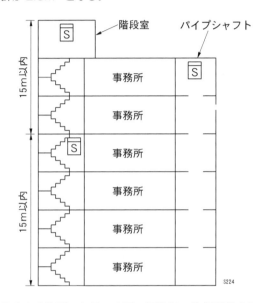

◇図3は、廊下・通路と事務所である。廊下・通路は、歩行距離30mにつき1個の光電式スポット型感知器（2種）を設置する。ただし、廊下・通路から階段に至るまでの距離が10m以下の場合は、感知器を設けないことができる。設問の図3では、階段までの歩行距離が12mであり、廊下の歩行距離が30m以下であるため、光電式スポット型感知器を1個設置する。

◇事務所は、差動式スポット型感知器を設置する。天井面までの距離が4m以上8m未満であるため、感知面積は35m²となる（2種）。左側事務所は感知器を3個、右側事務所は2個設置する。

[図3　正解例]

【1】 次の図は、1階及び2階を飲食店、3階から5階までをホテルとして使用している防火対象物の断面図及び平面図の一部を示したものである。次の各設問に答えなさい。

<条件>

1. この防火対象物の主要構造部は耐火構造であり、地階・無窓階には該当しないものとする。
2. 階段室、EVシャフト、パイプダクトは、各々防火区域を形成している。
3. 煙及び炎感知器は、これを設けなければならない場所以外には設置しないものとする。
4. 設置する煙感知器は、法令上必要とされる最少の個数とする。
5. 作図は、凡例の記号を用い、感知器のみ記入する。
6. 配線等の記入は不要とする。
7. 断面図には、縦系統の警戒についてのみ考慮する。
8. 居室部分の天井面に凹凸はないものとする。

凡例

記　号	名　　称	備　　考
 ⊓	定温式スポット型感知器	1種防水型
 ⊽	差動式スポット型感知器	2種
S	光電式スポット型感知器	1種
⟨△⟩	紫外線式スポット型感知器	視野角 100°のとき監視距離 25m

☐　1. この防火対象物に自動火災報知設備を設置する場合、警戒区域の数は最少でいくつ必要か答えなさい。

2. 上の条件に基づき、次の断面図及び平面図の適切な位置に感知器を記入しなさい。

[断面図]

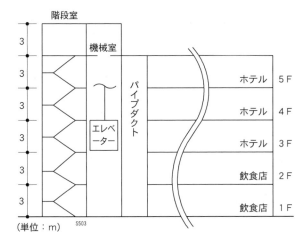

[2階平面図]

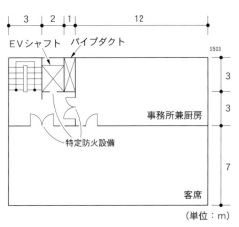

▶▶**正解＆解説**··

[設問1　正解：4]

　◇2階平面図より、各階の床面積は、13m×18m＝234m²となる。

　◇警戒区域は、原則として2以上の階にわたらないこと。ただし、警戒区域の面積の合
　　計が500m²以下の場合は、2の階にわたることができる。設問はこの条件に適合し、
　　かつ、1辺の長さが50m以下となるため、1階と2階を警戒区域①、3階と4階を
　　警戒区域②、5階を警戒区域③と設定することができる。

　◇階段は、地上部分と地下部分を原則として別の警戒区域とする。また、地上部分は垂
　　直距離が45m以下ごとに別の警戒区域とする。設問では、一の警戒区域となる。

　◇階段、EVシャフト及びパイプダクトは、各階の居室、廊下等と別の警戒区域とする。
　　ただし、水平距離で50m以下の範囲内にあるものは、それらをまとめて一の警戒区
　　域とすることができる。以上のことから、階段、EVシャフト及びパイプダクトは警
　　戒区域④とすることができる。

[設問2　断面図]

　　◇階段は、光電式スポット型感知器を垂直距離15m（3種は10m）につき1個以上、室内に面する部分または頂部等に設けること。

　　◇ただし、設問は特定1階段等防火対象物に該当するため、1種または2種のものを垂直距離7.5mにつき1個以上、室内に面する部分または頂部等に設けること。

　　◇特定1階段等防火対象物は、1階が避難階である場合、地階または3階以上に特定用途部分（設問ではホテル）があり、かつ、屋内階段が1つしかないものをいう。なお、屋外階段が設置されている場合は、特定1階段等防火対象物に該当しない。

　　◇2階と4階の階段で、室内に面する部分に光電式スポット型感知器を設置する。また、階段室の頂部にも設置する。

　　◇EVシャフトと（EV）機械室の間には開口部があるため、機械室の頂部に光電式スポット型感知器を設置する。

　　◇パイプダクトの頂部に光電式スポット型感知器を設置する。

[設問2　断面図の正解例]

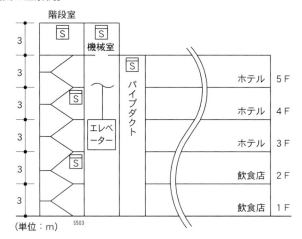

[設問2　2階平面図]

◇天井面の高さは3mであるため、感知面積は［高さ4m未満］の基準が適用。

◇客席：差動式スポット型（2種）、面積126m² で基準が70m² のため2個

◇事務所兼厨房：定温式スポット型（1種防水型）、面積72m² で基準が60m² のため2個

◇廊下：廊下から階段に至るまでのが歩行距離10m以下であるため、廊下には光電式スポット型感知器を設置しない。

[設問2　2階平面図の正解例]

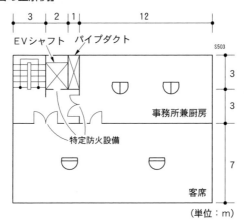

（単位：m）

【1】 図1は、自動火災報知設備を設置した4階建ての防火対象物の断面図で、図2は当該防火対象物の4階部分の平面図である。次の条件に基づき、各設問に答えなさい。

<条件>

1. 主要構造部は耐火構造であり、各階は無窓階に該当しない。
2. 天井面の高さは、3.2mである。また、はり等の突き出しはない。
3. 階段は、一階から塔屋まで直通で一箇所設置されている。
4. この防火対象物は、特定1階段等防火対象物に該当する。
5. 感知器の設置は、法令上必要とされる最少の個数とする。
6. 煙感知器は、法令上必要とされる場所以外には設置しない。

凡例

記　号	名　　　称	備　考
▽	差動式スポット型感知器	2種
⊤	定温式スポット型感知器	1種防水型
◡₀	定温式スポット型感知器	特種
S	光電式スポット型感知器	2種
▭	機器収容箱	
P	P型発信機	1級
◖	表示灯	

記　号	名　　　称	備　考
B	地区音響装置	
Ω	終端抵抗	
No	警戒区域番号	
- - -	警戒区域線	
⫽	配線	2本
⫻	配線	4本

☐ 1. 図1の階段室に設置する煙感知器の個数を、計算式を示して答えなさい。

2. 図1の階段室に不足している煙感知器を、凡例の記号を用いて記入しなさい。

3. 図2の警戒区域④の設備図を、凡例の記号を用いて完成させなさい。ただし、終端抵抗は会議室2の感知器に設置し、配線は図中の機器収容箱からの感知器回路とすること。

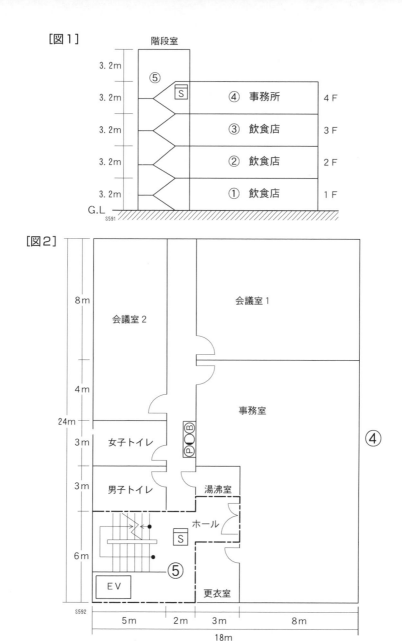

[図1]

階段室

3.2m

⑤

3.2m ⑤ | S | ④ 事務所   4 F

3.2m   ③ 飲食店   3 F

3.2m   ② 飲食店   2 F

3.2m   ① 飲食店   1 F

G.L
S591

[図2]

8m   会議室2   会議室1

4m

24m   事務室

3m   女子トイレ P○B

3m   男子トイレ   湯沸室

              ホール
| S |
6m   更衣室
    EV

④

⑤

S592

5m | 2m | 3m | 8m

18m

▶▶正解＆解説‥‥‥‥‥‥‥‥‥‥‥‥‥‥‥‥‥‥‥‥‥‥‥‥‥‥‥‥‥‥‥‥‥‥‥

[設問1　正解：煙感知器の個数：3個　　計算式：（3.2m×5）／7.5m]

　◇特定1階段等防火対象物は、「地階または3階以上の部分に特定用途部分があり、かつ、
　　1階に通じる避難に使用する階段が屋内に1つしかない防火対象物」が該当する。

　◇設問では条件で、特定1階段等防火対象物に該当することが示されている。

◇階段に光電式スポット型感知器を設置する場合、通常の防火対象物であれば垂直距離15mにつき1個以上設けるが、特定1階段等防火対象物では垂直距離7.5mにつき1個以上設けなくてはならない。

◇階段室の垂直距離は、3.2m×5＝16mであり、3個以上設ける必要がある。

[設問2　正解例]

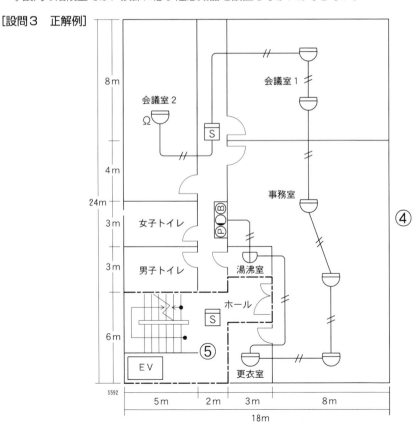

◇設問の階段室では、頂部に必ず煙感知器を設置しなければならない。

[設問3　正解例]

▶手順1　警戒区域の設定

　◇警戒区域の面積は、18m×24m＝432m² − ［階段・EV］であり、1辺の長さは24mである。面積600m²以下、1辺の長さ50m以下の基準に適合している。

▶手順2　機器収容箱の位置

　◇機器収容箱の位置は、設問により指定されている。

　◇発信機は「歩行距離で50m以下」、地区音響装置は「水平距離で25m以下」の基準が適用される。

▶手順3　感知器の設置を除外できる場所

　◇男子トイレ及び女子トイレは、感知器が不要となる。

▶手順4　はりの有無と長さ

　◇設問により、はりは設置されていない。

▶手順5　室ごとの感知器の種類と個数

　◇天井面の高さが3.2mであるため、感知面積は［高さ4m未満］の基準が適用。

　◇湯沸室：定温式スポット型（1種防水型）、面積は特定されないが、約6m²と推測される。基準が60m²のため1個

　◇更衣室：差動式スポット型（2種）、面積約12m²で基準が70m²のため1個

　◇事務室：差動式スポット型（2種）、面積149m²で基準が70m²のため3個

　◇会議室1：差動式スポット型（2種）、面積88m²で基準が70m²のため2個

　◇会議室2：差動式スポット型（2種）、面積60m²で基準が70m²のため1個

　◇廊下：光電式スポット型（2種）、歩行距離は中心線に沿って計測する。警戒区域④の距離は、8m＋4m＋3m＋3m＝18mとなり、10mを超えているため1個

▶手順6　終端抵抗に注意して配線

　◇終端抵抗は、設問3の指示により会議室2の感知器（差動式スポット型）に配置する。

　◇このため、機器収容箱からの感知器回路は、2本配線を主体とする。正解例では全て2本配線を使用しているが、適宜、4本配線を使用することもできる。

◎系統図を難しくしている原因は、次の2つである。

①感知器回路は、いくつかのパターンが存在する。

②機器収容箱内の1級発信機回路が複雑である。

◎本書では、これら難しくしている原因に対し、順を追って段階的に解説すること
にする。

▶用語の解説

◎**系統図**は、①、②、③…の各警戒区域ごとに設置する感知器の種類と個数、及び
受信機から機器収容箱を介して感知器にいたる配線を示したものである。

◎**幹線**は、受信機と各階の機器収容箱をつなぐ線のまとまりである。系統図の問題
では、この幹線の電線本数を求めることが多い。

◎系統図中の「IV 1.2×7 (19)」や「HIV 1.2×4 (25)」は、電線の種類・心
線（芯線）の太さ、本数、電線管の太さを表している。

IV ……	600Vビニル絶縁電線	HIV ……	600V 2種ビニル絶縁電線
1.2……	心線の直径が1.2mm		
×7……	電線本数が7本	×4 ……	電線本数が4本
(19) …	電線管の太さが19mm	(25) …	電線管の太さが25mm

◎系統図中の「×2」「×3」は、その感知器の個数を表している。なお、系統図
では感知器の接続順序を表しているわけではない。種類と個数を表し、その間を
2本配線記号または4本配線記号で接続している。

◎**受信機の端子記号**は、各受信機メーカーが設定している。L・C・B・T・Aは
共通して使われているが、他はメーカーにより異なっているものもある。本書で
は次の内容で統一している。

L… 表示線	L1… 表示線1	L2… 表示線2	L3… 表示線3
C… 共通線	C1… 共通線1	C2… 共通線2	
B… ベル線	BC… ベル共通線	B1… ベル線1	B2… ベル線2
T… 電話線	A… 応答線	PL… 表示灯線	

▶P型１級の感知器回路

◎P型１級受信機は導通試験装置を備えているため、感知器回路の末端には終端抵抗（終端器）が取り付けられている。

◎次の図は、感知器回路の**末端に終端抵抗**を設置した場合の【配線図】⇒【設備図】⇒【系統図】の関係をまとめたものである。

◎系統図では、配線本数が機器収容箱とはじめの感知器間の配線のみ表示される場合がある。ただし、試験問題では一般に全ての感知器配線で配線本数が記入されている。

◎図の系統図では、「幹線」の表記をした。ただし、一般に「幹線」であることが表記されることはない。

◎図の系統図では、機器収容箱中に発信機、表示灯、地区音響装置の記号が入っているが、これらの記号は省略されることがある。

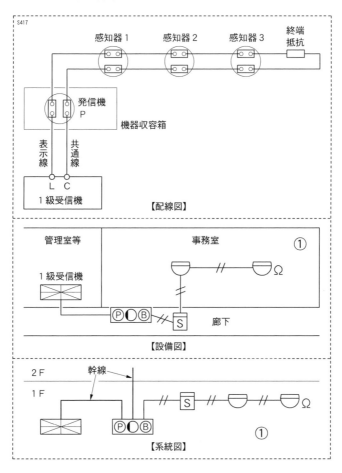

309

◎次の図は、**機器収容箱に終端抵抗を設置した場合の**
　【配線図】⇒【設備図】⇒【系統図】の関係をまとめたものである。
◎機器収容箱から出た配線が同じ経路で戻ってくる場合は、4本配線となる。
◎設備図では機器収容箱の付近に終端抵抗の記号が付されるが、系統図で省略され
　ている場合は、そのことを判断する必要がある。

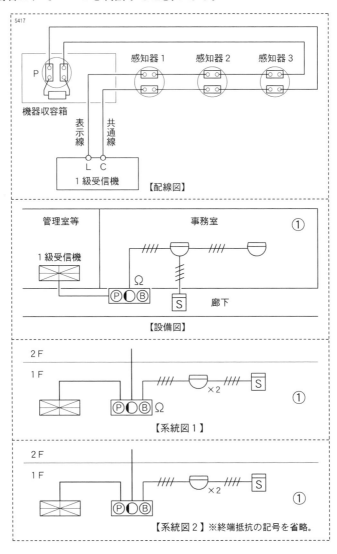

▶P型２級の感知器回路

◎P型２級受信機は導通試験装置が不要のため、感知器回路の末端には発信機または回路試験器が取り付けられている。

◎次の図は、感知器回路の**末端に発信機**を設置した場合の
【配線図】⇒【設備図】⇒【系統図】の関係をまとめたものである。

◎機器収容箱から出た配線が同じ経路で戻ってくる場合は、４本配線となる。

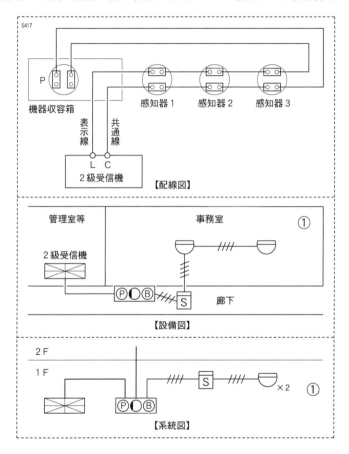

◎次ページの図は、感知器回路の**末端に回路試験器**を設置した場合の
【配線図】⇒【設備図】⇒【系統図】の関係をまとめたものである。

◎回路試験器は、押しボタンスイッチで構成されている。試験がしやすいように、廊下等の操作しやすい場所に設置する。

◎この感知器回路は、屋根裏や階段部分に使われることが多い。それらの部分には、発信機が設置されていないためである。

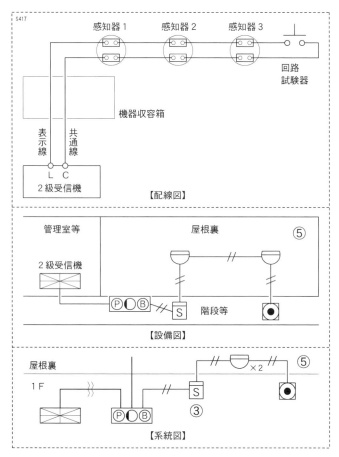

▶P型1級の発信機回路

◎P型2級の発信機は、押しボタンスイッチで構成されている。このため、接続している配線は表示線（L）と共通線（C）の2本である。

◎一方、P型1級発信機は、応答確認灯と電話ジャックが追加して装着されている。配線は、表示線（L）と共通線（C）の他に応答線（A）と電話線（T）が加わる。

◎1級発信機は受信機側から4本の配線が接続されているほか、感知器側へ2本の配線が伸びている（感知器回路の末端に終端抵抗がある場合）。または感知器回路を経由した2本の配線が接続されている（機器収容箱に終端抵抗がある場合）。

◎また、発信機は1級と2級で内部構造が異なっているにもかかわらず、記号は同じ⑫を使用している。

◎本書では、幹線における電線本数を理解しやすくするため、回路図では1級発信機を⑫と⑫に分けて表記する。ただし、⑫は正式な図記号ではないため、系統図に用いてはならない。なお、2級発信機は従来どおり、⑫と表記する。

【1】次の図は、P型2級受信機を用いた自動火災報知設備の系統図である。系統
図中のa〜hに当てはまる数値を答えなさい。

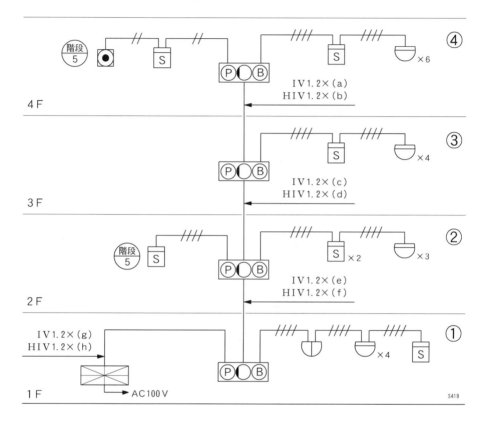

◎系統図における電線本数の問題は、一般に最も高い階に設置されている機器収容箱から解いていく。設問では4階に設置されている機器収容箱が対象となる。

◎**警戒区域④**の感知器をまとめて「④」とすると、機器収容箱と④の感知器回路は次の図のように表すことができる。L4とCによる2本線の回路となる。

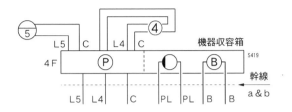

◎また、階段の警戒区域⑤は、2階と5階のスポット型煙感知器＋回路試験器で構成される。これらの感知器等をまとめて「⑤」とし、回路を簡素化していくと、図のようにL（L5）とCの2本線＋⑤で表すことができる。

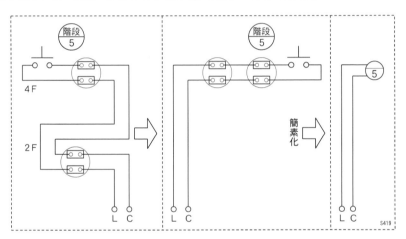

◎従って、4階の発信機Ｐと3階の機器収容箱間の電線は、L5・L4・Cの3本となる。

◎機器収容箱内の表示灯の電線は、PL・PLの2本となる。また、地区音響装置Ｂの電線は、B・Bの2本となる。

◎以上より、4階機器収容箱の下の幹線は、次の電線で構成される。

〔4階機器収容箱の下の幹線〕
　◇電線：L5・L4・C・PL・PL・B・B…7本
　◇電線のうちIV（600Vビニル絶縁電線）：L5・L4・C・PL・PL…5本（a）
　◇電線のうちHIV（600V 2種ビニル絶縁電線）：B・B…2本（b）

◎地区音響装置の回路は、HIV を用いた耐熱配線としなければならない。

◎同様にして、警戒区域③の感知器回路と３階機器収容箱の下の幹線は、次のとおりとなる。

〔３階機器収容箱の下の幹線〕

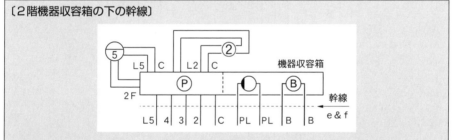

◇電線：L5・L4・L3・C・PL・PL・B・B…8本
◇電線のうち IV（600V ビニル絶縁電線）：L5・L4・L3・C・PL・PL…6本（c）
◇電線のうち HIV（600V ２種ビニル絶縁電線）：B・B…2本（d）

◎２階の機器収容箱には階段の感知器が接続されているが、既に表示線 L5 が配線されているため、幹線の電線数には影響しない。

〔２階機器収容箱の下の幹線〕

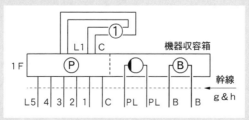

◇電線：L5・L4・L3・L2・C・PL・PL・B・B…9本
◇電線のうち IV（600V ビニル絶縁電線）：L5・L4・L3・L2・C・PL・PL…7本（e）
◇電線のうち HIV（600V ２種ビニル絶縁電線）：B・B…2本（f）

〔１階機器収容箱と受信機間の幹線〕

◇電線：L5・L4・L3・L2・L1・C・PL・PL・B・B…10本
◇電線のうち IV（600V ビニル絶縁電線）：L5・L4・L3・L2・L1・C・PL・PL…8本（g）
◇電線のうち HIV（600V ２種ビニル絶縁電線）：B・B…2本（h）

〔a〜hの正解〕

a	b	c	d	e	f	g	h
5	2	6	2	7	2	8	2

◎全体の回路図をまとめると、次のとおりとなる。

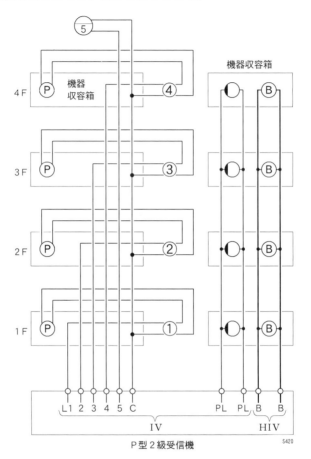

P型2級受信機

S420

【1】 次の図は、P型1級受信機を用いた自動火災報知設備の系統図である。系統
図中のa〜pに当てはまる数値を答えなさい。ただし、地区音響装置は一斉鳴
動とし、発信機は他の消防用設備等の起動装置と兼用でないものとする。

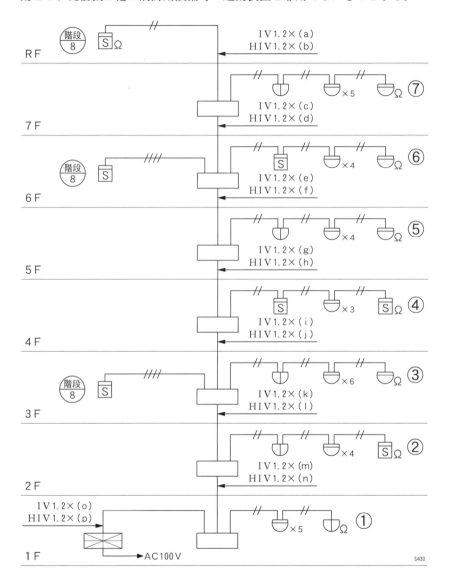

S430

◎共通線は、1本につき7警戒区域以下としなければならない。従って、設問のように8警戒区域の場合は、共通線を2本使用しなければならない。2本の共通線をC1・C2とする。

◎また、表示線は8本必要で、警戒区域の番号ごとにL8・L7・L6・L5・L4・L3・L2・L1とする。

◎表示線L8～L1に対する共通線C1・C2の割り振りについては、法令で定められてはいない。しかし、現場では一般に最上階から7警戒区域ごとに共通線を振り分けるようにしている。

◎表示線L8・L7・L6・L5・L4・L3・L2に対応する共通線をC2とし、表示線L1に対応する共通線をC1とする。

警戒区域	階段の⑧	⑦	⑥	⑤	④	③	②	①
表示線	L8	L7	L6	L5	L4	L3	L2	L1
共通線	C2							C1

◎このように共通線を振り分けることで、共通線を短くすることができる（詳細は後述）。

◎系統図中の「RF」は、Roof Floor の略で、日本では屋上階や屋階（おっかい）と訳されている。

◎7階の機器収容箱について考える。発信機Ⓟから階段の⑧に伸びている2本配線は、L8とC2でⅣ（600Vビニル絶縁電線）である。

◎また、1級発信機であるため、応答確認灯と電話ジャックが装着されており、応答線（A）と電話線（T）を機器収容箱に接続する。

◎例題2では、地区音響装置が一斉鳴動であるため、2級受信機と同じように地区音響装置Ⓑはそれぞれ並列となるように配線する。また、発信機が消防用設備等の起動装置と兼用である場合、表示灯線（PL・PL）はHIV（600V2種ビニル絶縁電線）としなければならないが、**兼用でないためⅣとする**。

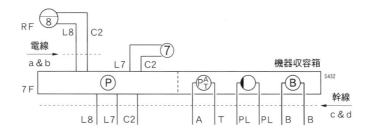

◎以上より、7階機器収容箱下の幹線は、次の電線で構成される。

〔7階機器収容箱の下の幹線〕
◇電線 IV（600V ビニル絶縁電線）：L8・L7・C2・A・T・PL・PL…7本（c）
◇電線 HIV（600V 2種ビニル絶縁電線）：B・B…2本（d）

◎6階の機器収容箱には、階段の感知器が接続されているが、既に表示線 L8 が配
　線されているため、幹線の電線数には影響しない。

〔6階機器収容箱の下の幹線〕

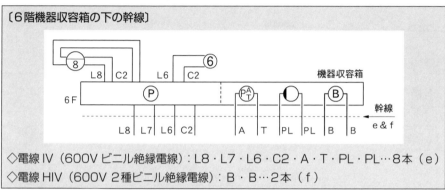

◇電線 IV（600V ビニル絶縁電線）：L8・L7・L6・C2・A・T・PL・PL…8本（e）
◇電線 HIV（600V 2種ビニル絶縁電線）：B・B…2本（f）

〔5階機器収容箱の下の幹線〕

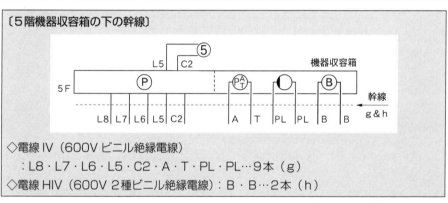

◇電線 IV（600V ビニル絶縁電線）
　：L8・L7・L6・L5・C2・A・T・PL・PL…9本（g）
◇電線 HIV（600V 2種ビニル絶縁電線）：B・B…2本（h）

〔4階機器収容箱の下の幹線〕

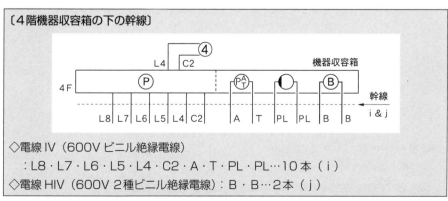

◇電線 IV（600V ビニル絶縁電線）
　：L8・L7・L6・L5・L4・C2・A・T・PL・PL…10本（i）
◇電線 HIV（600V 2種ビニル絶縁電線）：B・B…2本（j）

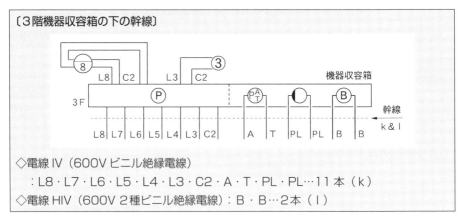

〔3階機器収容箱の下の幹線〕

◇電線 IV（600V ビニル絶縁電線）
  ：L8・L7・L6・L5・L4・L3・C2・A・T・PL・PL…11本（k）
◇電線 HIV（600V 2種ビニル絶縁電線）：B・B…2本（l）

◎2階の機器収容箱下の幹線では、共通線 C2 に対する表示線（L8 ～ L2）がちょうど7警戒区域となる。

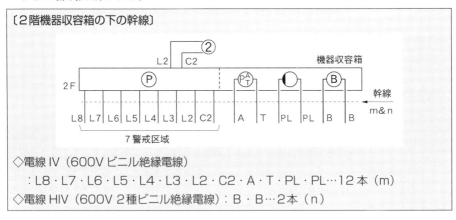

〔2階機器収容箱の下の幹線〕

◇電線 IV（600V ビニル絶縁電線）
  ：L8・L7・L6・L5・L4・L3・L2・C2・A・T・PL・PL…12本（m）
◇電線 HIV（600V 2種ビニル絶縁電線）：B・B…2本（n）

◎1階の機器収容箱と受信機間の幹線では、表示線 L1 の他に共通線 C1 が増えることになる。

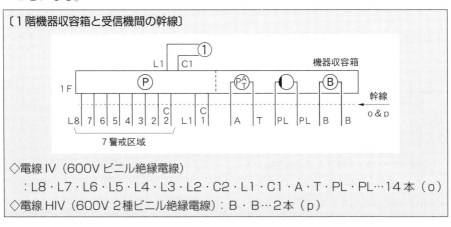

〔1階機器収容箱と受信機間の幹線〕

◇電線 IV（600V ビニル絶縁電線）
  ：L8・L7・L6・L5・L4・L3・L2・C2・L1・C1・A・T・PL・PL…14本（o）
◇電線 HIV（600V 2種ビニル絶縁電線）：B・B…2本（p）

〔a～pの正解〕

a	b	c	d	e	f	g	h	i	j	k	l	m	n	o	p
2	0	7	2	8	2	9	2	10	2	11	2	12	2	14	2

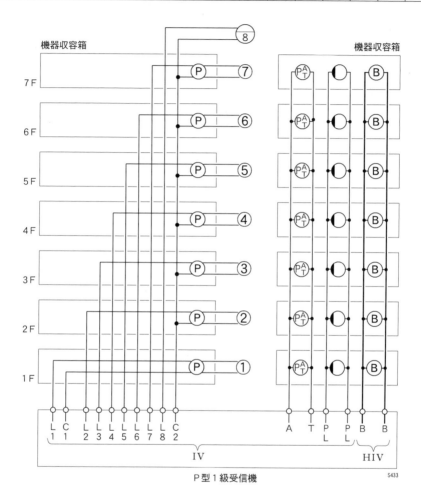

P型1級受信機

S433

〔注意〕 1級発信機の⑫回路は、実際は応答線（A）、電話線（T）、共通線（C）の3本
で構成される。しかし、共通線を書き込むと、回路が複雑となるためAとTの2
本線で回路をまとめた。電線本数については、既に発信機用の共通線（C）が各
機器収容箱に配線されているため、影響することはない（編集部）。

321

▶共通線を短くできる理由

◎下の回路図は、表示線 L8 に C2、表示線 L7 ～ L1 に C1 を振り分けたものである。

◎共通線 C2 は階段の⑧に接続した後、他の感知器回路と接続することなく、1 階の受信機に接続する。

◎この間、C2 が⑦～②に接続すれば、共通線 C1 は 7 階まで配線する必要がなくなり、1 階のみの配線で済む。すなわち、この部分の共通線（2 階から 7 階）が無駄な配線となる。

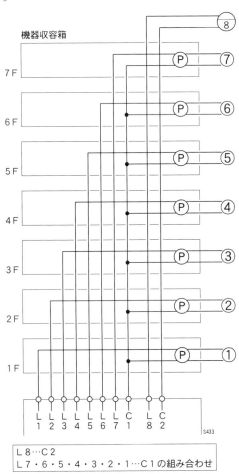

L 8 … C 2
L 7・6・5・4・3・2・1 … C 1 の組み合わせ

▶区分鳴動・発信機兼用とした場合の電線本数

◎例題［2］の系統図において、地区音響装置は区分鳴動とし、発信機は他の消防用設備等の起動装置と兼用とした場合、系統図中のa～pに当てはまる数値を求めてみる。

◎地階を除く階数が5以上で延べ面積が3,000m²を超える防火対象物又はその部分にあっては、地区音響装置を区分鳴動としなければならない。

◎区分鳴動の地区音響装置では、受信機間をベル線（B1・B2・B3…）とベル共通線（BC）でそれぞれ個別に接続する。この配線方法により、受信機は任意の地区音響装置を鳴動させることができる。なお、ベル共通線は、地区音響装置の数による制限がない。1本のベル共通線で全ての地区音響装置と接続することができる。

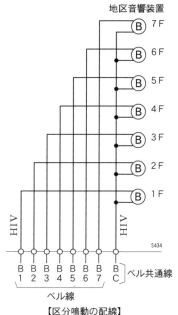

【区分鳴動の配線】

警戒区域	階段⑧ ⑦	⑥	⑤	④	③	②	①
ベル線	B7	B6	B5	B4	B3	B2	B1
ベル共通線	BC						

◎発信機が他の消防用設備等の起動装置と兼用である場合、**表示灯線（PL）はHIV**による耐熱配線としなければならない。この場合、表示灯線の接続先は受信機ではなくなる。ただし、機器収容箱及び電線管を通すため、幹線内の電線本数自体は変化しない。詳細は「▶表示灯線の取り扱い」327P及び「40. 系統図の過去問題［4］　▶手順3　発信機の専用・兼用」346Pを参照。

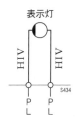

◎また、ベル線及びベル共通線もHIVとする。

〔区分鳴動・発信機兼用のまとめ〕
◇5階以上＆3,000m²超で区分鳴動
◇ベル線＆ベル共通線はHIV
◇発信機兼用で表示灯線もHIV

〔7階機器収容箱の下の幹線〕

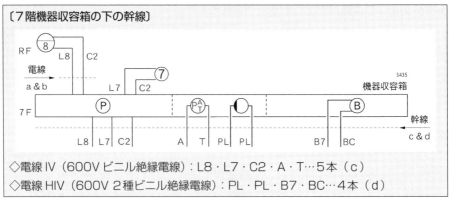

◇電線 IV（600V ビニル絶縁電線）：L8・L7・C2・A・T…5本（c）
◇電線 HIV（600V 2種ビニル絶縁電線）：PL・PL・B7・BC…4本（d）

〔6階機器収容箱の下の幹線〕

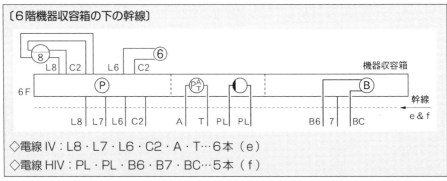

◇電線 IV：L8・L7・L6・C2・A・T…6本（e）
◇電線 HIV：PL・PL・B6・B7・BC…5本（f）

〔5階機器収容箱の下の幹線〕

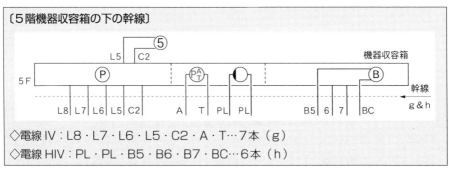

◇電線 IV：L8・L7・L6・L5・C2・A・T…7本（g）
◇電線 HIV：PL・PL・B5・B6・B7・BC…6本（h）

〔4階機器収容箱の下の幹線〕

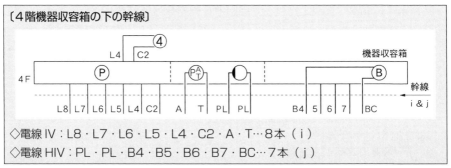

◇電線 IV：L8・L7・L6・L5・L4・C2・A・T…8本（i）
◇電線 HIV：PL・PL・B4・B5・B6・B7・BC…7本（j）

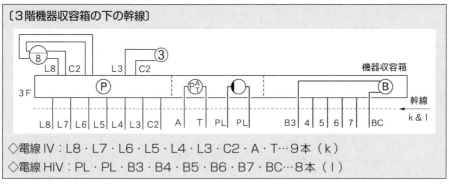

〔3階機器収容箱の下の幹線〕

3F　機器収容箱　幹線 k & l

L8・L7・L6・L5・L4・L3・C2　A・T　PL　PL　B3・4・5・6・7　BC

◇電線 IV：L8・L7・L6・L5・L4・L3・C2・A・T…9本（k）
◇電線 HIV：PL・PL・B3・B4・B5・B6・B7・BC…8本（l）

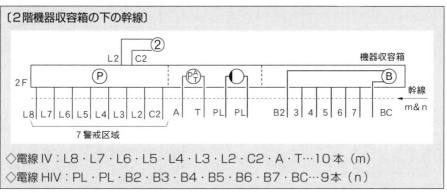

〔2階機器収容箱の下の幹線〕

2F　機器収容箱　幹線 m & n

L8・L7・L6・L5・L4・L3・L2・C2　A・T　PL　PL　B2・3・4・5・6・7　BC

7警戒区域

◇電線 IV：L8・L7・L6・L5・L4・L3・L2・C2・A・T…10本（m）
◇電線 HIV：PL・PL・B2・B3・B4・B5・B6・B7・BC…9本（n）

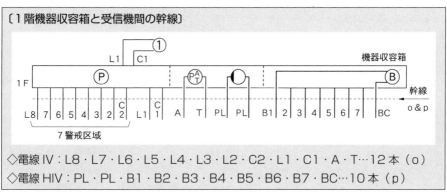

〔1階機器収容箱と受信機間の幹線〕

1F　機器収容箱　幹線 o & p

L8・7・6・5・4・3・2・C2・L1・C1　A・T　PL　PL　B1・2・3・4・5・6・7　BC

7警戒区域

◇電線 IV：L8・L7・L6・L5・L4・L3・L2・C2・L1・C1・A・T…12本（o）
◇電線 HIV：PL・PL・B1・B2・B3・B4・B5・B6・B7・BC…10本（p）

〔a～pの正解〕

a	b	c	d	e	f	g	h	i	j	k	l	m	n	o	p
2	0	5	4	6	5	7	6	8	7	9	8	10	9	12	10

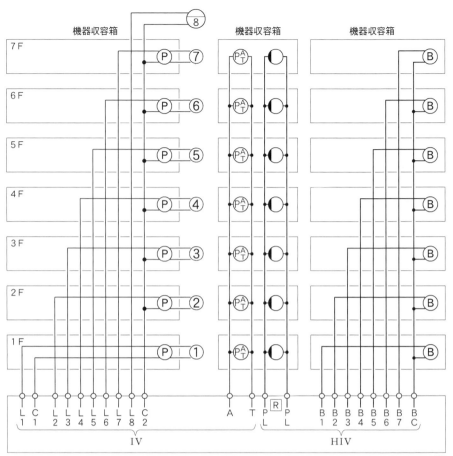

機器収容箱　　　　　　　機器収容箱　　　　　　機器収容箱

P型1級受信機

▶表示灯線の取り扱い

　例えば、発信機が屋内消火栓設備の起動装置と兼用している場合、表示灯線は消火栓始動リレーに接続される。消火栓始動リレーは、受信機からの信号によりONになると、制御盤からの駆動電流をモーターに供給するもので、屋内消火栓設備の制御盤近くに設置されている。

　表示灯線の回路は、発信機の兼用の有無で接続先が消火栓始動リレーまたは受信機となり、異なってくる。しかし、回路を分けて表記すると複雑となり、電線本数が数えにくくなる。そのため、本書では全て受信機に接続した回路図とした。なお、実際の接続先が受信機ではない場合、回路図中のPL付近に「Ⓡ」を付記した。

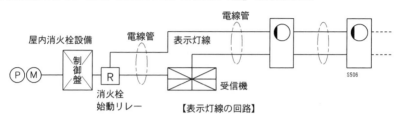

【表示灯線の回路】

【1】 次の図は、P型1級受信機を用いた自動火災報知設備の系統図である。次の
条件に基づき、系統図中のa～jに当てはまる数値を答えなさい。

<条件>
1. 地区音響装置は、区分鳴動方式とする。
2. 発信機及び表示灯は、屋内消火栓設備と兼用とする。この場合、表示灯線は耐
熱配線とする。
3. 共通線は2本とし、共通線の警戒区域の数は同じにする。

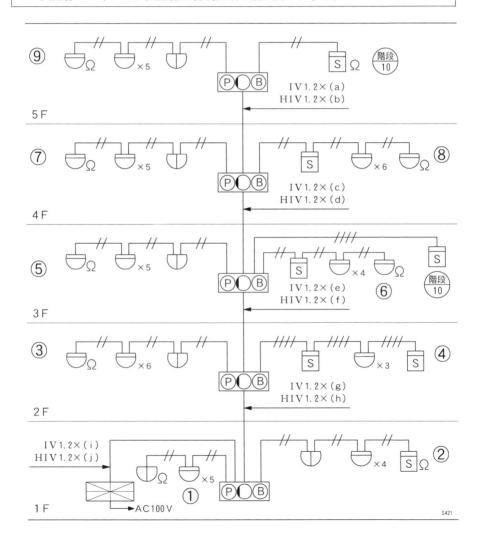

▶系統図の作成手順

手順	作　業
1	1級または2級を確認する
2	一斉鳴動または区分鳴動を確認する
3	発信機の兼用を確認する。 （兼用の場合は表示灯線を HIV とする）
4	表示線と共通線を振り分ける
5	ベル線とベル共通線を振り分ける
6	最上階から電線本数を調べる

▶手順1～3　［1級受信機］［区分鳴動］［発信機兼用］を確認

▶手順4　表示線と共通線の振り分け

　◇警戒区域の数は7を超えて 10 であることから、共通線は2本（C1・C2）必要となる。

　◇また、設問の条件により、表示線 L10・L9・L8・L7・L6 に対応する共通線を C2
　とし、表示線 L5・L4・L3・L2・L1 に対応する共通線を C1 とする。

警戒区域	階段⑩	⑨	⑧	⑦	⑥	⑤	④	③	②	①
表示線	L10	L9	L8	L7	L6	L5	L4	L3	L2	L1
共通線	C2					C1				

▶手順5　ベル線とベル共通線の振り分け

警戒区域	階段⑩ ⑨	⑧ ⑦	⑥ ⑤	④ ③	② ①
ベル線	B5	B4	B3	B2	B1
ベル共通線	BC				

▶手順6　最上階から電線本数を調べる

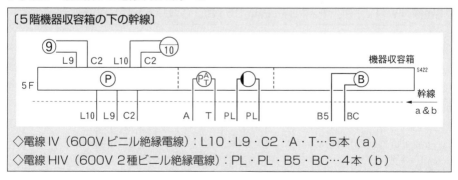

〔5階機器収容箱の下の幹線〕

◇電線 IV（600V ビニル絶縁電線）：L10・L9・C2・A・T…5本（a）

◇電線 HIV（600V 2種ビニル絶縁電線）：PL・PL・B5・BC…4本（b）

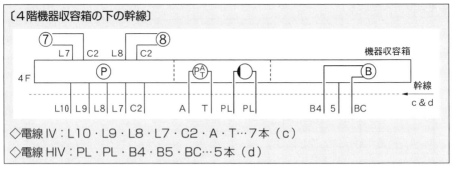

〔4階機器収容箱の下の幹線〕

◇電線IV：L10・L9・L8・L7・C2・A・T…7本（c）
◇電線HIV：PL・PL・B4・B5・BC…5本（d）

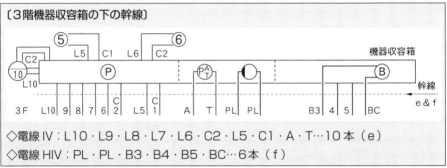

〔3階機器収容箱の下の幹線〕

◇電線IV：L10・L9・L8・L7・L6・C2・L5・C1・A・T…10本（e）
◇電線HIV：PL・PL・B3・B4・B5・BC…6本（f）

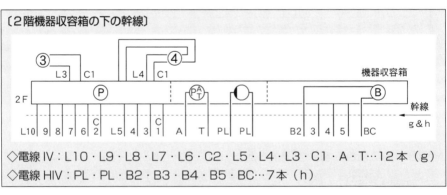

〔2階機器収容箱の下の幹線〕

◇電線IV：L10・L9・L8・L7・L6・C2・L5・L4・L3・C1・A・T…12本（g）
◇電線HIV：PL・PL・B2・B3・B4・B5・BC…7本（h）

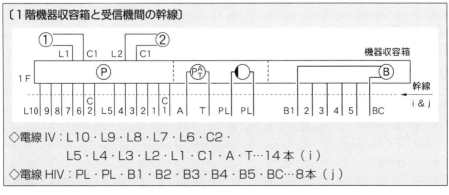

〔1階機器収容箱と受信機間の幹線〕

◇電線IV：L10・L9・L8・L7・L6・C2・
　　　　　L5・L4・L3・L2・L1・C1・A・T…14本（i）
◇電線HIV：PL・PL・B1・B2・B3・B4・B5・BC…8本（j）

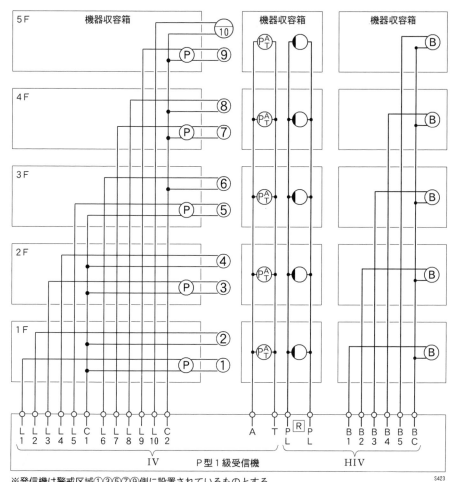

5F　機器収容箱　機器収容箱　機器収容箱

4F

3F

2F

1F

L L L L L C L L L L L C
1 2 3 4 5 1 6 7 8 9 10 2

A T P R P B B B B B B
L L 1 2 3 4 5 C

IV　　　P型1級受信機　　　HIV

※発信機は警戒区域①③⑤⑦⑨側に設置されているものとする。

S423

〔a～jの正解〕

a	b	c	d	e	f	g	h	i	j
5	4	7	5	10	6	12	7	14	8

【1】次の図は、4階建て防火対象物の自動火災報知設備の系統図である。図中の
（①）～（⑥）に当てはまる数値（配線本数）を答えなさい。

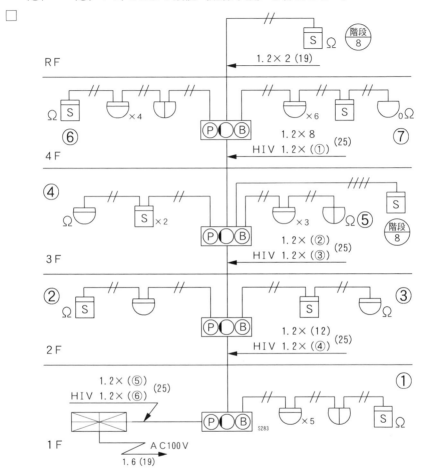

凡例

記号	名　　　称	備　考
⊠	受信機	P型1級
▭	機器収容箱	
⌓	差動式スポット型感知器	2種
⌓₀	定温式スポット型感知器	特種

記号	名　　　称	備　考
◖	表示灯	
Ⓑ	地区音響装置	
Ω	終端抵抗	
∦	配線	2本

	定温式スポット型感知器	1種防水型
S	光電式スポット型感知器	2種非蓄積型
P	P型発信機	1級

###	配線	4本
—	配管配線	
No	警戒区域番号	

注：特記なき配管配線は、IV1.2（19）とする。

▶▶正解＆解説……………………………………………………………………………

▶手順1　1級受信機を確認

◇1級受信機であることは、凡例から確認できる。

▶手順2　一斉鳴動を確認

◇地区音響装置について、一斉鳴動か区分鳴動かの指定がない。

◇区分鳴動は、地階を除く階数が5以上で延べ面積 3,000m² 超の防火対象物又はその部分が採用しなければならない。設問では地階を除く階数が4であるため、一斉鳴動であると判断する。

▶手順3・4　［発信機の専用・兼用］［表示線と共通線の振り分け］

◇設問では、発信機の専用・兼用の区分及び表示線と共通線の振り分けについて、指定がない。

◇一方、設問では4階と2階の機器収容箱下の幹線について、電線IVの本数が「8本」及び「12本」に設定されている。

◇このような場合は、数パターンを想定して配線本数を調べてみる。具体的には、右のパターンに区分する。

共通線の振り分け	発信機
最上階から7警戒区域	発信機専用
最上階から7警戒区域	発信機兼用
4警戒区域ごと	発信機専用
4警戒区域ごと	発信機兼用

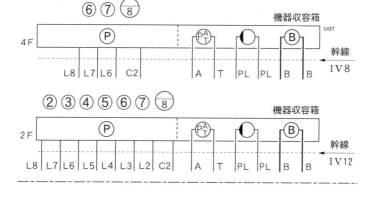

［最上階より7警戒区域］ ＋ ［発信機専用］

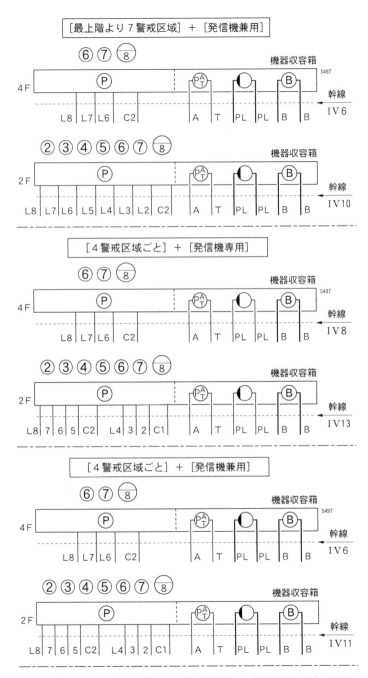

◇設問の設定に合うのは、[最上階から7警戒区域] + [発信機専用] である。
◇発信機専用とし、表示線と共通線を次のように振り分ける。

警戒区域	階段⑧	⑦	⑥	⑤	④	③	②	①
表示線	L8	L7	L6	L5	L4	L3	L2	L1
共通線	C2							C1

▶手順5　ベル線とベル共通線の振り分け

　◇一斉鳴動であるため、ベル線はB・Bの2本となる。

▶手順6　最上階から電線本数を調べる

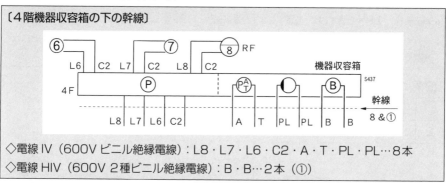

〔4階機器収容箱の下の幹線〕

◇電線IV（600Vビニル絶縁電線）：L8・L7・L6・C2・A・T・PL・PL…8本

◇電線HIV（600V2種ビニル絶縁電線）：B・B…2本（①）

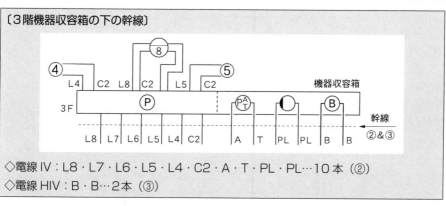

〔3階機器収容箱の下の幹線〕

◇電線IV：L8・L7・L6・L5・L4・C2・A・T・PL・PL…10本（②）

◇電線HIV：B・B…2本（③）

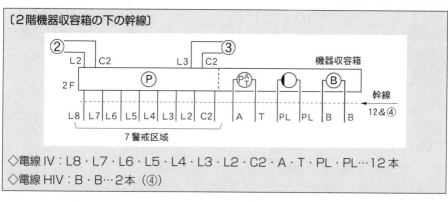

〔2階機器収容箱の下の幹線〕

◇電線IV：L8・L7・L6・L5・L4・L3・L2・C2・A・T・PL・PL…12本

◇電線HIV：B・B…2本（④）

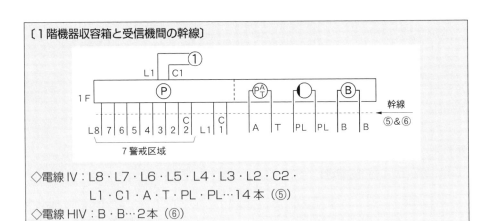

〔1階機器収容箱と受信機間の幹線〕

◇電線Ⅳ：L8・L7・L6・L5・L4・L3・L2・C2・
　　　　　L1・C1・A・T・PL・PL…14本（⑤）
◇電線HIV：B・B…2本（⑥）

[正解…①～⑥の数値]

①	②	③	④	⑤	⑥
2	10	2	2	14	2

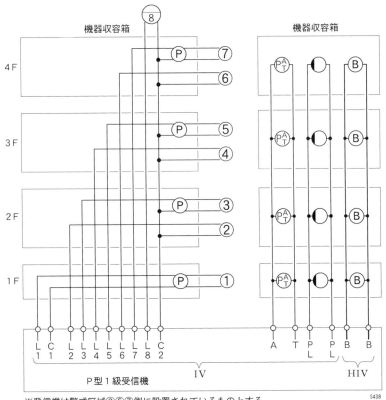

※発信機は警戒区域③⑤⑦側に設置されているものとする。

S438

【1】図は、自動火災報知設備の系統図を示したものである。次の各設問に答えなさい。

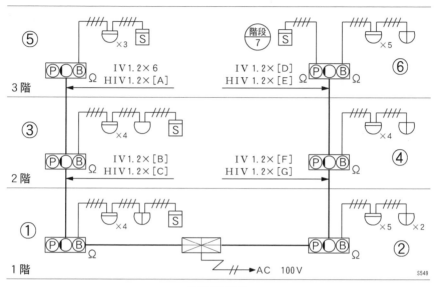

<系統図>

凡例

記号	名　称	備　考
⧖	P型1級受信機　10回線	主ベル内蔵
⌴	差動式スポット型感知器	2種
⌴	定温式スポット型感知器	1種
⌴	定温式スポット型感知器	1種防水型
S	光電式スポット型感知器	2種
▭	機器収容箱	
Ⓟ	P型発信機	1級

記号	名　称	備　考
◖	表示灯	
Ⓑ	地区音響装置	
Ω	終端抵抗	
─//─	配線	2本
─///─	配線	4本
──	配管配線	
Ⓝⓞ	警戒区域番号	

☐ 1. 図中の [A] ～ [G] に当てはまる配線本数を答えなさい。

2. 図中の「HIV1.2× [　]」で示された配線は、受信機からどの機器に接続されたものか、その機器の名称を答えなさい。

▶▶正解＆解説‥‥

▶手順１　１級受信機を確認

◇１級受信機であることは、凡例から確認できる。

▶手順２　一斉鳴動を確認

◇地区音響装置について、一斉鳴動か区分鳴動かの指定がない。

◇区分鳴動は、地階を除く階数が５以上で延べ面積 3,000m² 超の防火対象物又はその部分が採用しなければならない。設問では地階を除く階数が３であるため、一斉鳴動であると判断する。

▶手順３　発信機の専用・兼用

◇設問では、発信機の専用・兼用の区分について、指定がない。

◇仮に発信機が専用であると仮定して、警戒区域⑤の機器収容箱下の幹線について、電線本数を調べてみる。警戒区域は７であるため、感知器回路の共通線は１本で済む。

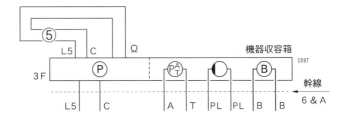

◇電線 IV：L5・C・A・T・PL・PL の６本、電線 HIV：B・B の２本となる。

◇設問の設定［IV 1.2 × ６］に適合する。仮に、発信機が兼用であると仮定すると、電線 IV：L5・C・A・T の４本、電線 HIV：PL・PL・B・B の４本となる。

▶手順４　表示線と共通線の振り分け

◇表示線 L1 ～ L7、共通線 C となる。

▶手順５　ベル線とベル共通線の振り分け

◇一斉鳴動であるため、ベル線は B・B の２本となる。

▶手順６　最上階から電線本数を調べる

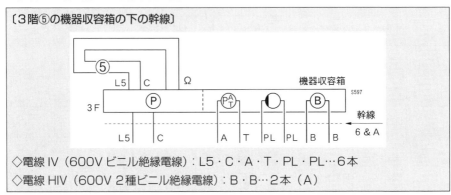

〔3階⑤の機器収容箱の下の幹線〕

◇電線 IV（600V ビニル絶縁電線）：L5・C・A・T・PL・PL…６本

◇電線 HIV（600V ２種ビニル絶縁電線）：B・B…２本（A）

〔2階③の機器収容箱の下の幹線〕

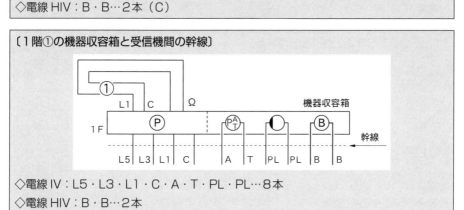

◇電線Ⅳ：L5・L3・C・A・T・PL・PL…7本（B）
◇電線HIV：B・B…2本（C）

〔1階①の機器収容箱と受信機間の幹線〕

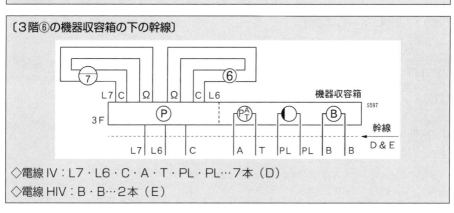

◇電線Ⅳ：L5・L3・L1・C・A・T・PL・PL…8本
◇電線HIV：B・B…2本

〔3階⑥の機器収容箱の下の幹線〕

◇電線Ⅳ：L7・L6・C・A・T・PL・PL…7本（D）
◇電線HIV：B・B…2本（E）

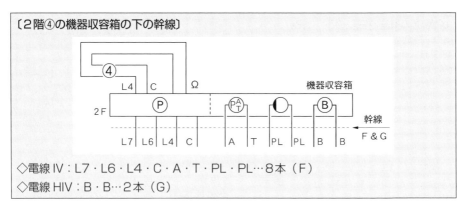

〔2階④の機器収容箱の下の幹線〕

◇電線Ⅳ：L7・L6・L4・C・A・T・PL・PL…8本（F）
◇電線HIV：B・B…2本（G）

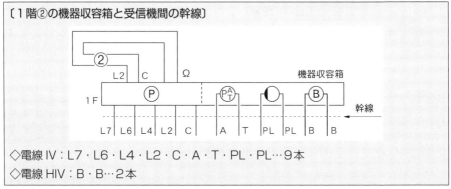

〔1階②の機器収容箱と受信機間の幹線〕

◇電線Ⅳ：L7・L6・L4・L2・C・A・T・PL・PL…9本
◇電線HIV：B・B…2本

［設問1　正解…A～Gの数値］

A	B	C	D	E	F	G
2	7	2	7	2	8	2

［設問2　正解…地区音響装置］

注：次ページの回路図で受信機の各端子は2つあるわけではない（編集部）。

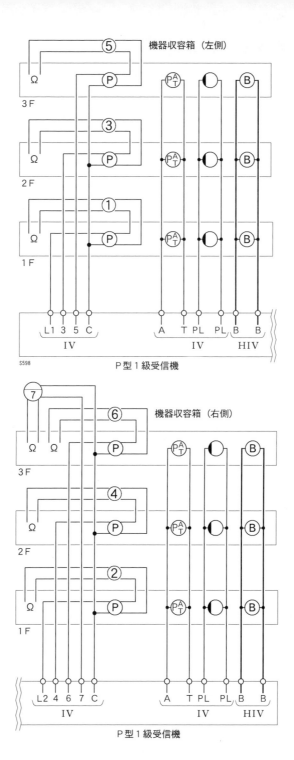

機器収容箱（左側）

⑤

Ω
Ⓟ

3 F

③

Ω
Ⓟ

2 F

①

Ω
Ⓟ

1 F

Ⓟ A T

Ⓑ

L1 3 5 C

A T PL PL B B

IV

IV HIV

S598

P型1級受信機

⑦

⑥

機器収容箱（右側）

Ω Ω
Ⓟ

3 F

④

Ω
Ⓟ

2 F

②

Ω
Ⓟ

1 F

Ⓟ A T

Ⓑ

L2 4 6 7 C

A T PL PL B B

IV

IV HIV

P型1級受信機

【1】次の図は、自動火災報知設備の系統図である。条件に基づき、次の各設問に
　　答えなさい。

□　1．機器及び配線本数を記入し、系統図を完成させなさい。ただし、機器の記
　　　　入は凡例の記号を用いることとし、感知器の個数の表記は下記の例によるこ
　　　　と。また、配線本数は図中の（　）内に記入すること。

　　　　　例：2個 ⇒「◯ × 2」

　　2．系統図中の HIV はどの機器に接続されているか答えなさい。

＜条件＞

1．各警戒区域（①〜③）に設置されている感知器は、次のとおりとする。
　　　①1階　：差動式スポット型感知器（2種）…………… 10個
　　　　　　　定温式スポット型感知器（1種）……………　5個
　　　　　　　定温式スポット型感知器（1種防水型）……　5個
　　　　　　　定温式スポット型感知器（特種）……………　4個
　　　②2階　：差動式スポット型感知器（2種）…………… 10個
　　　　　　　定温式スポット型感知器（1種）……………　5個
　　　　　　　定温式スポット型感知器（1種防水型）……　5個
　　　　　　　煙感知器（2種）……………………………　2個
　　　③小屋裏：差動式スポット型感知器（2種）…………… 10個
2．機器収容箱には、発信機、表示灯及び地区音響装置が収容されている。
3．小屋裏の感知器回路の末端は回路試験器（2階）に接続されている。
4．受信機はP型2級であり、規格省令上求められる最低限の機能を有する。
5．配線は、必要最小限の本数とし、耐火及び耐熱保護は必要最低限のものとする。
6．他の消防用設備等との連動はない。

凡例

記号	名　称	備　考	記号	名　称	備　考
▷◁	受信機	P型2級	◯	表示灯	
▢	機器収容箱		Ⓑ	地区音響装置	
◡	差動式スポット型感知器	2種	Ω	終端抵抗	
◡₀	定温式スポット型感知器	特種	⫻	配線	2本
◡	定温式スポット型感知器	1種防水型	⫻⫻	配線	4本

	定温式スポット型感知器	1種		——	配管配線	
S	煙感知器	2種	(No)	警戒区域番号	①～③	
P	P型発信機	2級	◉	回路試験器	押しボタン	

＜系統図＞

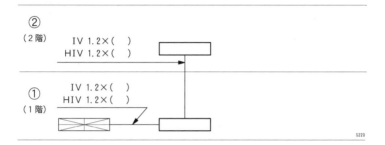

▶▶正解＆解説……………………………………………………………………………………

◇「小屋裏」は、屋根と天井との間にできる空間をいう。天井裏または屋根裏ともいう。建物を小屋と見立て、小屋の見えない「裏」側を指す。

▶手順1・3　［2級受信機］［発信機専用］を確認

◇条件で「他の消防用設備等との連動はない」ことから、発信機は専用と判断する。

▶手順2　一斉鳴動を確認

◇地区音響装置について、一斉鳴動か区分鳴動かの指定がない。

◇区分鳴動は、地階を除く階数が5以上で延べ面積 3,000m² 超の防火対象物又はその部分が採用しなければならない。設問では地階を除く階数が2であるため、一斉鳴動であると判断する。

▶手順4　表示線と共通線の振り分け

警戒区域	小屋裏③	②	①
表示線	L3	L2	L1
共通線	C		

▶手順5　ベル線とベル共通線の振り分け

◇一斉鳴動であるため、ベル線はB・Bの2本となる。また、ベル線のみが HIV となる。

▶手順6　最上階から電線本数を調べる

〔2階機器収容箱の下の幹線〕

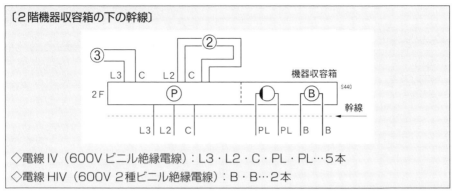

◇電線 IV（600V ビニル絶縁電線）：L3・L2・C・PL・PL…5本
◇電線 HIV（600V 2種ビニル絶縁電線）：B・B…2本

〔1階機器収容箱と受信機間の幹線〕

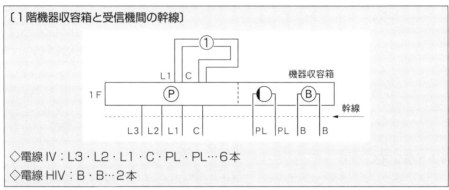

◇電線 IV：L3・L2・L1・C・PL・PL…6本
◇電線 HIV：B・B…2本

[設問1　系統図の正解例]

＜系統図＞

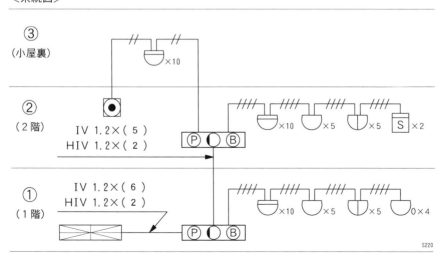

[設問2　正解…地区音響装置]

【1】次の図は、自動火災報知設備の系統図を示したものである。次の各設問に答えなさい。

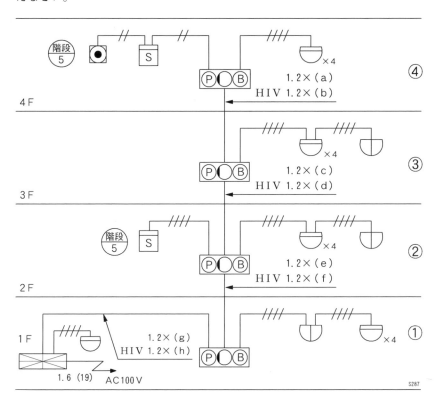

凡例

記 号	名　　称	備　考
受信機	主ベル内蔵
差動式スポット型感知器	2種
定温式スポット型感知器	1種防水型
S	光電式スポット型感知器	2種非蓄積型
P	P型発信機	

記 号	名　　称	備　考
表示灯	
B	地区音響装置	
回路試験器	
機器収容箱	
No	警戒区域番号	①〜⑤

注：特記なき配管、配線は IV1.2（19）とする。

☐ 1．この系統図で、Ｐ型２級受信機が使用できるかどうか答えなさい。

2．図中の（a）〜（h）に当てはまる数値（配線本数）を答えなさい。ただ
し、表示灯の電源は受信機から供給されるものとする。

▶▶正解＆解説……………………………………………………………………………………

◇系統図によると、受信機と１階機器収容箱の間に差動式スポット型感知器（１種）が
配置されている。この感知器は受信機と４本配線で接続されている。このため、受信
機から伸びた配線は、この感知器で折り返し、受信機まで戻ってから１階機器収容箱
に向けて伸びている。配線は通常、機器収容箱まで引き込んで、そこから感知器へ伸
ばすが、機器収容箱に入る前に、感知器に接続することは可能である。

◇従って、受信機と１階機器収容箱間の差動式スポット型感知器は、警戒区域①に含む。
警戒区域の数は５以下となるため、Ｐ型２級受信機を使用することは可能である。

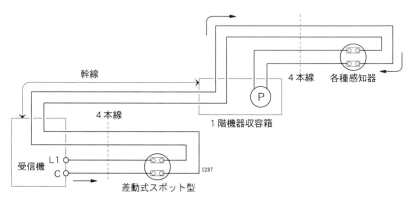

◇また、この差動式スポット型感知器が設置されていることによる幹線の電線本数は、
影響を受けない。警戒区域①と受信機間の表示線はＬ1の１本であり、共通線Ｃも１
本となる。

▶手順1　２級受信機を確認

▶手順2　一斉鳴動を確認

◇区分鳴動は、地階を除く階数が５以上で延べ面積 3,000m² 超の防火対象物又はその
部分が採用しなければならない。設問では地階を除く階数が４であるため、一斉鳴動
であると判断する。

▶手順3　発信機の専用・兼用

◇発信機が他の消防用設備等の起動装置と兼用されているか否かの説明がない。実は「表
示灯の電源は受信機から供給される」かどうかで、異なってくる。

◇例えば、屋内消火栓設備が設置されているところで発信機が起動装置を兼用している
場合、発信機を押すと受信機にその信号が伝わるとともに、受信機から移報器（消火
栓始動リレー）を介して屋内消火栓設備の制御盤に消火栓始動信号が伝わる。制御盤
はこの信号を受けて加圧送水装置のモータを駆動する。

◇屋内消火栓設備では、消火栓上部に位置表示灯が設置されている。発信機が起動装置と兼用されている場合、位置表示灯は自動火災報知設備の表示灯と兼用となる。この場合、表示灯の電源は消火栓始動リレーを介して屋内消火栓設備の制御盤から供給される。ただし、表示灯線は機器収容箱及び電線管に引き込んでいるため、発信機の専用・兼用の違いで幹線の電線本数が異なることはない。

◇「表示灯の電源は受信機から供給される」場合、発信機は専用となる。

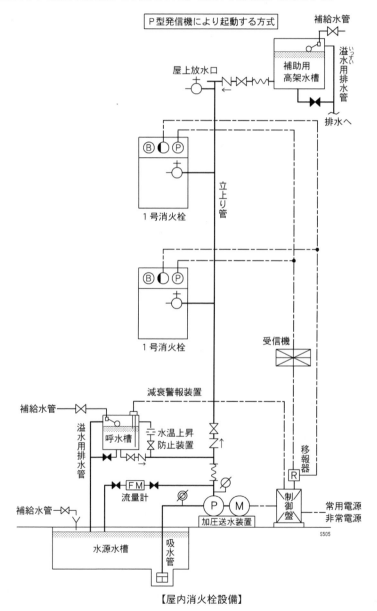

【屋内消火栓設備】

▶手順４　表示線と共通線の振り分け

警戒区域	階段⑤	④	③	②	①
表示線	L5	L4	L3	L2	L1
共通線	C				

▶手順５　ベル線とベル共通線の振り分け

　◇一斉鳴動であるため、ベル線はB・Bの２本となる。また、HIVとする。

▶手順６　最上階から電線本数を調べる

〔４階機器収容箱の下の幹線〕

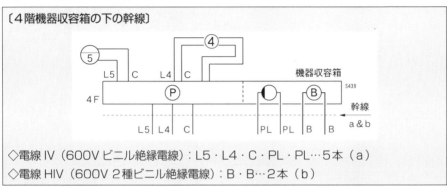

◇電線 IV（600Vビニル絶縁電線）：L5・L4・C・PL・PL…5本（a）
◇電線 HIV（600V２種ビニル絶縁電線）：B・B…2本（b）

〔３階機器収容箱の下の幹線〕

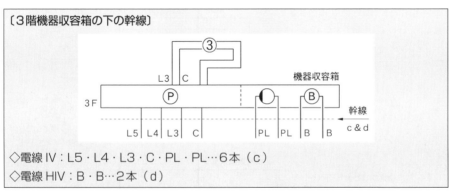

◇電線 IV：L5・L4・L3・C・PL・PL…6本（c）
◇電線 HIV：B・B…2本（d）

〔２階機器収容箱の下の幹線〕

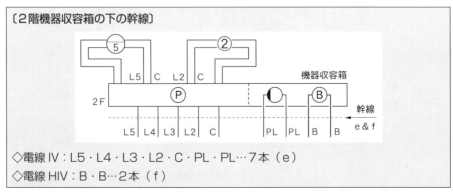

◇電線 IV：L5・L4・L3・L2・C・PL・PL…7本（e）
◇電線 HIV：B・B…2本（f）

348

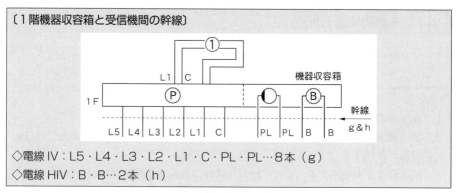

〔1階機器収容箱と受信機間の幹線〕

◇電線IV：L5・L4・L3・L2・L1・C・PL・PL…8本（g）
◇電線HIV：B・B…2本（h）

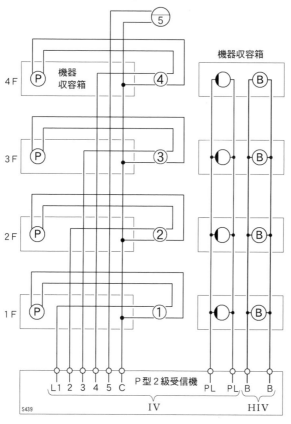

S439

[設問1　正解…P型2級受信機を使うことができる]
[設問2　正解…a～hの数値]

a	b	c	d	e	f	g	h
5	2	6	2	7	2	8	2

【1】次の図は、5階建ての防火対象物に設置された自動火災報知設備の系統図を示したものである。下の条件と凡例に基づき、次の各設問に答えなさい。

<条件>
1. 地区音響装置は、区分鳴動方式とする。
2. 発信機及び表示灯は、屋内消火栓設備と兼用とする。この場合、表示灯線は耐熱電線を使用すること。
3. 共通線は2本使用する。それぞれの共通線に接続する警戒区域の数は同一とし、2本のうち1本の共通線は不必要に上の階まで使用しないこと。

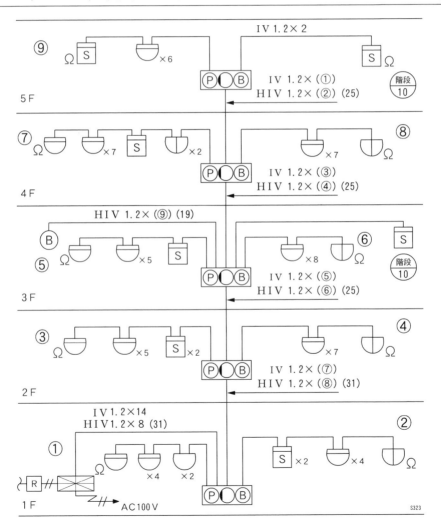

凡例

記号	名　称	備考	記号	名　称	備　考
受信機	P型1級		(P)	P型発信機	
差動式スポット型感知器	2種		◑	表示灯	
定温式スポット型感知器	1種		(B)	地区音響装置	
定温式スポット型感知器	1種防水型		Ω	終端抵抗	
S	光電式スポット型感知器	2種非蓄積型	R	移報器	消火栓 起動リレー箱
機器収容箱	消火栓箱併設		(No)	警戒区域番号	

☐　1．法令上、地区音響装置を区分鳴動方式としなければならない防火対象物について、次の記述の（　）に当てはまる語句を答えなさい。

「地階を除く階数が5以上で延べ面積が（　　）防火対象物」

2．図中の（①）〜（⑨）に必要となる配線本数を答えなさい。

▶▶正解＆解説‥‥‥‥‥‥‥‥‥‥‥‥‥‥‥‥‥‥‥‥‥‥‥‥‥‥‥‥‥‥‥

◇区分鳴動方式は、地階を除く階数が5以上で延べ面積が3,000m²を超える防火対象物又はその部分に、採用しなければならない。

◇3階では、地区音響装置が機器収容箱と警戒区域⑥に設置されている。しかし、区分鳴動は各階ごとに警報を発することから、同時に鳴動する。従って、幹線の電線本数に影響を与えることはない。

◇受信機に接続してある移報器は、自動火災報知設備の火災信号を他の防災機器に伝えるための装置である。凡例の備考により、移報器は消火栓起動リレーが該当する。

▶手順1・2・3　[1級受信機] [区分鳴動] [発信機兼用] を確認

◇1級受信機であることは、警戒区域の数が5を超えていること、受信機がP型1級（備考より）であることから確認できる。

▶手順4　表示線と共通線の振り分け

◇1本の共通線に接続する警戒区域の数は、同じにすることから、表示線は5本ごととなる。

警戒区域	階段⑩	⑨	⑧	⑦	⑥	⑤	④	③	②	①
表示線	L10	L9	L8	L7	L6	L5	L4	L3	L2	L1
共通線	C2					C1				

▶手順5　ベル線とベル共通線の振り分け

警戒区域	階段⑩⑨	⑧⑦	⑥⑤	④③	②①
ベル線	B5	B4	B3	B2	B1
ベル共通線	BC				

▶手順6　最上階から電線本数を調べる

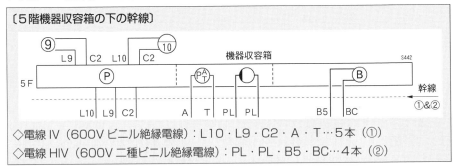

〔5階機器収容箱の下の幹線〕

◇電線 IV（600Vビニル絶縁電線）：L10・L9・C2・A・T…5本（①）
◇電線 HIV（600V二種ビニル絶縁電線）：PL・PL・B5・BC…4本（②）

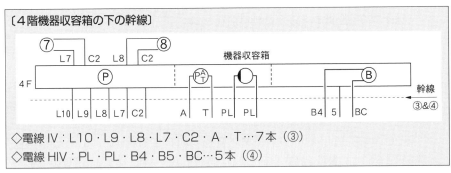

〔4階機器収容箱の下の幹線〕

◇電線 IV：L10・L9・L8・L7・C2・A・T…7本（③）
◇電線 HIV：PL・PL・B4・B5・BC…5本（④）

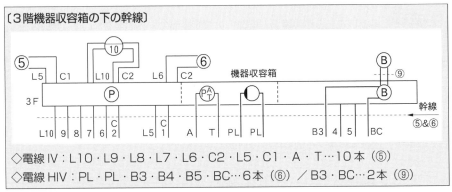

〔3階機器収容箱の下の幹線〕

◇電線 IV：L10・L9・L8・L7・L6・C2・L5・C1・A・T…10本（⑤）
◇電線 HIV：PL・PL・B3・B4・B5・BC…6本（⑥）／B3・BC…2本（⑨）

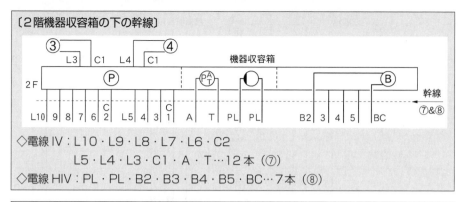

〔2階機器収容箱の下の幹線〕

◇電線Ⅳ：L10・L9・L8・L7・L6・C2
　　　　　　L5・L4・L3・C1・A・T…12本（⑦）
◇電線HIV：PL・PL・B2・B3・B4・B5・BC…7本（⑧）

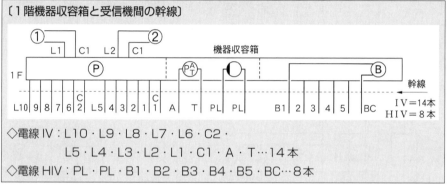

〔1階機器収容箱と受信機間の幹線〕

◇電線Ⅳ：L10・L9・L8・L7・L6・C2・
　　　　　　L5・L4・L3・L2・L1・C1・A・T…14本
◇電線HIV：PL・PL・B1・B2・B3・B4・B5・BC…8本

［設問1　正解…地階を除く階数が5以上で延べ面積が（3,000m^{2}を超える）防火対象物］
［設問2　正解…①～⑨の数値］

①	②	③	④	⑤	⑥	⑦	⑧	⑨
5	4	7	5	10	6	12	7	2

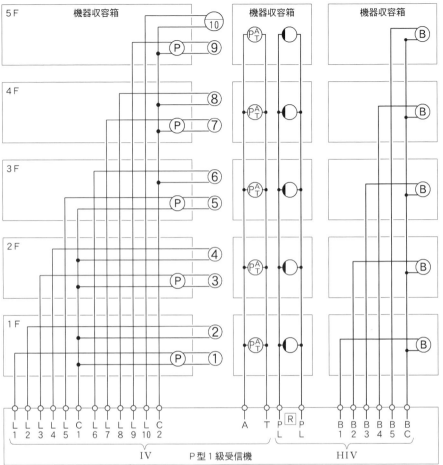

【1】図（次のページ）は７階建ての防火対象物に設置されたＰ型１級受信機を用いた自動火災報知設備の系統図を示したものである。下の条件に基づき、次の各設問に答えなさい。

＜条件＞

1. 延べ面積は 4,900m^2 である。
2. 地区音響装置はベル鳴動により警報する。

□ 1. ６階の矢印Ａで示す箇所の配線の本数はいくつか。

表示線	共通線	応答線	電話線	表示灯線	ベル線

2. この感知器回路の共通線は、消防法令上、何本以上必要か答えなさい。

3. 消防法令上、地区音響装置を区分鳴動できるものとしなければならない防火対象物について、次の記述の（　）に当てはまる語句を答えなさい。
「地階を除く階数が（①）で延べ面積が（②）防火対象物」

4. 火災により、この防火対象物に設置された地区音響装置による警報が区分鳴動から全区域の鳴動に移行した。この理由を具体的に２つ答えなさい。

▶▶**正解＆解説**………………………………………………………………………………
◇設問では、終端抵抗と配線の本数が省略されている。以下、終端抵抗は警戒区域ごとに末端の感知器に取り付けられ、２本配線で接続されているものとして、電線本数を調べる。

▶**手順１・２　〔１級受信機〕〔区分鳴動〕を確認**

▶**手順３　発信機の兼用の有無**
◇設問では、発信機が他の消防用設備等の起動装置と兼用されているかどうか、条件として定められていない。兼用の有無で配線の IV と HIV の本数が異なってくる。しかし、設問では IV と HIV の本数を求めてはいない。

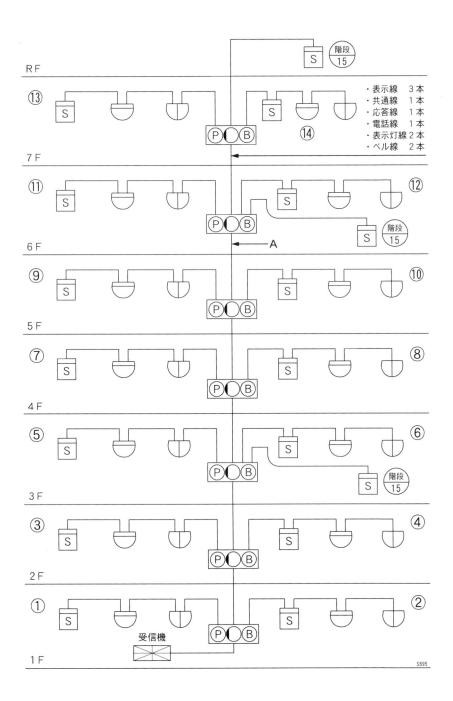

RF

⑬

・表示線　3本
・共通線　1本
・応答線　1本
・電話線　1本
・表示灯線　2本
・ベル線　2本

階段
15

⑭

7 F

⑪   ⑫

階段
15

6 F   A

⑨   ⑩

5 F

⑦   ⑧

4 F

⑤   ⑥

階段
15

3 F

③   ④

2 F

①   ②

受信機

1 F

S695

▶手順4　表示線と共通線の振り分け

　◇15の警戒区域に区分されているため、表示線はL15〜L1の15本必要となる。

　◇共通線Cは、7警戒区域ごとに振り分ける。従って、共通線はC3・C2・C1の3本必要となる。また、共通線の振り分けは、最上階から7警戒区域ごととする。

警戒区域	階段の⑮	⑭	⑬	⑫	⑪	⑩	⑨
表示線	L15	L14	L13	L12	L11	L10	L9
共通線	C3						

警戒区域	⑧	⑦	⑥	⑤	④	③	②	①
表示線	L8	L7	L6	L5	L4	L3	L2	L1
共通線	C2							C1

▶手順5　ベル線とベル共通線の振り分け

　◇区分鳴動であるため、ベル線は機器収容箱ごとのB7〜B1とベル共通線BCが必要となる。ベル共通線は地区音響装置の数による制限がないため、1本で済む。

警戒区域	⑭⑬	⑫⑪	⑩⑨	⑧⑦	⑥⑤	④③	②①
ベル線	B7	B6	B5	B4	B3	B2	B1
ベル共通線	BC						

▶手順6　最上階から電線本数を調べる

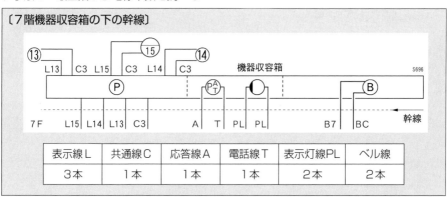

〔7階機器収容箱の下の幹線〕

表示線L	共通線C	応答線A	電話線T	表示灯線PL	ベル線
3本	1本	1本	1本	2本	2本

〔6階機器収容箱の下の幹線〕

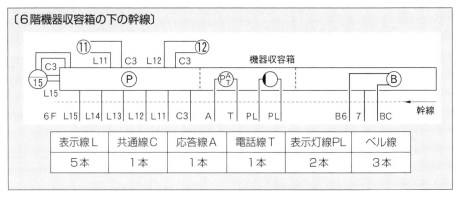

表示線L	共通線C	応答線A	電話線T	表示灯線PL	ベル線
5本	1本	1本	1本	2本	3本

〔5階機器収容箱の下の幹線〕

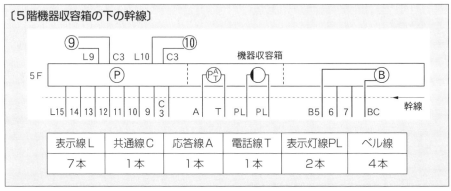

表示線L	共通線C	応答線A	電話線T	表示灯線PL	ベル線
7本	1本	1本	1本	2本	4本

〔4階機器収容箱の下の幹線〕

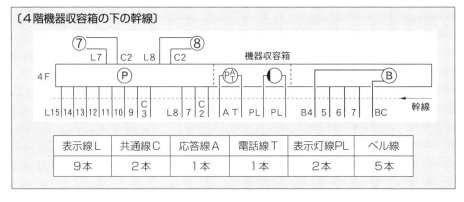

表示線L	共通線C	応答線A	電話線T	表示灯線PL	ベル線
9本	2本	1本	1本	2本	5本

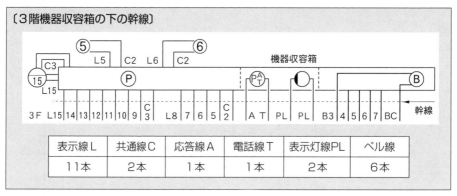

〔3階機器収容箱の下の幹線〕

表示線L	共通線C	応答線A	電話線T	表示灯線PL	ベル線
11本	2本	1本	1本	2本	6本

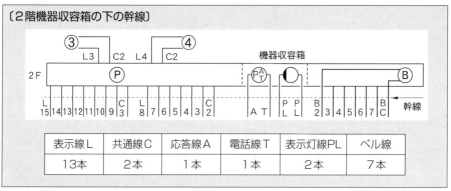

〔2階機器収容箱の下の幹線〕

表示線L	共通線C	応答線A	電話線T	表示灯線PL	ベル線
13本	2本	1本	1本	2本	7本

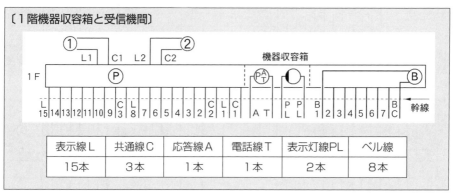

〔1階機器収容箱と受信機間〕

表示線L	共通線C	応答線A	電話線T	表示灯線PL	ベル線
15本	3本	1本	1本	2本	8本

[設問1 正解：手順6参照]

[設問2 正解：3本以上必要]

[設問3 正解：①5以上 ②3000m²を超える]

[設問4 正解：①区分鳴動を開始してから一定の時間が経過したため

②区分鳴動を開始してから受信機が新たな火災信号を受信したため]

※設問3・4は、上巻の第2章「8. 地区音響装置」113P参照。

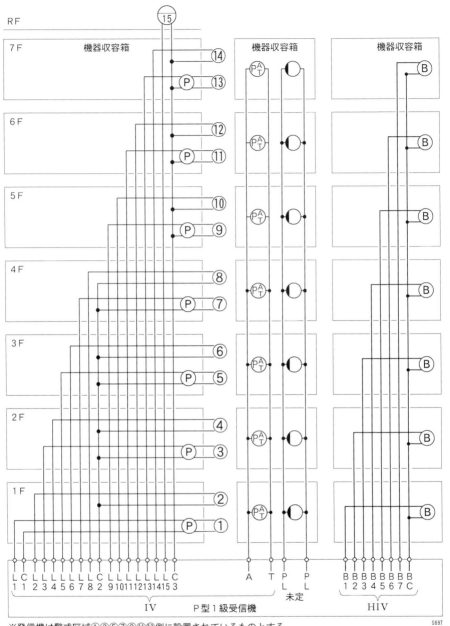

※発信機は警戒区域①③⑤⑦⑨⑪⑬側に設置されているものとする。

S697

【1】 次の図は、地上6階建ての防火対象物に設置された自動火災報知設備の系統図の一部を示したものであり、また、続く図は4～6階の平面図を示したものである。下の条件に基づき、各設問に答えなさい。

＜条件＞

1．地区音響装置は、区分鳴動方式である。
2．電線の種別、太さ及び電線管口径は、すべて同じである。
3．配線の本数は、必要最小限とする。
4．配線の耐火及び耐熱保護は、必要最小限とする。

凡例

記号	名　　称	備　考
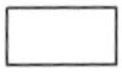 ▭	機器収容箱	
Ⓟ	P型発信機	1級
◗	表示灯	AC24V
Ⓑ	地区音響装置	DC24V
 ▽	差動式スポット型感知器	2種
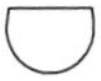 ▽	定温式スポット型感知器	1種
 ▽	定温式スポット型感知器	1種防水型

記号	名　　称	備　考
 Ⓢ	光電式スポット型感知器	2種非蓄積型
Ω	終端抵抗	
— ‐ —	警戒区域境界線	
 —#—	配線	2本
 —#‐—	配線	4本
(No)	警戒区域番号	

☐　1．4～6階部分の系統図を平面図から判断し、他の階の系統図の例により完成させなさい。

　　2．この防火対象物に屋内消火栓設備が設置してある場合、自動火災報知設備との連動の有無及びその判断理由を答えなさい。

　　　［連動の有・無］

　　　［判断理由　　　　　　　　　　　　　　　］

<系統図>

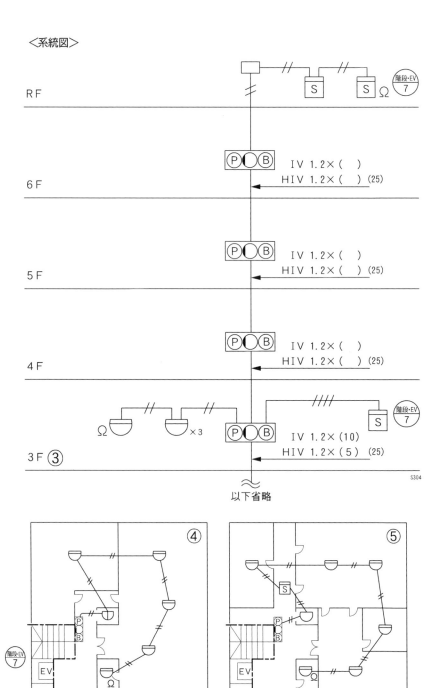

RF

6F   IV 1.2×( )
                      HIV 1.2×( ) (25)

5F   IV 1.2×( )
                      HIV 1.2×( ) (25)

4F   IV 1.2×( )
                      HIV 1.2×( ) (25)

×3

3F ③   IV 1.2×(10)
                      HIV 1.2×(5) (25)

                                        S304

以下省略

④   ⑤

【4階平面図】   【5階平面図】   S444

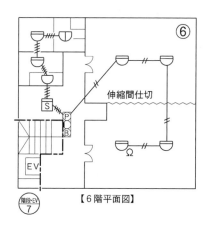

【6階平面図】

▶▶**正解＆解説**…………………………………………………………………………………

◇系統図で示されている電線の「(25)」は電線管の径（mm）を表している。

◇6階の警戒区域⑥は、感知器回路で4本線と2本線が混在している。4本線で機器収容箱まで戻ってきて、機器収容箱から再び2本線で各感知器に伸びている。

◇設問2では、自動火災報知設備と屋内消火栓設備が連動しているかどうかを求めている。連動している場合は、表示灯線をHIVとしなければならない。連動していない場合は表示灯線をIVとする。

▶**手順1・2　[1級受信機] [区分鳴動] を確認**

◇1級受信機であることは、警戒区域の数が5を超えていること、P型発信機が1級（備考より）であることから確認できる。

▶**手順3　発信機兼用と仮定**

◇このような場合は、どちらか一方を選択して、作業を進めていく。ここでは、連動しているものと仮定する。発信機は屋内消火栓設備の起動装置と兼用している。

▶**手順4　表示線と共通線の振り分け**

警戒区域	階段・EV⑦	⑥	⑤	④	③
表示線	L7	L6	L5	L4	L3
共通線	C				

▶**手順5　ベル線とベル共通線の振り分け**

警戒区域	⑥	⑤	④	③
ベル線	B6	B5	B4	B3
ベル共通線	BC			

▶手順6　最上階から電線本数を調べる

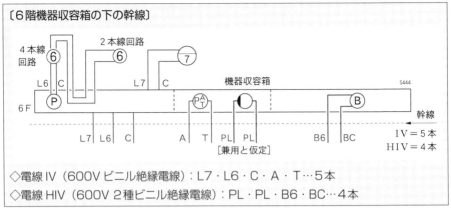

◇電線 IV（600V ビニル絶縁電線）：L7・L6・C・A・T…5本
◇電線 HIV（600V 2種ビニル絶縁電線）：PL・PL・B6・BC…4本

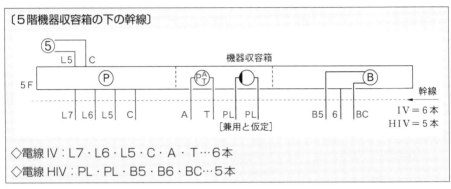

◇電線 IV：L7・L6・L5・C・A・T…6本
◇電線 HIV：PL・PL・B5・B6・BC…5本

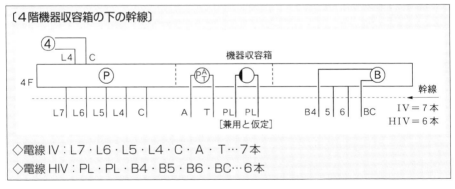

◇電線 IV：L7・L6・L5・L4・C・A・T…7本
◇電線 HIV：PL・PL・B4・B5・B6・BC…6本

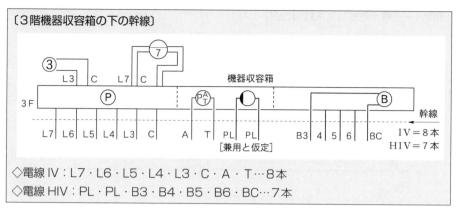

〔3階機器収容箱の下の幹線〕

◇電線Ⅳ：L7・L6・L5・L4・L3・C・A・T…8本
◇電線HIV：PL・PL・B3・B4・B5・B6・BC…7本

◇設問で示されている系統図（一部）では、3階機器収容器と受信機間の幹線電線本数について、Ⅳ＝10本、HIV＝5本としてある。ここまで解いてきた内容（Ⅳ＝8本、HIV＝7本）と合わない原因は、「自動火災報知設備と屋内消火栓設備が連動している」という仮定が誤っているためである。

◇発信機は屋内消火栓設備の起動装置と兼用していない。表示灯線（PL・PL）をⅣとして、電線本数を再計算すると次のとおりとなる。

〔電線本数〕

階数	6階	5階	4階	3階
Ⅳ	7本	8本	9本	10本
HIV	2本	3本	4本	5本

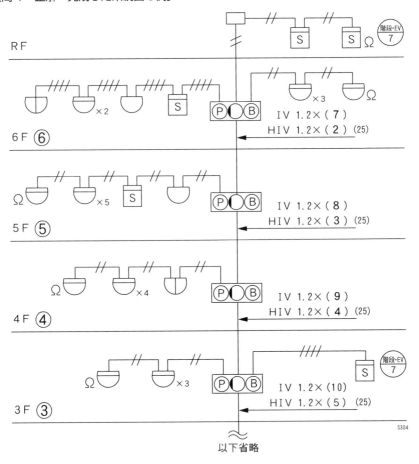

注意：３階の例では、配線本数が全て記入されているため、省略せずに全て書き込む必要
　　がある。

[設問２　正解…連動・無
　　　　　判断理由　連動していると表示灯線を HIV としなければならず、３階系
　　　　　　　　　統図で示されている IV…10本、HIV…５本と合わないため]

【1】次の図は、4階建て防火対象物の自動火災報知設備の系統図である。次の条件に基づき、図中の〔ア〕〜〔オ〕にあてはまる配線の本数を答えなさい。

<条件>
1．受信機は、P型1級である。
2．地区音響装置は、ベル駆動による一斉鳴動方式である。
3．他の消防用設備等との連動はない。
4．一の共通線に接続する警戒区域の数は、警戒区域番号の大きい方から順に基準値の上限まで設定する。

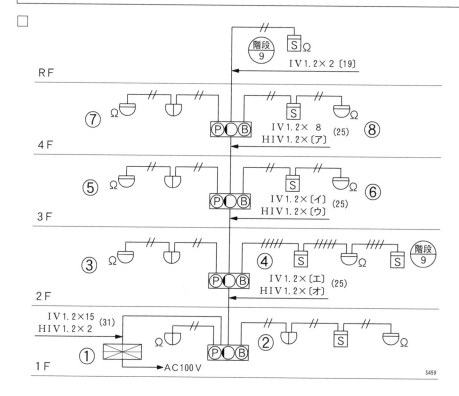

▶▶正解＆解説‥‥‥‥‥‥‥‥‥‥‥‥‥‥‥‥‥‥‥‥‥‥‥‥‥‥‥‥‥‥‥

▶警戒区域④と⑨の取扱い

　◇警戒区域④と⑨（階段）は、5本線と4本線が使われている。この場合、警戒区域④と⑨（階段）の配線をまとめて表記している。従って、次のように警戒区域を分けて考える。

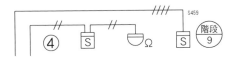

◇警戒区域④は２本線となり、警戒区域⑨（階段）は４本線となる。従って、各感知器間の配線本数は、順に６本線・６本線・４本線となる。ところが、設問では順に５本線・５本線・４本線となっている。

◇次の図は、６本線・６本線・４本線とした場合の配線図をまとめたものである。２階では、警戒区域④及び警戒区域⑨（階段）で共通線 C2 が個別に配線されている。

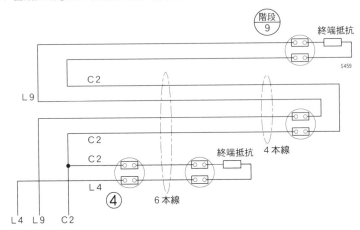

◇この⑨側の共通線 C2 を④側の共通線 C2 にまとめたのが次の配線図である。機器収容箱〜差動式スポット型間の共通線 C2 を１本化してある。配線は５本線・５本線・４本線となり、設問ではこのように配線されている。

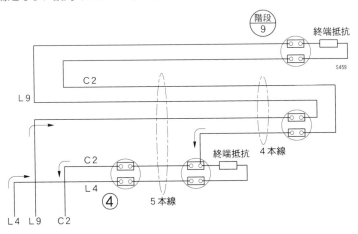

◇共通線側を直流のマイナスとすると、表示線 L4 の電流は、感知器⇒終端抵抗⇒感知器を経由して C2 に戻る。また、表示線 L9 の電流は、2 階感知器⇒屋上感知器⇒終端抵抗⇒屋上感知器⇒2 階感知器を経由して C2 に戻る。

◇この配線は、2 階の警戒区域④及び⑨（階段）内で行われており、機器収容箱間の幹線が電線本数で影響を受けることはない。

▶手順1・2・3　［1級受信機］［一斉鳴動］［発信機専用］を確認

◇設問の条件から、1 級受信機、一斉鳴動、発信機専用をそれぞれ確認する。

▶手順4　表示線と共通線の振り分け

◇設問では共通線の取り扱いについて、条件により指定している。それによると、警戒区域番号の大きいものから 7 区域ごとに共通線を振り分ける。

警戒区域	階段⑨	⑧	⑦	⑥	⑤	④	③	②	①
表示線	L9	L8	L7	L6	L5	L4	L3	L2	L1
共通線	C2							C1	

▶手順5　ベル線とベル共通線の振り分け

◇一斉鳴動であるため、ベル線は B・B の 2 本となる。

▶手順6　最上階から電線本数を調べる

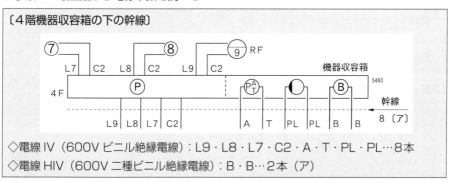

〔4階機器収容箱の下の幹線〕

◇電線 IV（600V ビニル絶縁電線）：L9・L8・L7・C2・A・T・PL・PL…8本
◇電線 HIV（600V 二種ビニル絶縁電線）：B・B…2本（ア）

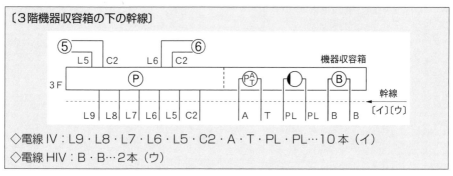

〔3階機器収容箱の下の幹線〕

◇電線 IV：L9・L8・L7・L6・L5・C2・A・T・PL・PL…10本（イ）
◇電線 HIV：B・B…2本（ウ）

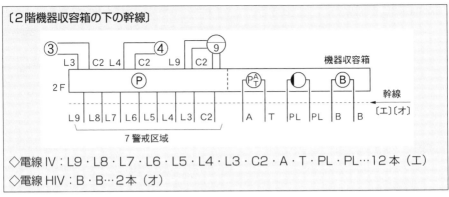

〔2階機器収容箱の下の幹線〕

◇電線Ⅳ：L9・L8・L7・L6・L5・L4・L3・C2・A・T・PL・PL…12本（エ）
◇電線HIV：B・B…2本（オ）

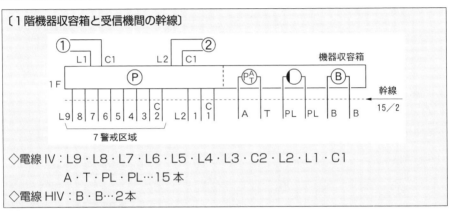

〔1階機器収容箱と受信機間の幹線〕

◇電線Ⅳ：L9・L8・L7・L6・L5・L4・L3・C2・L2・L1・C1
　　　　A・T・PL・PL…15本
◇電線HIV：B・B…2本

［正解…ア〜オの数値］

ア	イ	ウ	エ	オ
2	10	2	12	2

【1】 次の図は、政令別表第1（7）項に該当する小学校の自動火災報知設備の1
　　　階設備図である。下の条件に基づき、次の各設問に答えなさい。

<条件>
1. 主要構造部は耐火構造であり、無窓階には該当しない。
2. 天井の高さは3.5mである。
3. 階段は別の階で警戒している。
4. 地区音響装置はベルによる一斉鳴動とする。
5. 発信機は、屋内消火栓設備の起動装置を兼用している。
6. 感知器の設置は、法令上必要とされる最少の個数とする。
7. 煙感知器は、法令上必要とされる場所以外には設置しない。
8. 終端抵抗は機器収容箱内に設置する。
9. 配線立上りの本数の記入は不要とする。

凡例

記号	名　称	備　考
⊠	受信機	P型1級
▽	差動式スポット型感知器	2種
▽	定温式スポット型感知器	1種防水型
S	光電式スポット型感知器	2種
▭	機器収容箱	
P	P型発信機	1級
◖	表示灯	
B	地区音響装置	

記号	名　称	備　考
Ω	終端抵抗	
------	配管配線	
⧣	配線	2本
⧣⧣	配線	4本
↗	配線立上り	
—・—	警戒区域線	
(No)	警戒区域番号	

☐　1. 次の設備図を、凡例の記号を用いて完成させなさい。
　　　2. 図中の（a）及び（b）に当てはまる配線本数を答えなさい。ただし、こ
　　　　の建物の警戒区域数は10である。

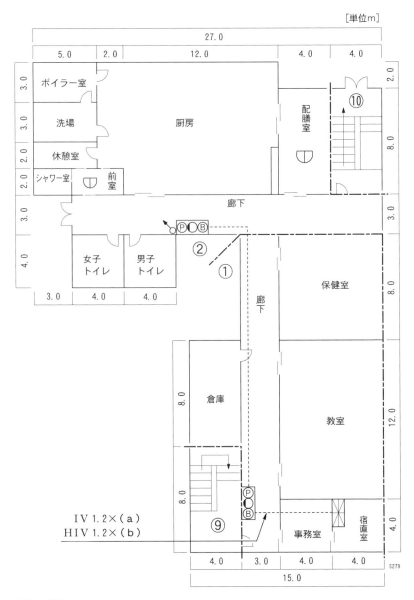

[単位m]

▶▶正解＆解説 ···

[設備図の作成]

▶手順1　警戒区域の設定

　◇警戒区域①の面積は、11m × 24m ＋ 8m × 4m ＝ 296m² であり、1辺の長さは24m である。

◇警戒区域②の面積は、10m×19m＋8m×4m＋3m×24m＋4m×8m＝326m² であり、1辺の長さは 27m である。いずれも、面積 600m² 以下、1辺の長さ 50m 以下の基準に適合している。

▶手順2　機器収容箱の位置
◇設問の設備図で指定されている。

▶手順3　感知器の設置を除外できる場所
◇女子トイレ・男子トイレ及びシャワー室は、感知器が不要となる。
◇階段は警戒区域⑨及び⑩で警戒しているため、1階設備図には記入しない。

▶手順4　はりの有無と長さ
◇はりは設置されていない。

▶手順5　室ごとの感知器の種類と個数
◇天井の高さは 3.5m であるため、感知面積は［高さ4m 未満］の基準が適用。
◇学校や倉庫は、廊下・通路に光電式スポット型感知器を設置しなくてもよい。ただし、階段や EV 昇降路などは、他の建物と同様に光電式スポット型感知器を設置しなければならない。

〔警戒区域①〕
◇倉庫：差動式スポット型（2種）、面積 32m² で基準が 70m² のため1個
◇教室：差動式スポット型（2種）、面積 96m² で基準が 70m² のため2個
◇事務室：差動式スポット型（2種）、面積 16m² で基準が 70m² のため1個
◇宿直室：差動式スポット型（2種）、面積 16m² で基準が 70m² のため1個
◇保健室：差動式スポット型（2種）、面積 64m² で基準が 70m² のため1個

〔警戒区域②〕
◇前室及び配膳室は、設問により定温式スポット型（1種防水型）が指定されている。
◇前室は、主室の環境を一定に保つため、入口の前に設けた小さな部屋を指す。
◇前室：定温式スポット型（1種防水型）、面積8m² で基準が 60m² のため1個
◇休憩室：差動式スポット型（2種）、面積 10m² で基準が 70m² のため1個
◇洗場：差動式スポット型（2種）、面積 15m² で基準が 70m² のため1個
〔解説〕洗場は、煙感知器・炎感知器が設置できない場所の具体例として、定められていない。洗場は温水を使うことが推測されるため、感覚的には、湯沸室と同様に水蒸気が多量に滞留する場所と考えがちであるが、場所の具体例は「蒸気洗浄室、脱衣室、湯沸室、消毒室等」となっている。従って、洗場＝一般的な室として、差動式スポット型を選択した（編集部）。
◇ボイラー室：一般的には定温式スポット型（1種）を設置する。ただし、設問の凡例では示されていないため、定温式の1種防水型を選択、面積 15m² で基準が 60m² のため1個
◇厨房：定温式スポット型（1種防水型）、面積 136m² で基準が 60m² のため3個
◇配膳室：定温式スポット型（1種防水型）、面積 32m² で基準が 60m² のため1個

▶手順6　終端抵抗に注意して配線

◇条件により、機器収容箱内に終端抵抗を設置する。

◇警戒区域①の正解例では、4本配線としてある。また、警戒区域②の正解例では、機器収容箱から2本線で出発し、2本線で戻っている。

[設問1　正解例（設備図）]

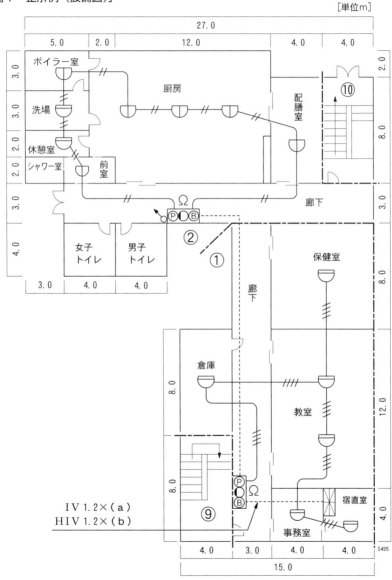

[単位m]

IV 1.2×(a)
HIV 1.2×(b)

［系統図の作成］

▶手順１・２・３　［１級受信機］［一斉鳴動］［発信機兼用］を確認

◇発信機が兼用であるため、表示灯線（PL・PL）は、HIV とする。

▶手順４　表示線と共通線の振り分け

◇警戒区域の数が 10 であることから、最上階から7警戒区域ごとに共通線を振り分ける。

警戒区域	⑩	⑨	⑧	⑦	⑥	⑤	④	③	②	①
表示線	L10	L9	L8	L7	L6	L5	L4	L3	L2	L1
共通線	C2							C1		

▶手順５　ベル線とベル共通線の振り分け

◇一斉鳴動であるため、ベル線はB・Bの2本となる。また、HIV とする。

▶手順６　１階の電線本数を調べる

◇次の上図は、警戒区域②の機器収容箱〜警戒区域①の機器収容箱間の幹線について、配線本数をまとめたものである。

◇次の下図は、警戒区域①の機器収容箱〜受信機間の幹線について、配線本数をまとめたものである。

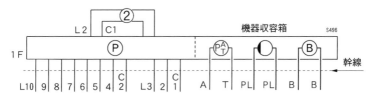

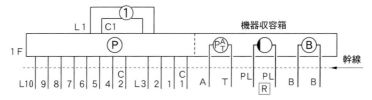

◇設問では、①の機器収容箱〜受信機間の幹線について、IV と HIV の本数を求めている。

電線 IV：L10・L9・L8・L7・L6・L5・L4・C2

　　　　L3・L2・L1・C1　　A・T　14本

電線 HIV：PL・PL・B・B　4本

［設問２　配線本数の正解　a：14　　b：4］

書籍の訂正について

本書の記載内容について正誤が発生した場合は、弊社ホームページに正誤情報を掲載しています。

株式会社公論出版 ホームページ
書籍サポート／訂正
URL：https://kouronpub.com/book_correction.html

本書籍に関するお問い合わせ

メール ✉

inquiry@kouronpub.com

問合せフォーム

または

FAX 📠

03-3837-5740

必要事項
・お客様の氏名とフリガナ
・FAX番号（FAXの場合のみ）
・書籍名　・該当ページ数　・問合せ内容

※お問い合わせは、**本書の内容に限ります。**また、回答までにお時間をいただく場合がございます。ご了承ください。

消防設備士 第4類（甲種・乙種）
令和5年　下巻

■発行所　株式会社 公論出版
　　　　　〒110-0005
　　　　　東京都台東区上野3-1-8
　　　　　TEL. 03-3837-5731
　　　　　FAX. 03-3837-5740

■定価　2,530円　■送料　300円（共に税込）

■発行日　令和5年9月15日　初版 三刷

ISBN978-4-86275-232-1